人大未来法治研究丛书

Renmin Law and Technology Institute
中国人民大学未来法治研究院

个人信息保护

原理与实践

丁晓东 著

法律出版社 LAW PRESS · CHINA
北京

总序　建设面向未来的世界一流法学学科

未来已来！

进入21世纪第二个十年，人工智能、高端芯片、区块链、基因检测与基因编辑技术等突破了一系列重要的技术屏障，开始以我们从未想见的广度、深度和速度普及我们的生产和生活中，整个人类都面临数千年未有之大变局！

已经到来的这个未来，令人印象深刻：人生而渴望自由，却无时无刻不身处网络中；人生而渴望平静的生活，却每分每秒都无处躲藏。人类有很多美好的想法，总想"鱼"和"熊掌"能够兼得，我们中国人就此还贡献了一个词叫"两全其美"。但生活的现实残酷地告诉我们，"鱼"和"熊掌"不可兼得。我们在得到的同时，一定会失去些什么：如果我们想享受农业社会的田园风光，就一定会付出物资相对匮乏的代价；如果我们想享受工业社会丰富的产品，就一定会牺牲恬淡、自然和舒适的生活。如果我们想享受人工智能时代的便利，我们准备付出什么？如何能够让人类的获得最大化，让付出的代价在人类可接受的范围内，这可能就是未来法治要着重去思考的问题。

2017年9月8日，中国人民大学法学院集中优质资源，成立未来法治研究院，就是为了回应新一轮科技革命和产业变革给法治带来的机遇和挑战。未来法治研究院要成为促进法学学科与人工智能、互联网、大数据、云计算等现代科技及司法实践深度融合的重要载体，成为具有创新实力、在国际上拥有话语权、能够抢占国际学术制高点的重要战略创新力量，并力争具备在这些新兴学科领域与世界顶尖法学院平等对话和竞争的能力。目前，未来法治研究院已经会聚了一支具有法学、计算机科学、信息科学等跨学科背景，学缘结构多元，年龄优势明显，国际交往能力突出的学术团队。未来法治研究院自成立以来，立足中国问题，面向新一轮科技革命和产业变革所带来的挑战,已先后组织了多期未来法治读书会、具有较大影响力的学术研讨会和前沿讲座,逐步起到了学术引领作用。

未来法治是一个需要充分展现人类想象力的领域。如果说到现在为止,改革开放已经过去的四十多年,中国人向世界展现的主要是我们的学习能力的话,那么改革开放未来的四十多年,甚至更长的历史时段,中国人需要向世界展现的,应主要是我们的想象能力:面对人类还没有给出答案的问题,要给出适合我们的答案;来到人迹罕至的区域,要留下我们的脚印;我们要在还没有路的地方披荆斩棘,走出一条自己的路!

组织出版这套未来法治研究丛书,就是试图展现未来法治研究院年轻同事们的学术想象力。我一直相信,对于一个百年来不断从人类共同文明中汲取营养的民族,能够对解决相同的问题提出更好的方案,能够对没有答案的问题给出我们的回答,才是这个民族能够对人类共同文明作出的最好回馈。

让我们一起自信勇敢地面对未来!

中国人民大学副校长
中国人民大学法学院院长　王轶　于明德法学楼
未来法治研究院院长

目　录

第二编　现状:个人信息权利与制度框架的反思

第三编　未来:新型个人数据权利的分析与应用

导言　个人信息保护的难题

在近年来的法学研究中，个人信息保护或许是最具争议性的议题之一。尽管加强个人信息保护已经成为社会共识，但个人信息保护的基本理论问题却仍无定论。[1]首先，个人信息需要法律保护吗？如果需要法律保护，其理由何在？用法言法语来说，个人信息保护的法益基础是什么？个人信息可以成为一种权利吗？还是一种权益或仅仅是一种利益？其次，如果说个人信息可以成为一种权利，这种个人信息权利的性质又是什么？是人格权、财产权还是其他类型的权利类型？最后，在保护手段方面，如何从部门法的角度理解个人信息？个人信息是一种私法权利还是公法权利？个人信息保护应当采取私法框架、公法框架，抑或公私法结合的框架？

学者们对以上问题给出了不同的答案。例如，个人信息是否可以构成一种法律权利？有的学者认为个人信息是一种利益，不足以成为一种权利；[2]还有的学者则主张一种个人信息被保护权或个人信息相关权益被保护权，认为个人信息是一种保护相关权益的工具。[3]就个人信息权利或利益的属性问题而言，有的学者认为个人信息所要保护的是个人

---

〔1〕 参见王利明：《论个人信息权的法律保护——以个人信息权与隐私权的界分为中心》，载《现代法学》2013年第4期；周汉华：《中华人民共和国个人信息保护法（专家建议稿）及立法研究报告》，法律出版社2006年版，第4～31页；张新宝：《从隐私到个人信息：利益再衡量的理论与制度安排》，载《中国法学》2015年第3期。

〔2〕 参见程啸：《民法典编纂视野下的个人信息保护》，载《中国法学》2019年第4期；杨芳：《个人信息自决权理论及其检讨——兼论个人信息保护法之保护客体》，载《比较法研究》2015年第6期。

〔3〕 参见丁晓东：《个人信息的双重属性与行为主义规制》，载《法学家》2020年第1期。

的人格性利益;[1]有的学者认为个人信息所要保护的是个人的财产性利益;[2]有的学者则指出个人信息所保护的是个人的安全利益;[3]有的学者指出个人信息上还附着他人利益与公共利益。[4]就部门法性质而言,有的学者主张个人信息权利是一种宪法性权利或基本权利;[5]有的学者主张个人信息权利是一种私法性权利。[6]就部门法保护手段而言,有的学者从重点公法的角度对个人信息保护进行阐述;[7]有的学者重点从私法角度对个人信息保护进行分析;[8]有的学者对其进行了部门法的交叉分析。[9]

需要指出的是,此类原理问题不仅仅是书斋里的学术问题,也是制度与实践问题。对每个问题给出不同的回答,就会产生个人信息保护立法、司法与执法上的差异。例如,如果个人信息可以被认定为一种法律权利,那么法律就应当对这种权利进行立法和严格执法;而如果个人信

---

〔1〕 参见张新宝:《〈民法总则〉个人信息保护条文研究》,载《中外法学》2019年第1期;房绍坤、曹相见:《论个人信息人格利益的隐私本质》,载《法制与社会发展》2019年第4期;高富平:《论个人信息保护的目的——以个人信息保护法益区分为核心》,载《法商研究》2019年第1期;叶名怡:《论个人信息权的基本范畴》,载《清华法学》2018年第5期。

〔2〕 参见刘德良:《论个人信息的财产权保护》,载《法学研究》2007年第3期;邢会强:《大数据交易背景下个人信息财产权的分配与实现机制》,载《法学评论》2019年第6期;谢琳、李旭婷:《个人信息财产权之证成》,载《电子知识产权》2018年第6期。

〔3〕 参见王德夫:《大数据时代下个人信息面临的新风险与制度应对》,载《西安交通大学学报》(社会科学版)2019年第6期。

〔4〕 参见梅夏英:《在分享和控制之间——数据保护的私法局限和公共秩序构建》,载《中外法学》2019年第4期;高富平:《个人信息使用的合法性基础——数据上利益分析视角》,载《比较法研究》2019年第2期。

〔5〕 参见孙平:《系统构筑个人信息保护立法的基本权利模式》,载《法学》2016年第4期。

〔6〕 参见张里安、韩旭至:《大数据时代下个人信息权的私法属性》,载《法学论坛》2016年第3期。

〔7〕 参见周汉华:《探索激励相容的个人数据治理之道——中国个人信息保护法的立法方向》,载《法学研究》2018年第2期;高秦伟:《个人信息保护中的企业隐私政策及政府规制》,载《法商研究》2019年第2期。

〔8〕 参见王成:《个人信息民法保护的模式选择》,载《中国社会科学》2019年第6期;宋亚辉:《个人信息的私法保护模式研究——〈民法总则〉第111条的解释论》,载《比较法研究》2019年第2期;谢远扬:《〈民法典人格权编(草案)〉中〈个人信息自决〉的规范建构及其反思》,载《现代法学》2019年第6期。

〔9〕 参见刘晓春:《中国个人信息保护的实践与理论》,载《保密科学技术》2018年第10期。

息仅仅可以成为一种权益甚至利益，那么个人信息保护或许应当更多依赖信息收集者的自我规制。再如，如果个人信息是一种人格性权益，那么法律对于这种信息权利的保护就不能减损；但如果个人信息更接近一种财产性权益，那么个人就可以通过和信息收集者的交易而放弃这种权利。最后，就部门法的角度而言，个人信息的部门法性质与部门法保护手段也会决定个人信息保护应当依赖个人诉讼的方式、公益诉讼的方式，还是行政监管的方式。

目前，中国的个人信息保护立法已经接近尾声，中国的个人信息保护法即将出台。但对于个人信息保护的理论研究与司法和执法实践而言，法律的通过是一个新的起点，而非终点。我国个人信息保护法所规定的个人信息权利边界如何确定，相关制度框架如何发挥作用，以及如何在具体场景中真正落实个人信息保护，这些都依赖于对个人信息保护的原理进行深入研究和阐述，对相关制度与实践进行密切追踪与反思。

本书的目标正是为了实现这一点。个人信息保护不但是我国学术研究与制度实践的热点与难点，而且也是全球公认的热点与难点问题。欧盟的《一般数据保护条例》（以下简称《条例》）于 2016 年制定并于 2018 年生效，对全球的个人信息保护产生了深远的影响，但这一立法也同时在欧盟内外产生了巨大的争议。[1] 2020 年，美国加州的《加州消费者隐私法案》生效，再次引起了全球对个人信息保护制度的关注。但美国的个人信息保护到底何去何从，仍然面临诸多不确定的因素。[2]在不确定的全球个人信息保护制度面前，更需要我们加强对个人信息保护原理与实践的研究。

本书的结构将按个人信息保护的历史、现状、未来进行写作。其中第一编是个人信息保护的历史，主要讨论个人信息保护的思想与制度起源。第二编是个人信息保护的现状，主要对现行的个人信息权利与制度框架进行反思。第三编是个人信息保护的未来，主要对个人信息保护中

---

〔1〕 See Paul M. Schwartz, *Global Data Privacy: The E. U. Way*, New York University Law Review 94, 2019.

〔2〕 个人信息保护的两位权威学者［美］伍德罗·哈特佐格（Woodrow Hartzog）与［美］尼尔·里查德（Neil Richards）认为，当前正是美国信息隐私重构的宪法性时刻。See Woodrow Hartzog and Neil Richards, *Privacy's Constitutional Moment and the Limits of Data Protection*, Boston College Loston College Law Review 61, 2020.

的一些新型数据权利,如数据被遗忘权、携带权、反对用户画像与自动画像的权利进行讨论,并分析中国应当如何确定与应用这些权利。

在展开本书正文前,需要对本书概念的使用进行一些说明。第一,本书并未严格区分个人信息与个人数据的概念。在当前全球话语体系中,这两个概念指涉的对象基本相同,都指已经识别或结合其他信息/数据可以识别个人的信息/数据。总体而言,美国更多使用个人信息的概念,欧洲更多使用个人数据的概念。而中国采用了个人信息的概念,但在其他情形下也越来越多地使用数据的概念。

第二,关于隐私与个人信息概念的使用。从学术上说,信息/数据隐私基本等于个人信息/数据保护,二者可以交替使用;而隐私保护的法律框架与个人信息保护的框架非常不同。但在实践中,隐私与个人信息常常混用,如很多企业网站的个人信息保护政策,企业一般都将其命名为隐私政策。对于此类概念混用,我们应当保持足够的理解。正如语言哲学家维特根斯坦教导的,语言的含义必须在具体的情境中才能得到理解,[1]不能以本质主义的语义学分析来对相关概念进行界定。[2]我们应当思考的是概念背后的具体事物与问题,而不是期待概念本身具有一成不变的含义。

---

〔1〕 参见[英]路德维希·维特根斯坦:《哲学研究》,陈嘉映译,上海人民出版社2001年版,第37页。

〔2〕 这一观点也是本书对个人信息保护研究的基石。See Daniel J. Solove, *Conceptualizing Privacy*, California Law Review 90, 2002, p. 1088.

第一编　历史:个人信息保护的思想与制度起源

前　言

在个人信息保护研究中，隐私保护与个人信息保护的区别是令人困惑的问题之一。在个人信息保护制度诞生之前，法律对个人隐私性权益的保护主要通过侵权法来实现。当个人的隐私性权益受到侵犯，个人就可以向法院提起隐私权侵权诉讼。当法律制度从隐私保护演化为个人信息保护，法律制度到底发生了哪些变化？二者到底有何区别？

区别之一较为明显：隐私与个人信息保护的范围不同。相较而言，隐私保护所保护的范围较窄，在传统的隐私侵权诉讼中，只有当第三方对个人的人格性权益产生伤害，或者满足法律所规定的侵权要件时，个人才有可能获得法律的救济。但在个人信息保护中，法律所保护的范围要宽很多，法律不仅保护个人的人格性权益，而且赋予了个体对个人信息的控制权。如果说传统的隐私权保护主要保护个体的消极性权利，那么个人信息保护则对个人的积极性权利进行了全面保护。正是出于这种区别，人们也常常将个人信息保护称为"二代隐私"、信息隐私或数据隐私，以此来区别于传统的隐私权保护。[1]

但除了保护范围，隐私与个人信息保护更主要的区别还在于适用前提与制度设计。第一编将指出，个人信息保护制度起源于公平信息实践。因此，个人信息保护在适用范围、保护法益、部门法框架上均与传统的隐私权保护有重大区别。在适用范围上，个人信息只能针对具有持续性不平等信息收集能力的个体，而不能针对不具有专业性与商业性收集能力的个人或组织；在保护法益上，个人信息保护制度保护个体的人格性利益、财产性权益、安全性权益等多重权益，而不仅仅是某一种权益；

---

〔1〕 参见 Robert Post, *Data Privacy and Dignitary Privacy: Google Spain, The Right to be Forgotten, and the Construction of the Public Sphere*, Duke Law Journal, 2018, pp. 981 – 1072。

在部门法框架上,个人信息保护法依赖于公私法交融的法律保护方式,并且在私法上更依赖于合同法的保护,而非侵权法保护。

第一编因此构成了本书的"前传"。第一编的第一章首先追溯了隐私权的诞生,为何要保护隐私,以及如何保护隐私。第二章描述了法律制度从隐私保护到个人信息保护的历史性转变,阐述了隐私保护与个人信息保护的制度性差别。最后,第三章介绍与分析了个人信息保护法的基石——公平信息实践,其勾勒了个人信息保护法的思想基础与制度起源。

第一章　隐私权:何为隐私？为何保护？如何保护？

一、隐私权：从学术理论到司法实践

隐私权的概念源自一篇学术论文。1890 年,沃伦(Smauel Warren)与布兰代斯(Louis Brandeis)在《哈佛法律评论》中发表了一篇论文:《隐私权》(The Right to Privacy),[1]提出了隐私权的概念与隐私权法律保护的主张。沃伦与布兰代斯指出,普通法对个人权利的保护是发展和延伸性的。起初,普通法防止的只是对人身的“攻击和伤害”,[2]后来,普通法开始保护知识产权,一种“人的精神特质,其感受和智力”。[3]现在,为了适应时代的发展,有必要对“一般隐私权利”进行保护,因为这些“思想、情绪和感受”(thoughts, emotions and sensations)构成了每个人的人格性要素。[4]

在沃伦与布兰代斯提出隐私权之后,美国的法律实践逐渐认同了沃伦与布兰代斯的建议。在司法审判中,法院逐渐在个案中认同原告提起的隐私权诉讼,确立了隐私权的法律保护。到了 20 世纪 60 年代,侵权法的权威学者威廉姆·普罗斯(William Prosser)总结了法院认可的隐私

---

〔1〕 See Samuel D. Warren and Louis D. Brandeis, *The Right to Privacy*, Harvard Law Review 4, 1890, p. 193.

〔2〕 See Thomas A. Cooley, *A Treatise on the Law of Torts or the Wrongs Which Arise Independent of Contract*, Callaghan and Company, 1879, pp. 718 – 719.

〔3〕 See Samuel D. Warren and Louis D. Brandeis, *The Right to Privacy*, Harvard Law Review 4, 1890, p. 193.

〔4〕 See Samuel D. Warren and Louis D. Brandeis, *The Right to Privacy*, Harvard Law Review 4, 1890, p. 195.

侵权类型。普罗斯将这些案件归纳为四类:对于独处的侵犯(intrusion upon seclusion);未经他人同意公开私人事实(disclosure of private facts);公开扭曲他人形象致误解(false light);擅自利用他人姓名或肖像为自身牟利(appropriation)。[1]直到今天,美国的司法实践仍然按照这四种类型来应对可能的隐私侵权。

在德国,对个人隐私的私法保护是通过人格权的私法化完成的。制定于1900年的《德国民法典》没有规定人格权或隐私权。"二战"后,德国联邦最高法院通过1954年的"读者来信案"(Schacht)确认了这一权利。该案判决认为,《德国基本法》第1条第1款所提到的个人尊严可以作为德国民法上的渊源性权利,[2]这样,个体作为"人的尊严和发展其个体人格"的利益应当受到民法的保护,这一人格权可以对抗不特定第三人。[3] 1958年,德国联邦最高法院在"骑士案"(Herrreiter)中确认了对伤害人格权行为的损害赔偿,认为对人格权的伤害与一般性的人身伤害同等严重。[4]之后,在1973年的"伊朗王后案"(Soraya)中,德国联邦最高法院最终确立了对个人隐私的人格权保护,法院认为《德国基本法》第1条和第2条保护了"个人的隐私领域";个人有权"行使独处的愿望",保持"自身不被外界打扰"。[5]

我国的隐私权保护继承了德国通过人格权保护隐私的做法。1986年通过的《民法通则》没有规定隐私权,但两年后最高人民法院的司法

---

〔1〕 See Edward J. Bloustein, *Privacy as an Aspect of Human Dignity: An Answer to Dean Prosser*, New York University Law Review 39, 1964, p. 962.

〔2〕 对于此案的介绍,参见[德]迪特尔·梅迪库斯:《德国民法总论》,邵建东译,法律出版社2013年版,第805~807页。

〔3〕 在德国法律理论上,这被称为《第三人效力理论》。对此理论的深入分析,参见陈新民:《宪法基本权利及对第三者效力之理论》,载陈新民:《德国公法学基础理论》(上册),法律出版社2010年版,第349~386页。

〔4〕 See Federal Constitutional Court, BGHZ 26, 349, quoted from Paul M. Schwartz and Karl-Nikolaus Peifer, *Prosser's Privacy and the German Right of Personality: Are Four Privacy Torts Better than One Unitary Concept?*, California Law Review 98, 2010, p. 1925.

〔5〕 See Federal Constitutional Court, BVerfGE 34, 269, 281, quoted from Ibid.

解释确认了个人隐私受法律保护。[1] 2009年通过的《侵权责任法》第2条将隐私权明确规定为民事权利，将隐私权纳入人格权的保护范畴。2017年通过的《民法总则》第110条中再次确认了自然人享有隐私权，2020年通过的《民法典》则将人格权独立成编，其中对隐私权作出了详尽的规定。《民法典》第1032条将隐私定义为"自然人的私人生活安宁和不愿为他人知晓的私密空间、私密活动、私密信息"。第1033条详细列举了侵犯个人隐私的行为："（一）以短信、电话、即时通讯工具、电子邮件、传单等方式侵扰他人的私人生活安宁；（二）进入、拍摄、窥视他人的住宅、宾馆房间等私密空间；（三）拍摄、窥视、窃听、公开他人的私密活动；（四）拍摄、窥视他人身体的私密部位；（五）处理他人的私密信息；（六）以其他方式侵害他人的隐私权。"

二、何为隐私：隐私保护的不确定性

隐私保护虽然已经成为共识，但隐私概念的内涵与外延却非常不确定。以美国为例，有的学者将隐私视为一种独自生活的个人权利。例如，沃伦与布兰代斯将隐私权定义为"独处的权利"（right to be let alone）。[2] 他们认为，保护隐私就是为个人人格建立一种"独处与隐私"的空间。[3]霍华德·怀特（Howard B. White）认为，隐私是一种对抗他人入侵的权利或者"对抗世界的权利"。[4]阿妮塔·艾伦（Anita Allen）将隐私视为一种排除他人干扰的个人权利，她将隐私类比为个人

---

〔1〕 最高人民法院《关于贯彻执行〈中华人民共和国民法通则〉若干问题的意见（试行）》（1988年通过）第140条规定："以书面、口头等形式宣扬他人的隐私，或者捏造事实公然丑化他人人格，以及用侮辱、诽谤等方式损害他人名誉，造成一定影响的，应当认定为侵害公民名誉权的行为。以书面、口头等形式诋毁、诽谤法人名誉，给法人造成损害的，应当认定为侵害法人名誉权的行为。"

〔2〕 See Samuel D. Warren and Louis D. Brandeis, *The Right to Privacy*, Harvard Law Review 4, 1890, p. 195.

〔3〕 See Samuel D. Warren and Louis D. Brandeis, *The Right to Privacy*, Harvard Law Review 4, 1890, p. 196.

〔4〕 See Howard B. White, *The Right to Privacy*, Social Research 18, 1951, pp. 171 – 172.

在“度假地度假”,或者“关起门来读一个小时的书”。[1]而西色拉·博克(Sissela Bok)则将隐私定义为“一种保护个人不受他人侵扰的状况,不论这种打扰是身体性的侵扰、个人信息的侵扰还是关注性的侵扰”[2]。

其他有些学者则将隐私定义为维持个人私密或保守个人秘密的权利。[3]例如,汤姆·格雷特(Tom Grerety)将私密性定义为隐私的“核心要义”,在他看来,隐私意味着个人的私密性空间不被侵犯。[4]朱莉·因内斯(Julie C. Inness)认为,隐私指的是“个人对其自身亲密空间的控制,这种亲密空间包括了对接近自我以及对自我私密活动的决定”。[5]杰弗里·罗森(Jeffrey Rosen)将隐私视为个人的一种基本权利,认为其是构建私密空间和私密关系的核心保障。[6]简·科恩(Jean Cohen)将隐私定义为个体决定私密事项的权利,隐私权使个人可以决定“是否、何时以及和谁讨论私密的事项”。[7]

在美国的实践中,隐私权更是被用在非常不同的场景中。例如,隐私权可以保护个人自主支配身体和选择生育的权利。在1965年的格里斯沃尔德诉康涅狄格州案(Griswold v. Connecticut)中,[8]美国最高法院从美国宪法第九修正案出发,认为第九修正案提到的“人民保留的其他权利”包括隐私权,美国康涅狄格州法律禁止持有、出售和分发避孕药具给已婚夫妇,这违反了美国公民的隐私权。其后,美国最高法院又

---

〔1〕 See Anita L. Allen, *Is Privacy Now Possible? A Brief History of an Obsession*, Social Research 68, 2001, p. 301.

〔2〕 See Sissela Bok, *Secrets: On the Ethics of Concealment and Revelation*, New York, Pantheon Books, 1983, pp. 10 – 11.

〔3〕 这种区别当然不是绝对的,如[美]露丝·嘉维森(Ruth Gavison)认为,隐私权可以分解为三种独立要素:“秘密、匿名和独处”,参见 Ruth Gavison, *Privacy and the Limits of Law*, The Yale Law Journal 89, 1980, p. 428。嘉维森也认为,隐私权是一种个人性的权利。

〔4〕 See Tom Gerety, *Redefining Privacy*, Harv. C. R. -C. L. L. Rev. 12, 1977, p. 263.

〔5〕 See Julie C. Inness, *Privacy, Intimacy, and Isolation*, New York, Oxford University Press, 1992, p. 56.

〔6〕 See Jeffrey Rosen, *The Unwanted Gaze: The Destruction of Privacy in America*, New York, Random House, 2000, p. 8.

〔7〕 See Jean L. Cohen, *The Necessity of Privacy*, Social Research 68, 2001, p. 319.

〔8〕 See Griswold v. Connecticut ,381 U. S. 479 (1965).

在罗诉韦德(Roe v. Wade)[1]、凯莉诉强森(Kelley v. Johnson)[2]等案件中用隐私权来保护妇女堕胎的权利。此外,由于美国采取了"大隐私"的概念,由国家监控(surveillance)所引发的隐私保护问题,以及由于信息科技所引发的信息隐私(information privacy)或数据隐私(data privacy)也被认为是隐私保护的一个分支。

在德国和中国的人格权框架中,隐私概念的内涵与外延同样具有不确定性。人格权保护的好处是弹性较大,可以将可能侵犯隐私的情形都纳入保护范围,但这种弹性也同时带来不确定性。以我国《民法典》的规定为例,上文提到我国《民法典》将隐私定义为"自然人的私人生活安宁和不愿为他人知晓的私密空间、私密活动、私密信息"。但何为"私人生活安宁",何为"私密空间、私密活动、私密信息"? 商业电话营销是否构成侵犯"私人生活安宁"? 私家车的空间和活动是否属于"私密空间"和"私密活动"? 这些概念都具有不确定性,需要在具体案件中加以界定。而且即使《民法典》列出了隐私侵权的类型,不同类型的关系中侵权的判断也不同。例如,老师以短信、电话等方式在寒假催促学生写论文,就一般不能被认定为侵犯对方隐私;男女朋友或家人朋友擅自进入对方住所或偷看对方手机,此类行为是否侵犯对方隐私,这需要视双方的关系而定。

或许正是由于隐私概念的不确定性,对于隐私概念的唯一共识是:隐私概念的定义没有共识。正如有的学者所说,"隐私是一个类似变色龙的词",这个词"在外延上可以用来代表宽泛的完全不同的利益,在内涵上可以用来代表很多以其名义所产生的收益"。[3]

随着对隐私概念理解的深入,越来越多的学者采取非本质主义的视角来理解隐私概念。最具有代表性的是尼尔·索洛夫(Daniel J. Solove)教授的研究。在其关于隐私概念的分类中,索洛夫采用本书导言中曾经提到的维特根斯坦的语言哲学理论,用"家族类似"的理论来分析隐私的内涵和外延。所谓"家族类似",指的是一个家族的成员,可

---

[1] See Roe v. Wade, 410 U. S. 113 (1973).

[2] See 425 U. S. 238 (1976).

[3] Lillian R. BeVier, *Information About Individuals in the Hands of Government: Some Reflections on Mechanisms for Privacy Protection*, William & Mary Law School Scholarship Repository 4, 1995, pp. 455 – 458.

能很难说长相有什么核心共同点，但这些家族成员却可能彼此之间都有联系，在身高、体型、肤色、长相、发型等方面彼此类似。索洛夫指出，隐私概念最好也用此类视角进行理解。隐私可能没有一个本质主义的核心，无法被完全准确界定，但却可以通过“家族类似”的方法来把握它。[1]

大陆法系人格权框架下的隐私权规定亦是如此。打扰他人的私人生活安宁，可能未必会窥视或公开他人的私密空间、私密活动、私密信息，如不间断地给他人打电话；同样，窥视或公开他人的私密空间、私密活动、私密信息，可能也未必打扰了他人的私人生活安宁，如在他人不知情的情形下进行偷拍，并且仅仅用于个人使用。

隐私权之所以难以准确界定，这与隐私权和其他权利的冲突以及隐私高度依赖场景有关。就权利冲突而言，我们常常一方面希望合理保护个人隐私，但另一方面又希望保障个体和公众的知情权，为个人与公众了解他人情况提供空间。用波斯纳的话来讲，就是我们既希望保护人们的隐私，也希望保护人们的好奇心。[2]就场景依赖而言，隐私权保护的边界常常因为场景的变化而变化，在不同的场景中，个人会对隐私产生不同预期。即使是同一类行为，也可能因为双方的关系不同或其他场景的变化而不同。在这个意义上，隐私权相比其他权利更具有弹性，其权利的边界也并不那么清晰。

三、为何保护：“坏人”才需保护隐私？

隐私保护的另一难题是，为何保护隐私？上文已经提到个体和公众的知情权。在很多人看来，隐私并不是一种值得保护的法律利益。所谓保护隐私，其实保护的常常是一部分“坏人”的利益，因为只有“坏人”才会有很多“肮脏的小秘密”（dirty little secret）需要保护。相反，“好人”

---

〔1〕 See Daniel J. Solove, *A Taxonomy of Privacy*, University of Pennsylvania Law Review 154, 2006, p. 477; Daniel J. Solove, *Conceptualizing Privacy*, California Law Review 90, 2002, p. 1087.

〔2〕 See Richard Posner, “*The Right of Privacy*”, Georgia Law Review 12, 1977, p. 393.

一般没有什么见不得人的秘密(nothing to hide)。[1]在此种观点看来,法律应当尽量少保护隐私,只需要保护身体私密部位不被偷窥或拍摄,或者极其私密的事项不被知晓和批露。

事实上,如果我们回溯隐私概念的起源,会发现隐私不仅不受法律保护,而且被认为是一个负面的概念。正如阿伦特所说,在古代,隐私意味着个人"处于缺乏的某种状态,甚至缺乏人类某些最高和多数的人类能力"。[2]只有当个人的隐私生活去隐私化和去个体化(deprivatized and deindividualized),转化为公共生活的一部分,人的生活才是有价值的。[3]而波斯纳也提醒我们,古希腊语用于表示"私人"(private)的单词是 idios,这一概念被用来描绘那些无人关注,不参与公共生活和担任公职的人。英语中"智障人"(idiot)的词汇正是从这一词汇演化而来,这一词汇常常用来形容那些无知和没有常识的人。[4]

如何看待这种零隐私的观点? 结合已有研究,可以发现零隐私的观点至少存在几个问题。

首先,零隐私的观点没有考虑隐私对个体发展的重要作用。在零隐私的观点看来,隐私意味着隐藏见不得人的秘密,对于心胸坦荡、正大光明的人来说,隐私并无多少必要。但事实是,隐私对于普通公民个体人格发展具有重要作用,缺乏隐私为个人人格所构建的发展空间,个人将不可能培养独立的人格。

隐私法学者朱丽叶 · 科恩(Julie E. Cohen)对此曾经有过详细的论述。在科恩看来,人们之所以对隐私的价值认知不足,是因为没有意识到个人总是生活在社会中,总是为各种社会力量所支配。[5]例如,个人总是为商业信息所支配,而商业与信息融合带来的"信息资本主义"又

---

〔1〕 See Daniel J. Solove, *Nothing to Hide: The False Tradeoff between Privacy and Security*, New Haven: Yale University Press, 2011, pp. 21 – 33.

〔2〕 Hannah Arendt. *The Human Condition*. Chicago: University of Chicago Press, 1958, p. 38.

〔3〕 Hannah Arendt. *The Human Condition*. Chicago: University of Chicago Press, 1958, p. 50.

〔4〕 See Richard Posner, *The Economics of Justice*, Cambridge, Mass: Harvard University Press, 1981, p. 268.

〔5〕 See Julie E. Cohen, *What Privacy Is For*, Harvard Law Review 126, 2013.

总是追求利润最大化，[1]总是趋向于激发消费者的欲望和即时性的信息处理方式。对于公民个体的人格来说，这并非总是一件好事，因为独立的人格与反思能力源于“知识的积累以及迈向信息处理的更高级别的复杂性”。[2]科恩指出，隐私恰巧可以在现代社会为公民提供一种庇护，当公民具有合理的隐私空间，他们就可以免受商业、政治、同龄人的即时性压力，而能够更为长远和审慎地思考问题和规划未来。[3]

其次，零隐私的观点也没有考虑信息流通的有效性。知名法律学者杰弗里·罗森（Jeffery Rosen）曾出版《不希望的注视》，对于现代社会中支离破碎的信息流通进行反思和对隐私的功能进行辩护。[4]罗森认为，应当区分两种关于个人的信息，一种是碎片化和肤浅化的个人信息；另一种则是“只能为一些朋友、爱人或家人所获知”的“具有复杂性的真实知识”。[5]在罗森看来，关于个人的复杂性知识只能“通过缓慢的时间积累来获取”，[6]而社会却总是通过媒体报道或公共性事件而获取关于个人的碎片化信息。因此，罗森指出，隐私的“核心价值之一”是保护个人“不会因为在一个世界中的短暂一瞥而被脱离语境地错误界定与评判”。[7]

最后，零隐私的观点也没有考虑隐私泄露所伴随的风险。零隐私的观点没有意识到，即使所谓心胸坦荡、光明正大的个体，也会因为泄露隐

---

〔1〕 信息资本主义的概念来自著名社会学家曼纽尔·卡斯特尔（Manuel Castells），参见 Manuel Castells, *The Information Age: The Rise of the Network Society*, Oxford: Blackwell, 1996, pp. 14–18。近年来，又有所谓的“监控资本主义”的概念。参见 Shoshana Zuboff, *The Age of Surveillance Capitalism: The Fight for a Human Future at the New Frontier of Power*, New York: Public Affairs, 2019, pp. 1–15。

〔2〕 Julie E. Cohen, *What Privacy Is For*, Harvard Law Review 126, 2013. p. 18.

〔3〕 按科恩的说法，现代社会是一种被调整的社会（modulated society），这种社会不断地调整信息以满足人们的舒适性。然而，自由民主的公民观念需要的却是一定程度非舒适性和反思性。参见 Julie E. Cohen, *What Privacy Is For*, Harvard Law Review 126, 2013。

〔4〕 See Jeffrey Rosen, *The Unwanted Gaze: The Destruction of Privacy in America*, New York: Random House, 2000.

〔5〕 See Jeffrey Rosen, *The Unwanted Gaze: The Destruction of Privacy in America*, New York: Random House, 2000, p. 8.

〔6〕 See Jeffrey Rosen, *The Unwanted Gaze: The Destruction of Privacy in America*, New York: Random House, 2000, p. 10.

〔7〕 See Jeffrey Rosen, *The Unwanted Gaze: The Destruction of Privacy in America*, New York: Random House, 2000, p. 8.

私而面临风险。例如,一旦犯罪分子获取个人隐私,通过个人隐私性信息进行诈骗,其编造的谎言的可信度就会大大增加,其诈骗的成功率就会大大提高。[1]而在现实生活中,大部分公民个体都会有一些不是特别光彩的个人事项。对于整个社会而言,这助长了恶劣的风气,即使这些个人做了坏事,此类行为也不应成为诈骗等犯罪行为的激励因素。[2]

四、如何保护：社群与场景化的视角

就基础理论而言,传统的隐私观采取了洛克与康德式的个体主义的法哲学。在洛克的法哲学理论中,个体是具有理性选择能力的平等个体,国家的作用就在于保护个体的自然权利。[3]同样,在康德主义或新康德主义的自由主义法哲学理论中,个人自主与选择的能力是人的本质特征,国家不应干涉个人进行自主选择的权利。在传统的侵权隐私研究中,很多理论都采取了个体主义的视角,将隐私视为一种完全个体主义的权利。[4]

但上文的分析表明,隐私权其实与具体社群主义与场景密切相关,对其进行保护边界也必须在特定的公共社群与语境中进行确定。这看上去似乎违反直觉,因为信息隐私保护传统上被认为是个人权利,其所防止的就是第三人或社群对于个人空间的“侵入”。但如果我们放弃那种洛克式或康德主义的权利观,代之以人的社会性与公共性视角来进行分析,就会发现这种社群主义与场景化的隐私观更符合隐私权的特征。毕竟,隐私保护的目的在于促进公共社群更好地运转与

---

〔1〕 正如乌尔里希·贝克在其著作中指出的,在现代社会,现代社会中的风险在时间和空间上都具有流动性,使人类经验难以预测风险的发生。就自然风险而言,风险的发生往往在人类的感知范围之内,自然风险在哪里发生,就会在哪里造成伤害。但在现代工业社会中,风险“在它们所生产的苦难中,不再与它们起源的地方,即工业工厂相联系”。参见[德]乌尔里希·贝克:《风险社会》,何博闻译,译林出版社 2004 年版,第 19~20 页。

〔2〕 对此的分析,参见 Richard Posner, Blackmail, *Privacy, and Freedom to Contract*, U. PA. L. REV. 141, 1993, p. 1817。

〔3〕 See John Locke, *Second Treatise of Government*, Hackett Publishing Company, Inc. 1980, p. 66.

〔4〕 See Immanuel Kant, *Groundwork for the Metaphysics of Morals*, Lara Denis ed., Thomas K. Abbott trans., 2005, pp. 71 -72.

个人在公共社群中更好地生活,而不是希望每个人都变成一个个信息孤岛。

在学界中,以具体语境与公共社群的视角来理解信息隐私保护,已经得到了不少卓越学者的认可。其中最具有开创性的研究之一是耶鲁大学法学院的教授、前院长罗伯特·波斯特(Robert Post)。1989 年,罗伯特·波斯特在《隐私的社会基础:普通法侵权中的社群与自我》一书中指出,[1]对于隐私不能将其理解为一种个人主义的权利,对于隐私的理解必须结合社群的概念进行理解,因为人天然是社会性的动物,离开了具体的社群,所谓的个人独处空间或个体的人格尊严就无从谈起。波斯特指出,当普通法上将某些行为视为隐私侵权,这种过程其实并非确定一种固定的个人权利。相反,这个过程其实是在界定一种"社会规范"(social norms)或"文明规则"(rules of civility),[2]尽管法庭的判决可能是以个人权利的名义所作出的,但这种判决其实诉诸的是一个特定社群具有共识性的交往规则。[3]

纽约大学法学院的阿里·瓦尔德曼(Ari Ezra Waldman)教授也详细地批判了权利理论的隐私观。瓦尔德曼认为,以个人权利来理解隐私,这会面临种种理论上的自相矛盾之处,而其根本原因就在于以洛克式或康德主义的权利观来理解隐私,忽略了人与人之间的社会关系与信任关系。[4]基于这种理论,瓦尔德曼提出将隐私问题视为一个信任问题,当社群中的某一方打破了他人的信任或合理期待,这就意味着对隐私的侵犯。瓦尔德曼认为,这种建构在信任基础之上的隐私观将能更为

---

〔1〕 See Robert C. Post, *The Social Foundations of Privacy: Community and the Self in the Common Law Tort*, Yale Law School Legal Scholarship Repository 77, 1989, p. 957.

〔2〕 See Robert C. Post, *The Social Foundations of Privacy: Community and the Self in the Common Law Tort*, Yale Law School Legal Scholarship Repository 77, 1989, p. 966.

〔3〕 参见 Robert C. Post, *The Social Foundations of Privacy: Community and the Self in the Common Law Tort*, Yale Law School Legal Scholarship Repository 77, 1989, p. 962。波斯特的社会人格理论基础是当时其伯克利大学社会学系的同事厄文戈夫曼(Erving Goffman)的理论,参见 Erving Goffman, *Relations in Public: Microstudies of the Public Order*, New York: Basic Books, 1971, p. 28。

〔4〕 See Ari Ezra Waldman, *Privacy as Trust: Sharing Personal Information in a Networked World*, University of Miami Law Review 69, 2015, pp. 560 - 590.

恰当地判断信息隐私保护的边界。[1]

事实上,如果我们重新阅读沃伦与布兰代斯的经典文献,我们也会发现其著作中隐含的基于社群主义与场景化的隐私观。如上文所述,沃伦与布兰代斯的《隐私权》的确提出了防止侵扰的隐私观,这种隐私观被很多学者接纳和发扬。但是,经常为论者所忽略的是,沃伦与布兰代斯所提出的隐私权或"独处的权利"并不是泛泛而谈的独处或防止侵扰,并不是提倡一种类似梭罗隐居在瓦尔登湖的权利。相反,沃伦与布兰代斯所说的隐私权有着非常具体的语境,其所针对的正是现代媒体尤其是八卦媒体兴起下的隐私侵权。在其文章中,沃伦与布兰代斯生动地描绘了新闻媒体是如何侵犯个人隐私的。沃伦与布兰代斯指出,如今新闻媒体已经"在各个方面都脱离了规矩(propriety)和体面(decency)",流言蜚语"已经不再只是来源那些懒汉和恶毒的人",相反,流言蜚语已经成为一种"厚颜无耻的工业化的生产"。[2]为了吸引顾客,媒体不顾节操刊发性关系的各种细节,完全不顾社群的某些社会规范。因此,沃伦与布兰代斯虽然提出了作为独处的隐私,但他们同时也强调了隐私与公共社群的关系,认为隐私的边界必须结合"每个具体案例的多种情境"来进行考虑。[3]正如波斯特教授所言,沃伦与布兰代斯的隐私权虽然有个人主义的一面,但也蕴藏了社群主义的一面。隐私并不意味着秘密、匿名和独处,而是意味着我们作为社会群体中的个体应当给予彼此的空间, 侵犯隐私意味着打破了社会精神上的宁静。[4]

从社群主义与场景化的理论出发,就可以对隐私权保护进行重新思考。无论是美国的四类隐私侵权,还是大陆法系人格权框架下的隐私侵权,都必须结合具体社群与场景来判断隐私权的边界。其中有些社群与场景的变化已经为人熟知。例如,当涉嫌隐私侵权的对象是公共人物时,当事人的隐私权利就应当适度限缩。但需要进一步明确的是,公共

---

〔1〕 See Ari Ezra Waldman, *Privacy as Trust: Sharing Personal Information in a Networked World*, University of Miami Law Review 69, 2015, pp. 590 – 630.

〔2〕 See Samuel D. Warren and Louis D. Brandeis, *The Right to Privacy*, Harvard Law Review 4, 1890, p. 196.

〔3〕 See Samuel D. Warren and Louis D. Brandeis, *The Right to Privacy*, Harvard Law Review 4, 1890, p. 215.

〔4〕 See Robert Post, *Rereading Warren and Brandeis: Privacy, Property, and Appropriation*, Case W. Res. 41, 1991, pp. 651 – 652.

人物的权利限缩并非由于公共人物的权利天然应当受到限制,其根本的原因在于公共人物位于公共领域,相关信息的自由流通更符合公共领域的建构。[1]对于其他类型的关系中的隐私侵权,原理亦是如此。对于隐私侵权的判断,应当期待司法通过个案自下而上地勾勒隐私权利在不同关系与不同场景中的边界,[2]而非相信存在一种具有客观边界的隐私权。对于后文的个人信息保护研究,隐私权保护的这一核心特征将具有重要启示意义。

---

〔1〕 参见郭春镇:《公共人物理论视角下网络谣言的规制》,载《法学研究》2014 年第 4 期。

〔2〕 自上而下的保护方式也借鉴上文提到的索洛夫(Daniel Solove)的研究,但与索洛夫运用维特根斯坦的早期理论不同的是,这里的隐私理论更接近维特根斯坦后期的语言哲学理论,因为本书强调了语境或场景对于理解隐私的作用,在维特根斯坦后期的理论中,维特根斯坦也更多地强调在语境中理解语言,而非语言的家族相似性。对于维特根斯坦前期和后期的理论区别,可以参见 Robert J. Fogelin, *Wittgenstein's Critique of Philosophy*, in Hans Sluga and David G. Stern eds., The Cambridge Companion to Wittgenstein, Cambridge University Press, 1996, pp. 34 – 58。

第二章 从隐私到个人信息:个人信息保护针对谁?

一、从隐私权利保护到个人信息保护

在前一章中,我们分析了隐私权保护的争议和不确定性,但关于隐私权有一点共识非常明显:传统隐私权是防御性的,传统隐私权保护完全依赖司法机关与侵权法体系的保护。从传统隐私权保护到个人信息保护,权利性质发生了质的转变。个人信息保护中的相关权益不仅包括防御性的权利,而且包括积极性的权利。同时,侵权法也不再是相关唯一的法律保护方式,甚至不是主要的保护方式。

以西方为例,这一转折点发生在 20 世纪六七十年代。[1] 1967 年,美国学者阿兰·威斯丁(Alan Westin)发表了《隐私与自由》一书。在该书中,威斯丁认为,以往对于隐私的定义都是模糊的,隐私必须被重新界定。威斯丁指出,隐私应当被重新界定为"个人、群体或机构对自身信息在何时、如何以及在什么程度与他人沟通的主张"。[2]其后,威斯丁又于 1972 年出版了《自由社会中的数据库》,详述了当代的计算机框架如何制造了新的隐私问题,并且再次重申了个人对于信息与数据的控制权利。[3]德国和欧盟的隐私权益法律保护也经历了类似的历程。20 世纪七八十年代之前,德国和欧盟一些国家的传统私法将隐私归入人格权的

---

〔1〕 参见杨惟钦:《价值维度中的个人信息权属模式考察——以利益属性分析切入》,载《法学评论》2016 年第 4 期。作者指出,20 世纪六七十年代后,"美国的隐私权体系从防御性的权利向进取性的权利发展,强调主体对自身信息的支配、控制与决定"。

〔2〕 Alan Westin, *Privacy and Freedom*, New York: Atheneum, 1967, p. 7.

〔3〕 See Alan Westin and Michael A. Baker, *Databanks in a Free Society*, New York: Quadrangle Books, Inc., 1972.

范畴，以传统私法的方式保护隐私权益。而到了20世纪七八十年代，个人信息权或个人信息自决权的概念开始出现，成为受到法律保护的另一核心权利。在某种程度上，德国和欧盟也经历了从隐私权到个人信息权的变化。

我国也经历了从只关注隐私权到同时关注个人信息权的变化。2012年，全国人民代表大会常务委员会审议通过了《关于加强网络信息保护的决定》，开启了个人信息的法律保护之路。2015年，《刑法修正案（九）》规定了侵犯公民信息罪，将“违反国家有关规定，向他人出售或者提供公民个人信息”的所有主体都纳入刑法调整范围。[1] 2016年，《网络安全法》对个人信息保护作出了规定，规定网络运营者收集个人信息应当遵循合法、正当、必要的原则，而且应当获得个人的知情同意。[2] 2017年，《民法总则》又在第111条规定：“自然人的个人信息受法律保护。任何组织和个人需要获取他人个人信息的，应当依法取得并确保信息安全，不得非法收集、使用、加工、传输他人个人信息，不得非法买卖、提供或者公开他人个人信息。”2021年，个人信息保护法即将出台，对个人信息保护问题作出综合性和全面性的规定。

二、个人信息保护可以针对所有人吗？

从法律权利与法律制度的设计来说，隐私权是一种对世权，其效力及于一切人，可能侵犯隐私的主体为不特定的任何人。即使某些主体或某些场景下的个人隐私权利会受到限缩，但此类限缩也被认为是例外情形，不妨碍隐私权整体上作为对世权的属性。在威斯丁等人提出个人信息权利之后，个人对于自身信息的控制是否也可以成为一种对世权呢？从个人信息保护理论与制度出发，可以发现这一问题的答案是否定的。

从威斯丁的《隐私与自由》出发，首先可以发现，威斯丁对于隐私与个人信息的探讨以计算机与现代科技的兴起为背景，威斯丁并没有将个人信息泛化为一种针对特定第三人的权利。虽然威斯丁将隐私等同于个人对保护自身信息的控制，但威斯丁所说的这种控制权主要是个人针

---

〔1〕《刑法》第253条。
〔2〕《网络安全法》第41条。

对计算机、现代科技以及与此相结合的权力对个体的威胁,威斯丁并没有以对世权的视角看待“个人信息权”。仔细阅读这本著作,我们还会发现,在这本奠定现代信息隐私法的经典著作中,威斯丁只在几处地方蜻蜓点水式地引用了沃伦、布兰代斯的侵权文献,[1]对于普罗斯的侵权法分类,威斯丁根本没有提到。这从另一个侧面说明,威斯丁并没有继承沃伦、布兰代斯与普罗斯的侵权法传统,没有期望以侵权法的框架来保护个人信息。[2]

在实践中,各国也没有将个人信息权利视为一种对世权。以美国为例,美国法对于隐私权益的保护的确经历了从隐私权保护到个人信息权保护的转变,[3]但美国个人信息概念的提出具有独特的技术背景与防范对象。概括而言,个人信息概念的兴起以20世纪60年代以后计算机技术的兴起为背景。[4]计算机技术的兴起,使公共机构和公司处理信息的方式发生了巨变。计算机技术兴起之前,信息的收集主要依赖人工,收集的速度较慢;信息的储存主要通过卡片、文档等方式进行,且往往会有具体的储存点;信息的搜索主要依赖编码索引和人工查找,不免费时费力。计算机技术兴起后,信息的收集速度发生了质的飞跃;信息的储存能力几乎没有上限,而且不需要有特定的储存点;同时,信息的搜索也变得简单易行。正是在这一背景下,美国政府采取了一系列加强个人信

---

〔1〕 威斯丁在著作中提及沃伦与布兰代斯“隐私权”之处,参见 Alan Westin, *Privacy and Freedom*, Atheneum, 1967, pp. 346, 348 – 349, 355。

〔2〕 在这个意义上,可以说威斯丁对于隐私的界定标志着现代隐私法的诞生。威斯丁去世时,《纽约时报》撰文悼念,认为威斯丁“几乎以一人之力创立了隐私法”。See Margalit Fox, Alan F. Westin, *Who Transformed Privacy Debate Before the Web Era*, Dies at 83, N. Y. Times, Feb. 23, 2013, at D7, available at http://www. nytimes. com/2013/02/23/us/alan-f-westin-scholar-who-defined-right-to-privacy-dies-at-83. html? pagewant ed = all& r = 0, 最后访问日期:2018年9月7日。

〔3〕 代表性的论述,参见杨惟钦:《价值维度中的个人信息权属模式考察——以利益属性分析切入》,载《法学评论》2016年第4期。作者指出,随着美国“社会的发展和学说的跟进,在私法领域内隐私权被赋予了更加丰富的内涵,扩充为信息隐私权、空间隐私和自我决定的隐私”;20世纪六七十年代后,“美国的隐私权体系从防御性的权利向进取性的权利发展,强调主体对自身信息的支配、控制与决定”。

〔4〕 See Arthur R. Miller, *The Assault on Privacy: Computers, Data Banks, and Dossiers*, Ann Arbor, MI: University of Michigan Press, 1971.

息保护的举措，[1]美国国会也通过了一系列立法，致力于确保个人信息在某些领域不受侵犯。

分析美国的一系列个人信息保护措施与立法，可以发现，这些立法并未赋予个人以针对不特定第三人的权利，对于普通民事主体收集与处理个人信息的行为，这些立法并不适用。事实上，即使对于一般企业，美国的上述立法也大都无法适用。对于一般企业的隐私权益保护，美国法大体上采取的是企业自我规制和消费者法规制的进路。[2]由企业自愿制定隐私政策，[3]然后由美国联邦贸易委员会（Federal Trade Commission）确认企业的隐私政策中是否存在欺诈或不合理的情形，以及企业是否严格执行了其隐私保护的承诺。[4]

德国的情形与美国类似。在德国法上，个人信息权利或个人信息自决权概念最早是在"小普查案"（Mikrozensus）和"人口普查案"（Volkszählungsentscheidung）中出现的。在这两个案例中，德国法院确立了一种类似威斯丁所定义的个人对于自身信息得以积极控制的基本权利：法律应当保障个人的知情权和选择权；只有在个人同意时，才能允许其个人信息被收集。如果信息收集者在个人不知情或表示拒绝的情形下收集个人信息，便构成对公民个体信息自决权的侵犯。但需注意的是，德国联邦最高法院对于个人信息权的提出有着特定语境。"小普查案"和"人口普查案"的判决结果针对的是国家对于个人信息的威胁，德国联邦最高法院并没有将这种个人信息权或个人信息自决权扩展成为一种针对不特定第三人的权利。正如有的学者所言，德国法院对于个人信息自决权的正当化论证有其特殊的案件背景，"信息自决权的主张者忽略了这些案例的具体背景，扩大了核心表述的适用范围，从而也就使

〔1〕 美国政府加强个人信息保护的另一背景是1972年水门事件。水门事件中对于隐私的侵犯最终导致了白宫隐私小组（Domestic Council Committee on the Right of Privacy in the White House）的成立。

〔2〕 参见王叶刚：《网络隐私政策法律调整与个人信息保护：美国实践及其启示》，载《环球法律评论》2020年第2期。

〔3〕 企业之所以愿意制定隐私政策，这与声誉机制有密切的关系。

〔4〕 See Michael D. Scott, *The FTC, the Unfairness Doctrine, and Data Security Breach Litigation: Has the Commission Gone Too Far?*, Admin. L. Rev. 60, 2008, pp. 130 - 131.

所谓的信息自决权脱离了正当化的基础"。[1]

事实上,与美国类似,德国针对个人信息或个人数据的立法也有特定对象。1970 年,德国黑森州制定了第一部州范围内的数据保护法。1977 年,德国制定了《防止数据处理过程中滥用数据法》,并在其后进行了若干次修订。尽管人们认为,德国的相关法律提供了比美国更为严格的隐私权益保护,但其针对的对象、基本原则、保护手段同美国的相关立法仍然高度一致。

欧盟对个人信息或个人数据的保护也采取了类似的进路。[2] 1980 年,欧洲理事会制定了供成员国参照和选择适用的《个人数据自动化处理保护公约》。[3] 1995 年,欧盟通过了《欧盟数据保护指令》(以下简称《指令》),要求成员国必须进行国内立法对其加以适用。2016 年,欧盟又通过了《条例》,这部条例于 2018 年直接适用于欧盟成员国。尽管在这些立法中,欧盟为保护个人信息或个人数据采取了越来越严格的监管,但在这些法律中,欧盟并未创设一种类似隐私权的个人信息权或个人数据权,公民个体无法凭借个人信息权或个人数据权对抗不特定第三人。[4]

从欧盟的司法实践来看,欧盟也没有将个人数据得到保护的权利泛

---

〔1〕 杨芳:《个人信息自决权理论及其检讨——兼论个人信息保护法之保护客体》,载《比较法研究》2015 年第 6 期。

〔2〕 除德国外,欧洲其他国家针对个人信息或个人数据也采取了类似美国和德国的消费者法保护与公法规制进路。20 世纪 70 年代,瑞典(1973 年)、奥地利(1978 年)、丹麦(1978 年)、法国(1978 年)、挪威(1978 年)等国先后立法,掀起了第一波个人信息或个人数据立法的潮流。这些立法尽管各有不同,但基本都采取了基于合理信息实践原则的消费者法或公法进路,规制的是政府与企业对个人信息的处理。See Colin J. Bennett and Charles D. Raab, *The Governance of Privacy: Policy Instruments in a Global Perspective*, Cambridge, MA: MIT Press, 2006, p. 127.

〔3〕 参见 Council of Europe, *Convention for the Protection of Individuals with Regard to Automatic Processing of Personal Data*, Jan. 28, 1981, E. T. S. 108, available at http://conventions. coe. int/'IYeaty/en/Treaties/Html/10, 最后访问日期:2018 年 9 月 7 日。值得一提的是,同年经济合作与发展组织(Organization for Economic Cooperation and Development, OECD)也制定了颇具影响力的"隐私保护与跨境个人数据流通指导纲要"。OECD 最新修订的纲要,参见 https://www. oecd. org/sti/ieconomy/2013-oecd-privacy-guidelines. pdf, 最后访问日期:2018 年 9 月 7 日。

〔4〕 《条例》的多项条款都表明了这一点,如第 2(2)条(c)点规定:"自然人在纯粹个人或家庭活动中所进行的个人数据处理"不适用《条例》。

化为针对不特定第三人的权利。例如，在2003年的一起案件中，针对奥地利立法机关规定的高级政府官员必须告知审计机关其薪资，欧盟法院并没有将高级官员的个人信息视为传统私法权利的客体，没有认为获取该个人信息的主体必须给予信息提供者以补偿。相反，法院直接援引了《欧盟人权公约》第8款的隐私权规定，分析了相关当事人的传统隐私权利是否受到侵犯。[1]其后，在“西班牙音乐制造商协会案”[2]“萨塔梅迪亚案”[3]“巴伐利亚啤酒案”[4]等案件中，欧盟法院又采取了类似的立场。在欧盟法院看来，并不存在一种可以针对不特定第三人的个人信息权。只有当行为侵犯了具有人格利益的隐私权益时，相关行为才能被判定为侵犯个人信息，相关信息主体才有可能得到法律救济。

三、适用前提：持续不平等信息关系

个人信息权利如果不能针对不特定第三人，那这种权利可以针对谁？进一步分析，可以发现个人信息权利中的知情权、选择权、访问权、纠正权、删除权、携带权等权利，都只能针对具有专业性或商业性收集能力的主体进行主张，这些权利既不能对日常活动中的个人信息收集与处理进行主张，也不能针对国家执法中的个人信息收集与处理进行主张。个人信息权利保护的这一前提性问题，可以在此进行进一步论述与证明。[5]

首先，不同国家和地区的法律都表明了这一点。以欧盟《条例》为例，其适用首先排除了平等主体之间的信息收集与处理。《条例》第2(2)条(c)点规定：“自然人在纯粹个人或家庭活动中所进行的个人数据处理”不属于《条例》的调整范围。[6]《条例》“重述”进一步指出：“本条

---

〔1〕 Case C－139/01 Österreichischer Rundfunk and Others［2003］ECR I－4989.

〔2〕 Case C－275/06 Promusicae［2008］ECR I－271.

〔3〕 Case C－73/07 Tietosuojavaltuutettu v. Satakunnan Markkinapörssi OY, Satamedia［2008］ECR I－09831.

〔4〕 Case C－28/08 European Commission v. Bavarian Lager［2010］ECR I－6055.

〔5〕 对于这一部分的进一步阐述，参见丁晓东：《个人信息权利的反思与重塑　论个人信息保护的适用前提与法益基础》，载《中外法学》2020年第2期。

〔6〕《一般数据保护条例》，丁晓东译，载明德公法网：http://www.calaw.cn/article/default.asp?id＝12864，最后访问日期：2019年12月15日。

例不适用于自然人在纯粹个人或家庭活动中与专业或商业活动无关的个人数据处理。个人或家庭活动包括：通信和持有地址，或在此类活动范围内进行的社交活动和在线活动。”只有对于“为此类个人或家庭活动提供处理个人数据手段的控制者或处理者”才能适用《条例》。[1]其次，《条例》还将“有权机构为了预防、调查、侦查或起诉犯罪，为了进行犯罪惩罚，包括为了保证公共安全和预防对公共安全的威胁而进行的个人数据处理”排除在外，[2]此类个人数据或个人信息的收集与处理也受法律规制，但其规制方式与《条例》以及通行的个人信息权利保护制度有很大区别。[3]因为此类个人信息收集的主体虽然和个人之间也具有不平等的信息能力，但二者不具有持续性的信息关系。

美国的个人信息权利保护法律制度同样表明了这一点。以美国的领域立法为例，美国的《家庭教育权利与隐私法案》(Family Educational Rights and Privacy Act of 1974)的规制对象是公共机构，如潜在雇主、公共资助的教育机构和外国政府。[4]美国的《1974 年隐私法》(The Privacy Act of 1974)的规制对象是美国联邦规制机构收集与处理个人信息，[5]美国的《健康保险可携带性和责任法案》(Health Insurance Portability and Accountability Act)的规制对象是医疗保健提供方、提供或支付医疗费用的实体、医疗信息交换所、商业伙伴等实体。[6]美国的《儿童在线隐私保护法》(Children's Online Privacy Protection Act)的规制对象是在线收集儿童信息的网站等主体。[7]这些法律都将个人信息权利保护的范围限定在具有持续性不平等信息关系的主体之间，既排除了个人日常活动中的信息收集与处理，也排除了政府执法中的个人信息收集与处理。对于政府执法中的个人信息权利保护，美国法律和欧盟一样，都以特殊的法律框架来加以规制，如以宪法第四修正案以及相关联

---

〔1〕《条例》“重述”第 18 条。

〔2〕《条例》第 2(2)条(d)点。

〔3〕 Directive (EU) 2016/680 of the European Parliament and of the Council.

〔4〕 20 U. S. C. § 1232g (2006).

〔5〕 5 U. S. C. § 552a (2006).

〔6〕 Pub. L. No. 104 - 191.

〔7〕 15 U. S. C. § § 6501 - 6506.

邦立法来规制。[1]美国州层面的立法更说明了这一点,如2020年1月1日生效的《加州消费者隐私法案》,顾名思义其规制对象主要是信息能力不平等的商家或企业,这一法律赋予个人的信息权利,也属于针对商主体的消费者权利。事实上,《加州消费者隐私法案》不仅排除了一般自然人的信息收集与处理活动,而且排除了小微企业的信息收集与处理活动。《加州消费者隐私法案》将受管辖的企业范围限定在年收入超过2500万美元,或者为了商业目的而接受5万条以上个人或者年收入的50%及以上为销售消费者个人信息所得的公司。[2]

其次,从个人信息权利保护的制度框架来看,也可以看到个人信息权利保护的适用前提。全球通行的个人信息权利保护的制度框架起源于"公平信息实践"(fair information practices)原则,这一原则给个体赋予了一系列信息权利,给信息收集者与处理者施加了一系列义务。[3]但须注意的是,公平信息实践所处理的是不平等的信息关系,公平信息实践原则所规制的对象,要么是具有专业性信息收集能力的公共机构,要么是具有商业性或专业性信息收集能力的企业或类似主体。不可否认,欧盟和美国对于公平信息实践的继承和适用有一定的差异,如欧盟《条例》以数据控制者和数据处理者的概念来概括政府、企业和专业信息收集者与处理者,而美国的《1974年隐私法案》和《加州消费者隐私法案》则对政府规制机构和企业进行区别立法。[4]但二者的差异并不妨碍其共同之处。无论是欧盟还是美国,都排除了纯粹个人活动中的信息收集

---

〔1〕 See Daniel J. Solove, *Nothing to Hide: The False Tradeoff between Privacy and Security*, New Haven: Yale University Press, 2011, pp. 93 – 154.

〔2〕 按照加州《民法典》第1798.140节(c)的规定,《加州消费者隐私法案》所指的"企业"是:"满足如下条件的个人独资企业、合伙企业、有限责任公司、公司、协会或其他法律实体:为其股东或收集消费者个人信息的其他所有者的利益或财务利益而组织或经营的,或代表其收集信息,并单独或与他人共同确定处理消费者个人信息的目的和方法的,在加利福尼亚州开展业务的,并满足以下一个或多个基本条件的公司:(A)根据第1798.185节第(a)小节第(5)段调整后,年总收入超过2500万美元。(B)为商业目的,每年单独或合并购买、接收、出售或共享50000条或更多消费者、家庭或设备的个人信息。(C)年收入的50%或以上为销售消费者个人信息所得。"

〔3〕 参见丁晓东:《论个人信息法律保护的思想渊源与基本原理——基于"公平信息实践"的分析》,载《现代法学》2019年第3期。

〔4〕 是否以及如何区分商业场景与公共机构场景中的个人信息保护,这也将是中国的个人信息保护立法或个人信息保护执法所面临的核心问题。

与处理,同时以不同的法律框架来规制政府执法中的个人信息权利保护问题。就此而言,需要再次澄清和强调的是,虽然美国法上采取了“大隐私”的概念,将信息隐私也视为隐私保护的一种,但实际上美国的信息隐私与传统的侵权隐私具有结构性的差异。美国的信息隐私其实等同于欧盟和其他地区的个人信息权利保护,二者有着类似的针对对象和制度框架。

综上所述,个人信息权利只能针对形成持续性不平等信息关系的收集者与处理者。[1]个人信息权利保护中的相关权利既非传统民法权利,也非传统宪法权利。因为传统民事权利主要针对平等的民事主体,而传统宪法权利主要针对国家。但无论是个人信息权利保护中的知情权、选择权、纠正权、删除权,还是被遗忘权和携带权,都属于特定信息关系中的新型权利。如果将其纳入民法权利的范畴,也必须突破传统民法权利的平等法律关系,以不平等的民法权利关系来看待个人信息权利保护。如果将其纳入宪法性权利,则这种权利也只能针对专业收集个人信息的公共机构,不能针对偶尔或单次性获取个人信息的执法机构。

四、侵权隐私、执法隐私与信息隐私

个人信息权利保护为何只能针对信息不平等关系中的专业或商业信息收集者与处理者?回答这一问题,可以侵权隐私、执法隐私与信息隐私的法律框架进行进一步分析,通过这三种法律框架的区分,我们可以更深入理解个人信息权利保护适用范围限定的原因,同时理解隐私与个人信息权利保护的整体图景。

首先,在侵权隐私的框架中,法律只对个人信息做非常有限的保护,

---

〔1〕 有的青年学者已经注意到个人信息保护法的适用范围问题,但将适用范围限定于个人信息自动化处理领域,这与本书所阐述的信息关系角度有较多共同点,但也有一定的区别。从大部分国家和地区的立法来看,非自动化的个人信息收集与处理仍然可能受个人信息保护法管辖,只要非自动化的个人信息收集与处理具有商业性或专业性。参见杨芳:《我国个人信息保护法适用范围之思考——隐私权救济困境下的个人信息保护法》,载《社会科学家》2016年第10期。

而且依赖于侵权法这一被动性的保护方式。[1] 在美国，只有当相关主体侵犯了普罗西所归纳的四种隐私侵权类型中的一种或多种权益时，而且只有当个人提起诉讼，此时法律才对个人信息进行保护。在大陆法系，只有当相关主体侵犯了人格权中的隐私权时，而且同样只有当个人提起诉讼，法律才对个人信息进行保护。对于纯粹个人活动或平等民事主体之间的个人信息收集与处理，国家主要采取以社会规范调整为主导的方式，只有在侵犯核心隐私而且公民提起诉讼时，国家法律才会介入。[2]

传统侵权隐私法之所以对个人信息进行限定性保护与被动性保护，其原因在于个人信息具有很强的流通属性，在日常生活中，当我们打听他人的姓名、手机号、职业，甚至八卦他人的婚姻状况，都是常见的行为。如果赋予个人对于其信息的积极性权利，要求获取个人信息都必须征得个人同意，这将导致人们日常交往的失效与社会运转的失灵，导致打听他人信息也属违法的结果。个人信息的访问权、纠正权和删除权亦是如此，个人不可能要求访问他人所掌握的个人信息，也不可能要求纠正他人所掌握的个人信息，更不可能要求他人删除他人所掌握的个人信息。赋予个人以针对他人或平等主体的信息权利，既不合理，也不现实。[3]

其次，在执法隐私的框架中，个人信息权利保护框架也不能简单适用于作为公权力机构的执法机关。这其中的原因不仅在于公权力机构的执法目的是保护公共利益，因而其区别于商业机构对于个人信息的收集和利用。更为重要的原因是，公权力机构在执法过程中和个体形成的关系，并不存在持续性的信息关系。从信息收集与处理的关系类型来说，执法隐私所形成的个人与国家关系其实更接近传统的侵权隐私中的个人与侵入者，二者都是某个主体对个人的隐私空间的一次性或多次性侵入。对于这种一次性的侵入，法律一般根据侵入的合理性来判断是否违法。套用卡拉布雷西的财产规则与责任规则的理论，就是法律仅仅为此类场景的个人信息设置责任规则而非财产规则。[4]

---

〔1〕 参见商希雪：《个人信息隐私利益与自决利益的权利实现路径》，载《法律科学》（西北政法大学学报）2020 年第 3 期。

〔2〕 See Robert Post, *Rereading Warren and Brandeis: Privacy, Property, and Appropriation*, Case Western Reserve Law Review 41, 1991, p. 647.

〔3〕 参见丁晓东：《个人信息私法保护的困境与出路》，载《法学研究》2018 年第 6 期。

〔4〕 See Guido Calabresi and A. Douglas Melamed, *Property Rules, Liability Rules, and Inalienability: One View of the Cathedral*, Harvard Law Review 85, 1972, pp. 1089 – 1128.

因此,个人相对于执法机构的权利仍然限定于传统核心隐私的范畴;从美国等国家和地区的司法实践来看,法院主要以“合理预期”的标准来确定执法机构是否侵犯公民的隐私,即政府执法过程的搜查或信息收集是否违反了一般理性人的合理预期。[1]对于政府在执法或搜查过程中合法获得的个人信息,个人一般不具有知情选择权、访问权、纠正权、删除权等权利。这其中的道理不难理解。如果执法机构获取个人信息都需要征得个人同意,那么个人就会有足够的时间与机会藏匿或删除执法所需信息,同样,如果个人对于自身信息具有访问权、纠正权、删除权等权利,那么个人就能利用这些权利破坏执法所需要的信息与证据。无论是何种权利,都将从根本上破坏国家的执法能力。

最后,回到信息隐私法即个人信息权利保护法的框架。从信息关系上来说,个人和信息收集者与处理者之间构成了一种持续性的信息不平等关系,区别于侵权隐私中的信息能力平等之间的关系,也区别于执法隐私中的非持续性信息关系。就此类关系的法律性质而言,此类关系更类似于劳动法与消费者保护法等社会法的关系。在社会法的关系中,劳动者与用人单位之间,消费者与商家之间都形成了一种持续性的不平等法律关系。[2] 个人信息权利保护中的关系亦是如此。个人信息的收集者与处理者介于公权力与私主体之间,与个人之间形成了一种不平等的持续性法律关系,这种关系既不同于平等主体之间的民事法律关系,也不同于个人与国家公权力之间形成的关系。[3]

---

〔1〕 See Katz v. United States, 389 U. S. 347, 360 - 361 (1967).

〔2〕 当然,这种持续性关系在不同场景下的强弱程度可能非常不同。

〔3〕 参见林嘉、邓娟:《论我国劳动法范式的转变》,载《政治与法律》2009 年第 7 期;张守文:《社会法的调整范围及其理论扩展》,载《中国高校社会科学》2013 年第 4 期。

第三章 个人信息保护的制度起源:公平信息实践

个人信息保护法或信息隐私法的制度起源是公平信息实践,而非对世权意义上的个人信息权或个人信息自决权。对此,学界与业界早有定论。隐私法研究的权威学者保罗·施瓦茨(Paul Schwartz)指出,公平信息实践"是现代信息隐私法的基石"。[1]电子隐私信息中心(Electronic Privacy Information Center)的主席与执行官马克·罗滕伯格(Marc Rotenberg)指出,公平信息实践"不仅在美国扮演了关键性角色,而且已经成为全球隐私保护的重要国家准则"。[2] 长期关注隐私问题的专家保罗那·布鲁宁(Paula Bruening)也指出:"公平信息实践的基本原则已经为世界各国、地区、公司和个人提供关于数据保护和隐私的共同语言……当存在隐私或数据保护失败时,它们提供了测量遵守的工具和执行手段。"[3]基于公平信息实践制度在全球的影响,为了深化对个人信息制度的理解,本章将对公平信息实践的历史与发展进行总结。

---

〔1〕 Paul M. Schwartz, *Privacy and Democracy in Cyberspace*, Vanderbilt Law Review 52, 1999, p. 1614.

〔2〕 Marc Rotenberg, *Fair Information Practices and the Architecture of Privacy: What Larry Doesn't Get*, Stan. Tech. L. Rev. 1, 2001.

〔3〕 Paula Bruening, *Rethink Privacy* 2. 0 *and Fair Information Practice Principles: A Common Language for Privacy* (2014), Blogs @ Intel, http://blogs. intel. com/blog/rethink-privacy-2-0-and-fair-information-practice-principles-a-common-language-for-privacy/.

一、公平信息实践的起源与制度框架

公平信息实践诞生于1973年。20世纪70年代,美国政府用计算机数据库处理个人信息的现象日益普遍,为了回应伴生问题,美国政府在医疗、教育与福利部成立了一个"关于个人数据自动系统的建议小组"(Advisory Committee on Automated Personal Data Systems)。这个小组在1973年首次发布了一份"公平信息实践准则"报告,确立了处理个人数据的五项原则:[1]

> ● 必须禁止所有秘密的个人数据档案保存系统。
>
> ● 必须确保个人了解其被收集的档案的信息是什么,以及信息如何被使用。
>
> ● 必须确保个人能够阻止未经同意而将其信息用于个人授权使用之外的目的,或者将其信息提供给他人,用作个人授权之外的目的。
>
> ● 必须确保个人能够改正或修改关于个人可识别信息的档案。
>
> ● 必须确保任何组织在计划使用数据时,其创建、维护、使用或传播可识别个人数据的档案中的数据都必须是可靠的,并且必须采取预防措施防止数据的滥用。

1973年的公平信息实践准则在1977年美国政府设立的"隐私保护学习委员会"报告中得到了进一步发展。美国政府曾经在1974年设立"隐私保护学习委员会"(Privacy Protection Study Commission),对一系列隐私问题重新进行审查。1977年,"隐私保护学习委员会"在提交给美国总统卡特的报告中,进一步发展了公平信息实践,设定了数据保护

---

〔1〕 Records, *Computers and the Rights of Citizens Report of the Secretary's Advisory Committee on Automated Personal Data Systems July*, 1973, https://epic.org/privacy/hew1973report/Summary.htm.

系统的三大目标：[1]

> • 在个人对档案储存机构的期待和机构的实际做法之间保持平衡(最小化干涉性)。
>
> • 对于档案储存的操作，应尽可能减小个人的档案信息成为导致对其不公平的渊源(最大化公平性)。
>
> • 对于个人的档案信息的使用和披露，应当建立和界定有关责任(建立合法的、可执行的保密预期)。

此外，"隐私保护学习委员会"报告还将公平信息实践的原则从五项扩展至八项：[2]

> • 公开原则：必须禁止运行所有秘密的个人数据档案保存系统，而且机构应当设立个人数据档案的保存政策、实践和系统的公开政策。
>
> • 个人访问原则：对于档案保存机构以个人可识别形式保存的有关信息，必须确保个人有权查看和复制。
>
> • 个人参与原则：对于档案保存机构，必须确保个人有权更正或修改实质性的其为档案储存机构所保存的信息。
>
> • 收集限制原则：对于一个机构可以收集的关于个人信息的类型，以及收集方法，应当存在某些限制。
>
> • 使用限制原则：在档案保存的机构内，对个人相关信息的使用应当有限制。
>
> • 披露限制原则：对于档案保存机构可能作出的对外披露个人信息行为，应予以限制。
>
> • 信息管理原则：档案保存机构应当制定合理、适当的信息管理政策和做法，保证收集、维护、使用、传播有关个人的信息是必要的、合法的，而且信息本身是最新和准确的。

---

〔1〕 The Privacy Protection Study Commission, Personal Privacy in an Information Society (1977), Introduction, https://epic.org/privacy/ppsc1977report/c1.htm.

〔2〕 The Privacy Protection Study Commission, Personal Privacy in an Information Society (1977), Chapter 13, http://aspe.hhs.gov/datacncl/1977privacy/c13.htm.

> • 问责原则：档案保存机构应当对个人数据档案保存的政策、实践和系统承担责任。

总结而言，1973 年“关于个人数据自动系统的建议小组”和 1977 年“隐私保护学习委员会”提供的两个版本的公平信息实践大致确立了个人信息保护的基本框架与原则。一方面，公平信息实践对个人进行了信息赋权，规定了个体享有的一系列信息权利，如个人的信息访问权、更正权与修改权等权利。另一方面，公平信息实践也对信息收集者或处理者施加了一系列义务，规定个人信息收集者或处理者应当承担相应义务，如收集个人信息时的告知义务、使用个人信息的目的限制义务、个人信息安全保障义务等。

二、公平信息实践的影响与全球演化

公平信息实践的理论提出后，对美国、欧盟与国际组织的个人信息保护或信息隐私法产生了深远的影响，这些国家和地区的法律或者明确接受公平信息实践，或者在其法律规定中体现公平信息实践的各项原则。

1. 美国

在美国，公平信息实践的原理极大地影响了上文中提到的若干信息隐私立法。在联邦层面，1974 年美国《隐私法案》(The Privacy Act) 直接采用了 1973 年公平信息实践的若干原则。[1] 其后，在《家庭教育权利与隐私法案》[2]、《联邦有线通讯政策法案》(Cable Communications Policy Act)[3]、《视频隐私保护法案》(Video Privacy Protection Act)[4]、《司机隐私保护法案》(Driver's Privacy Protection Act)[5]等法案中，公平信息实践的原理都得到了相应体现。在州政府层面，很多州开始根据公平信息实践原则来规范州政府收集个人信息的情形。例如，马萨诸

---

〔1〕 5 U. S. C. § 552a. ,http://www. law. cornell. edu/uscode/text/5/552a.

〔2〕 20 U. S. C. § 1232g (2006).

〔3〕 47 U. S. C. ch. 5, subch. V - A(2006).

〔4〕 18 U. S. C. § 2710 (2006).

〔5〕 18 U. S. C. § § 2721 - 2725 (2006).

塞州制定了关于政府收集个人数据的一般性法律，将公平信息实践作为专门一章；[1]明尼苏达州制定的《政府数据实践法案》（Minnesota Government Data Practices Act），进一步具体化公平信息实践的原则。[2]

此外，一些规制机构和贸易委员会也采取或推荐公平信息实践的若干原则。[3] 例如，美国联邦贸易委员会（Federal Trade Commission）在其2000年报告中指出，当网站商业机构收集个人信息应当接受“四项广为接受的公平信息实践”：[4]

> • 通知：网站需要向消费者提供关于其信息实践的清晰和明显的通知，包括收集什么信息、如何收集信息（例如，直接或通过非显而易见的方式，如cookie）、如何使用信息、如何向消费者提供选择、可访问性与安全，是否向其他实体披露收集的信息，以及其他实体是否正在通过网站收集信息。
>
> • 选择：网站除了在消费者提供信息以完成服务时（如完成一项交易）给出选择之外，还需要向消费者提供关于如何使用他们的个人识别信息的选择。这种选择将包括内部二次使用（如向消费者再次进行营销）和外部二次使用（如向其他实体公开数据）。
>
> • 可访问性：网站应向消费者提供对网站收集的关于他们的信息的合理访问，包括审查信息和纠正不准确或删除信息的合理机会。

---

〔1〕 Mass. Gen. Laws ch. 66A, https://malegislature.gov/Laws/General Laws/PartI/TitleX/Chapter 66A.

〔2〕 Minn. Stat. § 13.01 et seq, https://www.revisor.mn.gov/statutes/? id = 13.01.

〔3〕 See Paul M. Schwartz and Daniel J. Solove, *Reconciling Personal Information in the United States and European Union*, California Law Review 102, 2014, p. 877.

〔4〕 See Federal Trade Commission, *Privacy Online: Fair Information Practices in the Electronic Marketplace* 36 – 37, (May 2000), http://www.ftc.gov/sites/default/files/documents/reports/privacy-online-fair-information-practices-electronic-marketplace-federal-trade-commission-report/privacy2000.pdf.

> • 安全:网站需要采取合理步骤来保护所收集信息的安全性。[1]

2. 欧盟

欧盟立法对于公平信息实践的继受同样明显。1980年,欧洲议会通过了有关个人数据保护的《保护自动化处理个人数据公约》(Convention for the Protection of Individuals with regard to the Automatic Processing of Personal Data)。这部公约规定,如果存在自动化处理个人数据,数据主体应当有权知晓,并且了解其主要目的;数据主体有权确认与数据主体有关的个人数据是否存储在文件中;有权查看、纠正或删除数据;有权获得未能遵守其他权利的救济。

其后,在1995年制定的欧洲议会和理事会《关于个人数据处理和自由流动的个人保护》的指令中,公平信息实践的一系列原则又得到了体现。根据工作小组的解释,这部指令至少体现了如下八项反映公平信息实践的原则:[2]

> • 目的限定原则:数据应当只能因为某个目的而被处理,而且数据转移不应当与此目的相冲突。
>
> • 数据质量与比例原则:数据应当准确,必要时应当及时更新。对于数据被转移或进一步处理,数据应当及时、相关且不超过一定目的。
>
> • 透明性原则:个体应当有权获取相关信息,如处理的目的和数据控制者的身份,以及其他为了保证公平性的信息。
>
> • 安全性原则:数据控制者应当采取恰当的技术与组织性措施来应对处理带来的风险。

---

〔1〕 美国联邦贸易委员会曾经在1998年将公平信息实践归纳为五项原则,除了2000年的四项原则之外,还包括了执行－救济的原则。参见 Federal Trade Commission, *Privacy Online: A Report to Congress* 7 (1998), http://www.ftc.gov/sites/default/files/documents/public_events/exploring-privacy-roundtable-series/priv-23a_0.pdf。

〔2〕 See Directive 95/46/EC of the European Parliament and of the Council on the Protection of Individuals with Regard to the Processing of Personal Data and on the Free Movement of Such Data (Eur. O.J. 95/L281).

● 可访问性、纠正与反对的权利:数据主体应当有权获取其被处理的信息备份,应当有权更正不正确信息。在某些情形下,个体应当有权反对对其信息进行的处理。

● 对进一步转移的限制:对于进一步的个人数据转移,只有第二个接收者也受到同样恰当程度的保护,这种转移才能被允许。

● 敏感信息:对于涉及"敏感"类的数据,需要采取额外保护措施,如要求得到数据主体对处理的明确同意。

● 自动化个人决策:当数据转移的目的是自动化决策时,个体应当有权知晓决策的逻辑,而且必须采取其他措施来保证个体的正当利益。

欧盟于2016年制定并于2018年生效的《条例》可谓是公平信息实践在欧盟法中的最新体现。根据第5条的规定,在处理个人数据时,应当遵循如下六项原则,并承担遵守责任和证明责任:[1]

● 合法性、合理性和透明性:对涉及数据主体的个人数据,应当以合法的、合理的和透明的方式进行处理。

● 目的限制:个人数据的收集应当具有具体的、清晰的和正当的目的,对个人数据的处理不应当违反初始目的。[2]

● 数据最小化:个人数据的处理应当是为了实现数据处理目的而适当的、相关的和必要的。

● 准确性:个人数据应当是准确的,如有必要,必须及时更新;必须采取合理措施确保不准确的个人数据,即违反初始目的的个人数据,及时得到擦除或更正。

● 限期储存:对于能够识别数据主体的个人数据,其储

---

〔1〕 欧盟《一般数据保护条例》,丁晓东译,参见 http://www.calaw.cn/article/default.asp? id=12864.。

〔2〕 《条例》第5(1)条(b)点规定,"因为公共利益、科学或历史研究或统计目的而进一步处理数据,不应当视为和初始目的不相容"。

> 存时间不得超过实现其处理目的所必需的时间。[1]
>
> ● 数据的完整性与保密性:处理过程中应确保个人数据的安全,采取合理的技术手段、组织措施,避免数据未经授权即被处理或遭到非法处理,避免数据发生意外毁损或灭失。

3. 国际组织

国际组织对于公平信息实践规定最为著名的当属经济合作与发展组织(Organization for Economic Cooperation and Development,OECD)。1980年,OECD制定了《隐私保护与个人数据跨境流通指南》(以下简称《指南》),确定了个人数据保护的八项基本原则:

> ● 收集限定性原则:个人数据的收集应当有限定性,而且任何此类数据都应当以合法和公平的手段获取,在合适情况下应当获取数据主体的了解或同意。个人数据应当和它们将被使用的目的相关,应当是为了实现这些目的所必要的,而且应当准确、完整和及时更新。
>
> ● 数据质量原则:个人数据应当和它们将被使用的目的相关,应当是为了实现这些目的所必要的,而且应当准确、完整和及时更新。
>
> ● 目的说明原则:收集个人数据的目的应当在数据收集之前进行说明,收集个人数据后的使用应当限于实现此类目的,或者和此类目的并不冲突而且在每次改变使用时都已进行说明的目的。
>
> ● 使用限定性原则:除了以下情况,个人数据不应被披露、可访问或使用:a)数据主体已经同意;或者b)法律要求。
>
> ● 安全保障原则:应采取合理的安全保障措施,保护个人数据免受诸如丢失、未授权访问、销毁、使用、修改或公开数据的风险。
>
> ● 公开原则:对于个人数据的发展、实践和政策的公开,

---

[1] 《条例》第5(1)条(e)点的规定,"……超过此期限的数据处理只有在如下情况下才能被允许:为了实现公共利益、科学或历史研究目的或统计目的,为了保障数据主体的权利和自由,并采取了本条例第89(1)条所规定的合理技术与组织措施"。

> 应当有一般性政策。对于确定个人数据是否存在,个人数据的性质,使用个人数据的主要目的,以及数据控制者的身份和常住地,应当有现成的方式来确定。
>
> • 个人参与原则:个人应当有权:a)从数据控制者那里得知数据控制者是否有和他们相关的数据。b)以如下方式被通知:i. 在一定的合理期限内;ii. 如果收费的话,不超出合理限度;iii. 以合理的方式;以及 iv. 以一种可理解的方式。c)如果 a)项和 b)项中的请求被拒绝了,可以获得拒绝的理由,并且可以对拒绝提出质疑;以及 d)质疑关乎他们的数据,而且,如果质疑是成功的话,可以要求将数据擦除、改正、完善或改正。
>
> • 可责性原则:数据控制者有责任采取措施,保证实现上面提到的原则。

2013 年,OECD 发布了一项名为《OECD 隐私框架》(The OECD Privacy Framework)的新隐私政策,对 1980 年的《指南》进行了大幅修改。OECD 认为,由于社会、经济以及新技术的发展,原来的隐私保护框架已经不足以应对时代变化。但值得注意的是,虽然 OECD 在新的隐私政策中对一些内容进行了删减,但对于公平信息实践的八项原则却未加以任何改变。

除了 OECD,亚太经济合作组织(Asia-Pacific Economic Cooperation,APEC)也延续了公平信息实践的若干原则。2004 年制定的《APEC 隐私框架》(以下简称《框架》)规定了信息隐私的九项原则:[1]

> • 预防损害:基于个人对于隐私的正当期待,应当设计个人信息保护以避免对此类信息的滥用。此外,基于对滥用个人信息所带来的伤害风险,应当对此类风险施加特定的责任,而且,救济措施应当和因为收集、使用和转移个人信息所带来的可能性和严重性相称。

---

〔1〕 Asia-Pacific Economic Cooperation, *APEC Privacy Framework*, 2004/AMM/014rev1 (Nov. 2004).

● 告知：对于个人信息的操作与政策，个人信息的控制者应当提供清晰和容易访问的声明。为了保证在收集个人信息之前或收集个人信息时提供此类信息，必须确保所有合理的可操作措施都已经采用。

● 收集限定性：个人信息的收集应当限定于和收集目的相关的信息，而且此类信息应当通过合法和公平的方式获取，而且在合适的情况下应当通知个人或获取个人的同意。

● 个人信息的使用：收集的个人信息应当只用于完成收集的目标和其他相关目的，除非：a）个人信息的主体已经表达同意；b）对于个人请求的产品或服务是必要的；c）法律或其他具有法律效力的法律文书、声明所要求的。

● 选择：在合适的情形下，应当提供个人一种清晰、显著、容易理解、容易访问和可承担的机制，以使个人能够对涉及个人信息的收集、使用和披露行使选择权。对于收集可公开获取的信息，要求个人信息收集者提供此类机制可能并不合理。

● 个人信息的完整性：个人信息应当准确、完整以及在使用目标所需的限度内保持更新。

● 安全措施：个人信息的收集者应当采取恰当的措施，保护其收集的个人信息免受风险：如丢失或对个人信息的未授权访问，或未授权损害、使用、修改或披露信息或其他滥用。此类措施应当与损害的可能性和严重性、信息的敏感性和语境相称，而且应当接受间歇性的审查和重新评估。

● 访问和可更正：个人应当可以：a）向个人信息控制者确认，个人信息控制者是否有关于其的个人信息。b）在提供关于其身份的足够证据的情形下，要求以如下方式通知他们：i. 在一定的合理时间内；ii. 如果收费的话，不超过合理费用；iii. 以一种合理的方式；iv. 以一种普遍能理解的方式；以及c）确认关于他们信息的准确性，而且在恰当情况下纠正、完善、修改或删除信息。

● 可责性：个人信息控制者有责任采取措施，使上述原则得以落实。当个人信息被转移给其他个人或组织，无论是

> 国内转移还是跨国转移,个人信息的控制者都应当获取个人同意,或者应当采取合理注意义务,采取合理措施保证个人信息的接收者或组织也能以符合上述原则的方式保护信息。

比较 APEC 隐私框架所规定的九项原则与 OECD 的八项原则,可以发现 APEC 隐私框架很大程度上沿袭了 OECD 若干项原则的规定。但比起 OECD,APEC 增添了一项“预防损害”的原则。

4. 小结:公平信息实践各版本的异同

比较各个版本的公平信息实践,可以发现公平信息实践的一些共同点与不同点。如同上文所述,不同版本公平信息实践的相同之处在于对个体进行信息赋权和对个人信息的控制者(信息收集者与处理者)施加责任。[1]而各个版本的公平信息实践的不同之处在于它们对信息主体的赋权程度不同,以及对信息控制者施加的责任不同。

首先,就赋权程度而言,不同的公平信息实践采取了不同刚性程度的赋权。[2]例如,在美国联邦贸易委员会的公平信息实践版本中,其对于个人信息的赋权就是推荐性的,这就意味着在美国联邦贸易委员会的执法机制中,个体并不具有对其个人信息的法定性权利。个体在多大程度上具有对其个人信息的权利,取决于不同网站或机构所设定的隐私政策。只要这些隐私政策不存在欺诈或显著不合理的情形,那么个体所拥有的信息权利就是网站所公示的权利。[3]相反,有的法律,如欧盟《条例》所赋予信息主体的若干权利就具有法律强制性。网站或机构并不能通过和个人进行谈判或合约而宣称个体放弃了此类权利。一旦网站或机构违反了个体的某些法定性权利,这些网站或机构就可能面临巨额罚款。[4]

除了刚性程度不同之外,不同公平信息实践所赋予个体的权利种类

---

〔1〕 其他一些学者还指出了公平信息实践在程序义务上的一些共同特征。参见 Paul M. Schwartz, *Privacy and Democracy in Cyberspace*, Vanderbilt Law Review 52, 1999, p. 1614。

〔2〕 总体而言,美国联邦贸易委员会的版本处于信息赋权程度最低的一段,欧盟最新的《条例》则处于赋权程度最高的一段。

〔3〕 See Daniel J. Solove and Woodrow Hartzog, *The FTC and the New Common Law of Privacy*, COLUM. L. REV. 114, 2014, pp. 585 – 686.

〔4〕 根据《条例》第 83 条第 5 款的规定,一旦违反核心条款,违法者可能面临 2000 万欧元或上一年全球总营业额 4% 的金额的罚款。

也不同。几乎所有的公平信息实践都赋予个人或信息主体某些种类的权利:如个人在其信息被收集时的被告知权和选择权;个人对于其信息的访问权、更正权等权利。[1]但对于其他权利,不同的公平信息实践版本则有不同的规定。例如,美国的若干公平信息实践版本并没有赋予个体太多其他权利,而欧盟《条例》则在传统公平信息实践所赋予的若干权利之外,增添了个体对于个人数据的擦除权("被遗忘权")[2]、限制处理权[3]、数据携带权[4]等权利。根据这些规定,个人可以在一定情况下要求数据收集者与处理者删除个人数据,要求控制者对处理进行限制,以及要求数据控制者提供可以自由传输数据的便利。

其次,不同公平信息实践对于信息控制者所附加的责任不同。尽管不同版本的公平信息实践都提到了可责性原则,但它们对于信息控制者所施加的限制并不相同。例如,对于信息的收集和使用,很多公平信息实践版本都设定了目的限定原则和信息最小化原则。根据目的限定原则,信息的收集者在收集个人信息时必须明确信息收集的目的,对于个人信息的收集只能是完成个体所需,或者基于个体的明确授权;而根据信息最小化原则,对个人信息的处理必须是为了实现信息处理目的而适当的、相关的和必要的,对于信息的处理不能超出个体初始的授权。但在美国联邦贸易委员会的公平信息实践版本中,此类限制并不存在。

最后,在个人信息的管理义务方面,不同版本的公平信息实践也不同。在早期的公平信息实践版本中,如美国 1973 年版本与 1977 年版本中,对于信息控制者的责任主要侧重于对于个人信息本身的管理,如确保个人信息的可靠性,防止个人信息的滥用。但到了 1980 年 OECD 版本的公平信息实践,"安全保障原则"开始被作为单独的一条原则加以提出,对个人信息的管理义务成为安全保障的一部分。其后,到了 1995 年的欧盟指令与 2016 年的欧盟《条例》,对于信息控制者的风险防范义务变得更为明显,1995 年指令与 2016 年条例的很多条文都规定了信息

---

〔1〕 以赋权个体对自身信息控制的方式来促进公民相关隐私权益保护,这起源于信息隐私法的奠基人阿兰·威斯丁(Alan Westin)的思想,威斯丁首次将隐私界定为"个人、群体或机构对自身信息在何时、如何以及在什么程度与他人沟通的主张"。See Alan Westin, *Privacy and Freedom*, Washington and Lee Law Review 25, 1967, p.7.

〔2〕 《条例》第 17 条。

〔3〕 《条例》第 18 条。

〔4〕 《条例》第 20 条。

控制者的风险防范与安全管理义务。同理,APEC 于 2004 年制定的隐私框架将“预防损害”作为个人信息保护的首要原则,也凸显了信息控制者的风险防范责任。综合这些规定可以看出,比起早期版本,后期的各类信息实践版本对信息控制者施加了更多的风险防范与治理义务。

第二编　现状:个人信息权利与制度框架的反思

前　言

在个人信息保护研究中，最为核心的两个问题是个人信息权利的性质与个人信息保护制度。前者构成了个人信息保护的基础性理论问题：个人信息保护所保护的法益是人格性权益、财产性权益、安全性权益还是其他性质的权益？国家是否应当对这些权益进行立法保护？后者则构成了个人信息保护的法律实践问题：什么样的法律制度可以更有效合理地保护个人信息？现行依赖于"告知—同意"的机制的个人信息私法保护框架是否可以有效发挥作用？其他依赖于公平信息实践的制度设计在当代又可能面临哪些问题？

就个人信息权利的性质而言，目前欧盟与美国采取了不同的思路。欧盟更多将个人信息被保护的权利视为一种基本权利，在以《条例》为代表的立法中，欧盟进一步强化了公平信息实践原则所主张的个人控制原则，不仅主张个人对于其信息具有知情权、选择权、访问权、更正权，而且引入了删除权与携带权。相较而言，美国更多主张个人信息保护与信息自由流通之间的平衡，美国联邦层面的个人信息立法主要集中在若干风险较高、涉及敏感个人信息的领域，而在其他一般领域，美国联邦层面的立法更多采取了市场自我规制的进路，并没有在立法层面赋予个人的信息控制权。

就个人信息保护制度而言，个人信息保护已有的法律制度已经面临重重挑战。以"告知—同意"机制为例，研究者与实践者已经越来越意识到，这一机制与普通民事主体之间的合同具有重大区别，个体很难做出真正基于意思自治的知情同意选择。同时，个人信息保护的基石——公平信息实践——也在互联网与大数据时代面临重重挑战，无论是给信息主体赋权，还是给信息收集者与处理者施加责任，都存在滞后与僵化的风险。

第二编因此构成了本书的“正传”。本编首先在第四章对欧盟的《条例》进行全面研究,以《条例》为基础管窥个人信息保护中的个人信息权利。作为一部强化个人信息控制的立法,欧盟的《条例》在一定程度上更侧重个人信息保护中“个人”的一面。其后,第五章引入美国言论自由理论,将言论自由理论下的个人信息保护与作为基本权利的个人信息保护相对照,从而侧重讨论个人信息保护中“信息”的一面。本编第五章和第六章转向制度讨论。其中第六章研究个人信息保护中的“告知—同意”机制,指出“告知—同意”有必要从合同法转向信义法。第七章则从一般性的层面,讨论建构于公平信息实践基础上的个人信息保护制度在当代面临的困境,提出基于大数据时代特征的公平信息实践版本。

第四章 “个人”信息保护:评《一般数据保护条例》

前文已经提到欧盟的《条例》。2018 年 5 月 25 日,这部法律正式生效,在全球引起了震撼效应。无论对《条例》持赞赏态度还是批评态度的评论者,所有关注数据隐私保护的人的共识是:《条例》将为隐私与个人信息或个人数据保护设立一个新的全球性标杆。[1] 在全球“数字人权”与“第四代人权”日益凸显的背景下,《条例》已经产生了越来越深远的影响。[2]

对于个人信息保护或个人数据保护研究而言,《条例》也是一个很好的样本。《条例》的全面性、综合性与前沿性,对于个人信息保护研究具有重要参考价值。如何理解数据隐私与个人数据?个人数据是一种个人可以随意处置的财产或准财产吗?还是不可以随意处置的个人人格的一部分?对个人数据的保护是否应当采取财产权保护的框架,还是人格权保护的框架?或者是否应当将个人数据视为一种知识产权,采取知识产权的保护框架?对《条例》进行分析,将有助于我们理解这些根本性的学术问题。

基于这种考虑,本章将首先对《条例》进行整体性的介绍、总结与评论。本章将介绍《条例》的整体框架与重点条文,指出《条例》从整体上采取了一种强化数据主体权利的进路。随后,本章将指出这种强化数据主体权利的进路面临着界定的难题,无论是将数据隐私界定为一种人格

---

〔1〕 Beata A. Safari, *Intangible Privacy Rights: How Europe's GDPR Will Set a New Global Standard for Personal Data Protection*, Seton Hall L. Rev. 47, 2017, p. 809.

〔2〕 参见张文显:《无数字 不人权》,载《北京日报》2019 年 9 月 2 日,第 15 版;马长山:《智慧社会背景下的“第四代人权”及其保障》,载《中国法学》2019 年第 5 期。

权还是界定为一种财产权，都面临着不小的困境。究其原因，现有对数据权利、隐私权、人格权与财产权的思考都没有充分考虑语境中的信息流通。[1]一旦我们将这些概念与特定语境中的信息流通结合起来，我们就能更合理地理解数据隐私的本质。同时，我们也能够更好地反思数据隐私保护的法律框架。保护数据隐私不应当期待可以寻求某种客观的权利边界，而应当建立在个体合理预期与风险合理规制的基础之上。

一、《条例》鸟瞰：框架、条文与制度

从章节设置来看，《条例》一共分为十一章，分别是第一章：一般条款；第二章：原则；第三章：数据主体的权利；第四章：控制者和处理者；第五章：将个人数据转移到第三国或国际组织；第六章：独立监管机构；第七章：合作与一致性；第八章：救济、责任与惩罚；第九章：和特定处理情形相关的条款；第十章：授权法案与实施性法案；第十一章：最后条款。

第一章规定了《条例》所规定的主要事项与目标、适用范围、地域范围以及相关概念的定义。从主要事项与目标来说，《条例》开宗明义，"本条例制定关于处理个人数据中对自然人进行保护的规则，以及个人数据自由流动的规则"，[2]将保护自然人的个人数据权利和设定个人数据自由流动规则作为条例的主要事项与目标。从适用范围来说，条例设定了宽泛的管辖权，规定除了某些情形，"本条例适用于对个人数据进行全部或部分性的个人数据处理"。[3] 从地域管辖范围来说，条例除了规定在欧盟内部设立的数据控制者或处理者的数据处理受本条例管辖之外，[4]还规定了"为欧盟内的数据主体提供商品或服务——不论此项商品是否要求数据主体支付对价；或对发生在欧洲范围内的数据主体的活动进行监控"，此类数据处理也受《条例》的管辖。如上所述，如果《条例》得到严格执行，这将意味着《条例》的管辖范围不仅仅限于欧盟内部，而且会影响其他各国企业与实体的数据处理。

---

〔1〕 类似的观点，参见胡凌：《商业模式视角下的"信息/数据"产权》，载《上海大学学报》(社会科学版)2017 年第 6 期。

〔2〕 第 1(1)条。

〔3〕 第 2(1)条。

〔4〕 第 3(1)条。

从定义来说,其中最为重要的是个人数据、处理、控制者、处理者的定义。关于个人数据,《条例》规定:“‘个人数据’指的是任何已识别或可识别的自然人(‘数据主体’)相关的信息;一个可识别的自然人是一个能够被直接或间接识别的个体,特别是通过诸如姓名、身份编号、地址数据、网上标识或者自然人所特有的一项或多项的身体性、生理性、遗传性、精神性、经济性、文化性或社会性身份而识别个体。”[1]关于处理,《条例》规定:“‘处理’指的是任何一项或多项对个人数据或一系列个人数据的操作,不论是否通过自动化的方式,如收集、记录、组织、构造、存储、调整、更改、检索、咨询、使用、通过传输而公开、散布或其他方式对他人公开、排列或组合、限制、删除或销毁而公开。”[2]关于控制者,《条例》规定:“‘控制者’指的是那些决定——不论是单独决定还是共同决定——个人数据处理目的与方式的自然人或法人、公共机构、规制机构或其他实体”。[3]关于处理者,《条例》规定:“‘处理者’指的是为了数据控制者而处理个人数据的自然人或法人、公共机构、规制机构或其他实体。”[4]

第二章是数据处理的一般原则。《条例》规定了六项原则:(a)“合法性、合理性和透明性”原则:“对涉及数据主体的个人数据,应当以合法的、合理的和透明的方式进行处理”。[5] (b)“目的限制”原则:“个人数据的收集应当遵循具体的、清晰的和正当的目的,对个人数据的处理不应当和此类目的不相容”。[6] (c)“数据最小化”原则:个人数据的处理应当是为了实现数据处理目的而适当的、相关的和必要的。[7] (d)“准确性”原则:个人数据应当是准确的,如有必要,必须及时更新;必须采取所有步骤,保证为了实现某项目的而处理的不准确的个人数据被擦除或及时更正。[8] (e)“限期储存”原则:“对于能够识别数据主体的个人数据,其保存方式应当不长于为了实现个人数据处理目的所必要

---

〔1〕 第4条第(1)项。
〔2〕 第4条第(2)项。
〔3〕 第4条第(7)项。
〔4〕 第4条第(8)项。
〔5〕 第5(1)条(a)点。
〔6〕 第5(1)条(b)点。
〔7〕 第5(1)条(c)点。
〔8〕 第5(1)条(d)点。

的期限；超过此期限的数据处理只有在如下情况下才能被允许：为了实现公共利益、科学或历史研究目的或统计目的，为了保障数据主体的权利和自由，并采取了本条例第 89(1) 条所规定的合理技术与组织措施。”[1] (f)“完整与保密”原则：“个人数据的处理应当通过合理的技术或组织手段，保障个人数据的合理安全，包括防御未授权或非法的处理，防御意外损失、销毁或损害。”[2] 同时，《条例》还规定“可问责性”原则，控制者除了遵守以上 6 点处理原则，“并且有责任对此提供证明”。[3]

第二章还对处理的合法性所须满足的条件作出了规定。第 6 条规定，处理的合法性必须满足某项条件，例如“数据主体已经同意基于一项或多项目的而对其个人数据进行处理”。而在数据主体未表达同意的情形下，处理的合法性必须是为了实现数据主体利益[4]、履行公共职责[5]、保护第三人核心利益[6]、实现公共利益[7]、控制者或第三人的正当利益[8]。

而对于何为数据主体的同意，《条例》作出了标准很高的规定。首先，对于数据主体的同意，控制者负有举证责任，其有责任证明“数据主体已经同意对其个人数据进行处理”。[9] 其次，“如果数据主体的同意是在涉及其他事项的书面声明的情形下作出的，请求获得同意应当完全区别于其他事项，并且应当以一种容易理解的形式，使用清晰和平白的语言”，任何控制者所发表的免责声明都不具有效力。[10] 再次，“数据主体

[1] 第5(1)条(e)点。

[2] 第5(1)条(f)点。

[3] 第5(2)条。

[4] 参见第6(1)条(b)点：“处理对于完成某项数据主体所参与的契约是必要的，或者在签订契约前基于数据主体的请求而进行的处理。”

[5] 参见第6(1)条(c)点：“处理对于控制者是某项法律职责的主体履行其职责是必要的。”

[6] 参见第6(1)条(d)点：“处理对于保护数据主体或另一个自然人的核心利益所必要的。”

[7] 参见第6(1)条(e)点：“处理是数据控制者为了公共利益或基于官方权威而履行某项任务而进行的。”

[8] 参见第6(1)条(f)点：“处理对于控制者或第三方所追求的正当利益是必要的……”

[9] 第7(1)条。

[10] 第7(2)条。

应当有权随时撤回其同意”。[1]最后,《条例》还规定,“分析同意是否是自由做出的,应当最大限度地考虑一点是:对契约的履行——包括履行条款所规定的服务——是否要求同意履行契约所不必要的个人数据处理。”[2]

第三章规定了数据主体所拥有的权利。第12~14条规定数据主体获取信息的权利,在收集数据主体信息以及收集数据主体信息之前,其有权获取控制者的身份与详细联系方式、处理目的等相关信息。第15~22条规定了数据主体的一系列重要权利:数据主体对个人数据的访问权、更正权、擦除权(“被遗忘权”)、限制处理权、数据携带权、一般反对权和反对仅仅基于自动化的个人决策的权利。而在这些权利中,最重要的当属对数据的访问权、更正权、擦除权与携带权。

就访问权而言,《条例》规定,“数据主体应当有权从控制者那里得知,关于其的个人数据是否正在被处理”,而如果正在被处理的话,数据主体“有权访问个人数据”和获知一系列信息,包括处理的目的、相关个人数据的类型、个人数据已经被或将被披露给接收者或接收者的类型、个人数据将被储存的预期期限、数据主体所拥有的相关权利。[3]

当个人数据被转移到第三国或一个国际组织,数据主体应当有权获知,控制者是否采取了恰当的保障措施。[4]

就更正权而言,《条例》规定,“数据主体应当有权从控制者那里及时得知对与其相关的不正确信息的更正。在考虑处理目的的前提下,数据主体应当有权完善不充分的个人数据,包括通过提供额外声明的方式来进行完善”。

就擦除权(“被遗忘权”)而言,《条例》规定在某些情形下,“数据主体有权要求控制者擦除关于其个人数据的权利”。例如,如果“个人数据对于实现其被收集或处理的相关目的不再必要”,[5]或者数据主体撤

---

[1] 第7(3)条。
[2] 第7(4)条。
[3] 第15(1)条。
[4] 第15(2)条。
[5] 第17(1)条(a)点。

回同意，[1]或者“已经存在非法的个人数据处理”。[2]

就携带权而言，《条例》规定，“数据主体有权获得其提供给控制者的相关个人数据，且其获得个人数据应当是经过整理的、普遍使用的和机器可读的，数据主体有权无障碍地将此类数据从其提供给的控制者那里传输给另一个控制者”。[3]《条例》还规定，数据主体在行使携带权时，“如果技术可行，数据主体应当有权将个人数据直接从一个控制者传输到另一个控制者”。[4]

第四章规定了数据控制者和处理者的责任。其中第一部分第25～31条规定了控制者与处理者的一般责任。第25条规定，控制者必须承担“通过设计的数据保护和默认的数据保护”（data protection by design and by default）的责任。所谓通过设计的数据保护，指的是控制者应当有一套固有的数据保护机制，而不只是采取一些临时性和个案性的保护措施。“在考虑了最新水平、实施成本、处理的性质、处理的范围、处理的语境与目的，以及处理给自然人权利与自由带来的伤害可能性与严重性之后，控制者应当在决定处理方式和决定处理时采取合适的技术与组织措施，并且在处理中整合必要的保障措施，以便符合本条例的要求和保护数据主体的权利。例如，控制者可以采取匿名化，一种设计用来实施数据保护原则——比如数据最小化原则——的措施。”[5]而所谓的默认的数据保护，指的是控制者的数据保护责任是一种缺省规则。“控制者有责任采取适当的技术与组织措施，以保障在默认情况下，只有某个特定处理目的所必要的个人数据被处理。这种责任适用于收集的个人数据的数量、处理的限度，储存的期限以及可访问性。尤其需要注意的是，此类措施必须确保，在默认情况下，如果没有个体介入，个人数据不能为不特定数量的自然人所访问。”[6]

第二部分规定了控制者与处理者对个人数据安全所应承担的责任和采取的措施。第32条规定，在考虑了“最新水平、实施成本、处理的性

---

〔1〕 参见第17(1)条(b)点：“处理是根据第6(1)条(a)点，或者第9(2)条(a)点而进行的，并且没有处理的其他法律根据，数据主体撤回在此类处理中的同意。”

〔2〕 第17(1)条(d)点。

〔3〕 第20(1)条。

〔4〕 第20(2)条。

〔5〕 第25(1)条。

〔6〕 第25(2)条。

质、处理的范围、处理的语境与目的之后,以及处理给自然人权利与自由带来的伤害可能性与严重性之后”,控制者和处理者应当采取“适当技术与组织措施,以便保证和风险相称的安全水平”。控制者应当保持“(a)个人数据的匿名化和加密;(b)保持处理系统与服务的保密性、公正性、有效性以及重新恢复的能力;(c)在遭受物理性或技术性事件的情形中,有能力恢复对个人数据的获取与访问;(d)具有为保证处理安全而常规性地测试、评估与评价技术性与组织性手段有效性的流程”。[1]第33条与第34条规定,一旦发生侵犯个人数据的情形,“控制者在知悉后应当及时——至迟在72小时内——将侵犯个人数据告知第55条所规定的有权监管机构,除非个人数据泄露对于自然人的权利与自由不太可能会带来风险”。[2]“当个人数据泄露很可能给自然人的权利与自由带来高风险时,控制者应当及时向数据主体传达对个人数据的泄露。”[3]

第三部分规定了数据保护影响评估与数据处理之前的事先咨询要求。第35条规定,当数据处理对个人因素“进行系统性与全面性的评价”并且“其决策对自然人产生法律影响或类似重大影响”时,[4]处理特定类型的数据或犯罪相关数据时,[5]或者数据处理与大规模的方式系统性地监控某个公众可以访问的空间相关时,[6]“控制者应当在处理之前评估计划的处理进程对个人数据保护的影响”。[7]第36条规定,当“数据保护影响评估表明,如果控制者不采取措施,处理会带来高风险,那么控制者应当在处理之前咨询监管机构”,并且应当根据监管机构的指示来进行活动。

第四部分是关于数据保护官的规定。第37条规定,在某些情形下,如在公共机构的数据处理、大规模数据处理或者特殊数据处理中,控制者和处理者应当委任数据保护官。[8]数据保护官具有“对控制者或处理

---

〔1〕 第32(1)条。
〔2〕 第33(1)条。
〔3〕 第34(1)条。
〔4〕 第35(3)条(a)点。
〔5〕 第35(3)条(b)点。
〔6〕 第35(3)条(c)点。
〔7〕 第35(1)条。
〔8〕 第37(1)条。

者，以及那些履行本条例和欧盟其他成员国数据保护条款所规定的处理责任的雇员进行告知，提供建议、确保控制者和处理者遵守条例和监管机构合作等”职责。[1]同时，数据保护官应当保持其自身的独立性。控制者和处理者应当确保个人数据保护官不会收到任何关于履行此类责任的指示。个人数据保护官不能因为完成其任务而被控制者或处理者解雇，其可以直接向控制者或处理者的最高管理层进行报告，[2]如果数据保护官完成其他任务或责任，控制者或处理者应当保证任何此类任务和责任不会导致利益冲突。[3]

第五部分规定的是行业协会等实体所自行起草的数据保护的行为准则与欧盟内部的认证机制。第40条规定了行为准则，“在考虑不同处理部门的特征以及微型、小型以及中型企业的特定需求之后，成员国、监管机构以及欧盟数据保护委员会与欧盟委员会应当鼓励起草促进本条例合理适用的行为准则”。[4]制定此类行为准则的主体是“协会以及其他代表某类控制者或处理者的实体”。[5]第42条规定了认证机制，“成员国、监管机构、欧盟数据保护委员会和欧盟委员会应当鼓励——尤其是在欧盟层面——建立数据保护认证机制、数据保护印章和标记，以证明控制者和处理者的处理操作符合本条例”。[6]《条例》还规定，参与认证应当是自愿的，[7]而且认证应当由有权监管机构等有资质的实体授予。[8]

第五章是对将个人数据转移到第三国或国际组织的规定。第44条首先规定了此类转移的一般原则：“对于正在处理或计划进行处理的个人数据，将其转移到第三国或国际组织，包括将个人数据从第三国或国际组织转移到另一第三国或另一国际组织，控制者和处理者只有满足本条例的其他条款，以及满足本章规定的条件才能进行转移。为了保证本

〔1〕 第39条。
〔2〕 第38(3)条。
〔3〕 第38(6)条。
〔4〕 第40(1)条。
〔5〕 第40(2)条。
〔6〕 第42(1)条。
〔7〕 第42(3)条。
〔8〕 第43(1)条。

条例对于自然人的保护程度不会被削弱,本章的所有条款都应当被遵守。"[1]其次,《条例》规定了两种类型的转移,一种是"基于认定具有充足保护的转移",当欧盟委员会作出决定,"认为相关的第三国、第三国中的某区域或一个或多个特定部门、或国际组织具有充足保护,可以将个人数据转移到第三国或国际组织。此类转移不需要特定的授权"。[2]另一种则是不具备充足保护的转移,当欧盟委员会认为第三国、第三国内的领地或一个或多个特定部门或一个国际组织不具有充分程度的保护,"控制者或处理者只有提供适当的保障措施,以及为数据主体提供可执行的权利与有效的法律救济措施,才能将个人数据转移到第三国或一个国际组织"。[3]

第六章是关于独立监管机构的规定。关于其设立,第 51 条规定,"每个成员国应当建立一个或多个独立公共机构,负责监控本条例的实施"。[4]关于其权力,每个监管机构都具有调查权力:如要求控制者和处理者提供履行其任务所需要的所有信息;以数据保护核查的方式进行调查;对认证进行审查;将可能侵犯本条例的情况告知控制者或处理者;从控制者或处理者那里获取访问个人数据的权力;获取对控制者和处理者的所有房屋建筑及场地,包括数据处理设施和方法的访问权等。[5]同时,监管机构还有对数据控制者和处理者进行纠正、授权和建议的权力。[6]

第七章是关于合作与一致性的规定。由于每个成员国都具有一个或多个独立监管机构,欧洲各成员国在监管问题上需要相互配合、相互协作,采取多方面措施确保对《条例》的适用具有一致性。例如,对于具有领导性监管机构的情形,第 60 条要求"领导性监管机构应当根据本条和其他相关监管机构进行合作,努力达成共识。领导性监管机构和相关监管机构应当彼此分享相关信息"。[7]第 61 条要求"监管机构应当为彼此提供信息和互相协助,以便以一种一致性的方式执行和适用本条例,

[1] 第 44(1)条。

[2] 第 45(1)条。

[3] 第 46 条。

[4] 第 51(1)条。

[5] 第 58(1)条。

[6] 第 58(2)条、第 58(3)条。

[7] 第 60(1)条。

而且应当拥有有效信息以进行有效的相互合作”。[1]第 63 条要求“监管机构应当相互合作，以及在相关的情形下通过本部分规定的一致性机制而和欧盟委员会进行合作”。[2]在此章中，《条例》还对欧盟数据委员会的设立、目标和责任等进行了规定。第 68 条规定，“欧盟数据保护委员会特此被设立为欧盟的一个机构，而且将具有法人身份”。“欧盟数据保护委员会应当包括每个成员国的每个监管机构的首长、欧盟数据保护监管者的首长，或者他们的代表。”[3]第 70 条规定，欧盟数据保护委员会应当确保对本条例的一致性适用。为了实现这一目的，在相关情形中，欧盟数据保护委员应当主动或根据欧盟委员会的请求而采取行动，如对欧盟数据保护相关的所有事项，包括对本条例的修改动议，向欧盟委员会提供建议。[4]

第八章是关于救济、责任与惩罚的规定。在这一章中，除了规定每个数据主体“向监管机构提起申诉的权利”，[5]“针对监管机构的有效司法救济的权利”，[6]“针对控制者或处理者的有效司法救济权”，[7]还对违反《条例》所应承担的行政罚款作了规定。如果违反《条例》的某些非核心条款，可以“施加最高 10,000,000 欧元的行政罚款” 或“前一年全球总营业额 2% 的罚款”（两者取其高）；[8]而如果违反《条例》所规定的某些核心条款，如处理的基本原则、同意的条件、数据主体的权利、将个人数据转移到第三国或一个国际组织的接收者，则可以“施加最高 20,000,000 欧元的行政罚款”或“前一年全球总营业额 4% 的罚款”（两者取其高）。[9]

第九章是和特定处理情形相关的条款。其中较为重要的是第 85 条。第 85 条规定，“成员国应当通过制定法律调和符合本条例制定的个人数据保护权与表达自由权与信息权，包括调和为了新闻目的和学术、

---

[1] 第 61(1)条。

[2] 第 63 条。

[3] 第 68(1)条、第 68(3)条。

[4] 第 70(1)条。

[5] 第 78 条。

[6] 第 79 条。

[7] 第 80 条。

[8] 第 83(4)条。

[9] 第 83(5)条。

艺术或文学表达目的而进行的处理”。同时，对于“为了新闻目的和学术、艺术或文学表达目的而进行的处理，如果对调和符合本条例制定的个人数据保护权与表达自由权与信息权有必要，成员国应当对第二章（原则）、第三章（数据主体的权利）、第四章（控制者和处理者）、第五章（将个人数据转移到第三国或国际组织）、第六章（独立监管机构）、第七章（合作与一致性）和第九章（和特定处理的情形相关的条款）的规定进行豁免或克减”。

第十章“授权法案与实施性法案”与第十一章“最后条款”是关于《条例》细化的权力与《条例》的解释问题。第 92 条规定：“制定授权法案的权力被授权给欧盟委员会，此权力受本条所规定的条件约束”。[1]《条例》最后规定，“本条例的所有条款都具有约束力，而且应当直接适用于成员国。”[2]

二、个人信息权利：人格权与财产权

《条例》涉及个人数据保护的方方面面，但综合来看，仍然可以发现《条例》有一条非常明显的主线贯穿始终，这就是前文提到的强化数据主体对于数据的控制权。如同《条例》所规定的，“本条例保护自然人的基本权利与自由，特别是自然人享有的个人数据保护的权利”。[3]或者如欧盟委员会前副主席芮丁女士（Viviane Reding）所言，“个人数据保护对于欧洲人而言是一项基本权利”，欧洲一直将“隐私视为一种建立在基本人权之上的政治要求”。[4]

《条例》的很多条文都体现了这一特征。首先，如同上文所言，《条例》将同意作为处理的基本原则，对于个人数据的收集、储存、处理、披露都必须获取个人的同意。而缺乏同意的处理只有在例外情形下，如为了实现数据主体利益、履行公共职责、保护第三人核心利益、实现公共利

---

〔1〕 第 92(1)条。

〔2〕 《条例》最后一段。

〔3〕 第 1(2)条。

〔4〕 Q. and A. with Viviane Reding, N. Y. Times, Feb. 2, 2013, http://www.nytimes.com/2013/02/03/business/q-and-a-with-viviane-reding.html. See generally Joel R. Reidenberg, *E-Commerce and Trans-Atlantic Privacy*, 38 Hous. L. Rev. 717, 730 – 32 (2001).

益、控制者或第三人的正当利益才能进行处理。[1]其次,即使在获取了数据主体的同意后,数据主体也仍然拥有多项对于数据的权利,数据主体仍然拥有对于数据的访问权、更正权、擦除权("被遗忘权")、限制处理权、数据携带权、一般反对权和反对仅仅基于自动化的个人决策的权利。对于这些权利,《条例》规定数据控制者或处理者不得要求数据主体放弃这些权利以换取服务。最后,《条例》详细规定了数据主体向独立监管机构以及司法机构提起诉讼的权利,可以要求数据控制者或处理者遵守数据主体的权利,并且在数据控制者或处理者违反数据主体权利时进行赔偿。

对于条例的这些规定,我们需要思考的是,《条例》所规定和强化的数据主体的权利是一种什么性质的权利?当《条例》对某项权利没有进行明确规定,或者当人们对于《条例》的某种权利存在争议时,应当以何种权利属性来进行分析和解释?有人或许会说,《条例》所规定的数据主体的权利是一种数据隐私权。但对于这一回答,仍然不可避免地会需要进一步地追问:什么是数据隐私权?数据隐私权或者说《条例》所规定的数据主体的权利是人格权吗?抑或是一种财产权?甚至可能是一种知识产权?对于这些问题,我们有必要一一作出分析,这不仅是一个理论问题,而且也将是关乎如何解释《条例》与适用《条例》、如何设置个人数据保护规则的实践性问题。

1. 数据隐私的人格权保护

我们可以首先分析人格权保护的进路。如前所述,早在1890年,在沃伦与布兰代斯所发表的经典文献《隐私权》中,沃伦与布兰代斯就提出了一种基于不可侵犯的人格权的隐私权。其次,虽然美国法在实践中日渐抛弃了以人格权来理解隐私权的进路,[2]但仍然有美国学者坚持应当以人格权来分析隐私权。[3]而在德国,基于人格权的隐私保护则成为主流进路。

---

〔1〕《条例》将个人规定为数据主体,将企业与公司等规定为数据控制者或处理者,也表明了这一点。

〔2〕这一转向与普罗斯的隐私分类有密切关系,参见 Neil M. Richards and Daniel J. Solove, *Prosser's Privacy Law: A Mixed Legacy*, Calif. L. Rev. 98, 2010, p. 1887。

〔3〕Edward J. Bloustein, *Privacy as an Aspect of Human Dignity: An Answer to Dean Prosser*, N. Y. U. L. Rev. 39, 1964, p. 962.

从《条例》的规定来看，某些条款的确显示了《条例》对数据隐私的人格权保护进路。例如，《条例》第9条规定，“对于那些显示种族或民族背景、政治观念、宗教或哲学信仰或工会成员的个人数据、基因数据、为了特定识别自然人的生物性识别数据，以及和自然人健康、个人性生活或性取向相关的数据，应当禁止处理”。[1]第22(1)条规定：“数据主体应当有权反对完全受制于自动化处理——包括用户画像——来对其做出对数据主体产生法律影响或类似严重影响的决策。”[2]这些规定表明，《条例》认为应当禁止涉及个人人格的数据，而且，数据主体应当是具有主体性的个人，用康德的术语来说，就是人必须成为目的而不是手段，对个人具有法律影响或重大影响的决策，不能仅仅通过自动化处理来做出。

另外，很难说《条例》完全采取了人格权保护的进路。如前所述，《条例》最大的特征在于强化数据主体的权利或对于个人数据的控制，即使数据控制者或处理者对于个人数据的处理不会影响个人的人格，数据主体也有权拒绝数据控制者的收集，以及拥有对于数据的访问权、更正权、擦除权（“被遗忘权”）、限制处理权、数据携带权等权利。

2. 数据隐私的财产权保护

在人格权之外，不少学者发展出了个人数据财产权的观念。例如，保罗·施瓦茨（Paul Schwartz）教授、维拉·柏格森（Vera Bergelson）教授、爱德华·简格（Edward J. Janger）都指出，在现行法律下，法律没有提供诸如强制令（injunction）之类的事前救济，也没有提供惩罚性赔偿（punitive punishment）的保护手段。他们借用吉多·卡拉布雷西在其名作《财产规则、责任规则与不可让渡性：“大教堂”的一幅景观》中所提到的责任规则与财产规则的区别，[3]认为当前的法律，无论是美国还是欧洲，只对隐私提供了基于责任规则的保护，而没有提供基于财产规则的保护，未来有必要以财产规则来对隐私进行保护。[4]而劳伦斯·莱西格

---

[1] 第9条。

[2] 第22(1)条。

[3] See Guido Calabresi and A. Douglas Melamed, *Property Rules, Liability Rules, and Inalienability: One View of the Cathedral*, Harv. L. Rev. 85, 1972, p. 1089.

[4] See Paul M. Schwartz, *Property, Privacy, and Personal Data*, Harvard Law Review 117, 2004, p. 2055; Edward J. Janger, *Privacy Property, Information Costs, and the Anticommons*, Hastings L. J. 54, 2003, p. 899; Vera Bergelson, *It's Personal but Is It Mine? Toward Property Rights in Personal Information*, U. C. Davis L. Rev. 37, 2003, p. 379.

(Lawrence Lessig)教授也曾经在其网络法名著《代码》中提出过个人数据财产权的观点，莱西格认为，赋予个人数据以财产权，这有利于提高个人在和公司等实体机构中的谈判权，更好地保护个人利益。[1]

而对于《条例》，有的评论者认为，其对于数据隐私恰巧采取了财产权或准财产权的保护。例如，发表于《耶鲁法律评论》上的一篇评论文章中，雅各布·维克托(Jacob M. Victor)指出，《条例》虽然没有明确确立个人数据的财产权保护，但其对个人数据的规定有三个特征，这些特征都表明《条例》将个人数据视为一种财产。其一，《条例》确立了默认权利(default entitlements)的原则，收集与处理个人数据不仅需要征得个人同意，而且在没有明确个人同意的情况下，个人也是其数据的默认拥有者。其二，《条例》为数据本身设定了某些责任(burdens that run with the data)，即使他人通过合同或数据主体的同意而获得了数据，他们也必须对这些数据承担某些义务，而不能随意处分这些数据。其三，《条例》规定了基于财产规则的救济(property-rule-based remedies)。《条例》规定，合法的数据收集与处理只能基于个人同意，在没有个人同意的情形下，个人可以进行申诉、提起司法诉讼，而监管机构也可以对数据控制者与处理者施加高额处罚。[2]

在一定程度上，这种以数据财产权来理解《条例》的观点具有很强的说服力。的确，维克托所归纳的三个特征都具有财产权的特征。《条例》设置了数据主体对于其个人数据的默认权利，这说明了《条例》强化了个人对其数据进行控制的立场，对于个人数据施加了一种类似知识产权的保护。[3]《条例》为数据本身设定了责任，要求数据的控制者或处理者不能随意处置数据，这说明了数据主体的利益已经被“内置于”(built-in)数据中。[4]《条例》所设置的救济方式也表明，《条例》对于个

---

〔1〕 See Lawrence Lessig, *Code and Other Laws of Cyberspace*, 1999, pp. 122 – 163; Lawrence Lessig, *The Architecture of Privacy*, Vand. J. Ent. L. & Prac. 1, 1999, pp. 63 – 64; Lawrence Lessig, *Privacy as Property*, Social Research 69, 2002, p. 261.

〔2〕 See Jacob M. Victor, *The EU General Data Protection Regulation: Toward a Property Regime for Protecting Data Privacy*, Yale L. J. 123, 2013, p. 513.

〔3〕 对于以知识产权来保护隐私与个人数据的讨论，参见 Pamela Samuelson, *Privacy as Intellectual Property*, Stan. L. Rev. 52, 2000, p. 1125。

〔4〕 Paul M. Schwartz, *Property, Privacy, and Personal Data*, Harv. L. Rev. 117, 2004, p. 2098.

人数据的保护是基于财产规则而不是责任规则的，对于违反个人同意而进行的数据收集与处理，《条例》所规定的赔偿是惩罚性的而不是补偿性的。

但是，《条例》却在自由处分与自由交易这一点上与传统的财产权理论相距甚远。对于传统的财产权理论来说，个人基于其意志而自由处分其财产，包括出售其财产，这是财产权的重要特征。而一旦个人基于其意志而出售财产，获得财产的一方应该也能获得对财产的所有权与处置权。而《条例》却没有赋予数据主体以完全自由交易的权利和赋予企业等实体以数据所有者的权利。在很多规定上，《条例》仍然采取了基本权利的进路，赋予数据以某些不可转让的特征。例如，虽然《条例》规定的数据主体的权利和知识产权具有一定的相似性，但这种权利却更类似于法国语境下的建立在人格权进路上的知识产权保护。在法国的知识产权框架中，个人永远无法完全出售其知识产权，即使艺术家出售了其作品，购买者也不能对其作品进行恶意修改或损毁。[1] 同样，在《条例》的框架下，即使个人同意，数据控制者和处理者也不能完全获得对其数据的控制权与处理权，数据控制者与处理者对个人数据的收集、储存、处理与披露仍然必须遵守《条例》所赋予数据主体的某些权利。

在这个意义上，《条例》对于个人数据的保护并没有完全采取一种财产法的进路，仍然保留了很强的人格权保护的色彩。如同财产法研究学者玛格丽特·简·拉丁（Margaret Jane Radin）所言，计算机世界对于信息隐私或数据隐私的财产化或商品化是不完全的。在她看来，“将隐私视为一种与个人人格相关的人权，还是视为一种为个人所拥有和控制的财产，这具有本质性的不同……人权一般被假定为不可以在市场上交易，而财产则一般被假定为可以在市场上交易”。[2]

---

〔1〕 Henry Hansmann and Reinier Kraakman, *Property, Contract, and Verification: The Numerus Clausus Problem and the Divisibility of Rights*, Harvard Law School 31, 2002, p. 368 – 387.

〔2〕 Margaret Jane Radin, *Incomplete Commodification in the Computerized World*, in The Commodification of Information 3, 2002, p. 17.

三、人格权保护与财产权保护之利弊

如何评价《条例》对于数据隐私兼顾人格权与财产权的保护? 在此,我们可以首先分析这两种进路的利弊,以此来进一步反思《条例》对于数据隐私的规定。

1. 人格权进路的利弊

对于数据隐私的人格权保护来说,其优点在于人格权是一种较为抽象性的权利,可以为数据主体提供一种发展中的权利或较为宽泛的保护。例如,擦除权或被遗忘权可能很难在财产权的框架中得到保护,因为在财产权的框架中,一旦财产进行合法转移,其所有权和处分权就应当在购买者的手中,出售人无权要求购买者进行销毁或"遗忘"。但在人格权的理论体系中,则可以论证,计算机与网络等现代技术已经完全改变了历史上的信息记录机制,[1]当计算机与网络的信息记录机制对某些人的人格造成了损伤,个体应当有权要求数据控制者擦除其个人信息。[2]

但是,人格权的优点也可以说恰巧是其缺点。人格权或许能为数据主体提供较为宽泛的保护,而且能够适应时代而不断发展出新的权利类型,但对于企业和其他实体来说,这意味着他们必须不断提供新的保护责任,并为此承担并不轻松的人力与资金负担。例如,在欧洲树立被遗忘权或擦除权之后的一年多内,谷歌等公司就收到了数十万个请求,要求对 100 多万条网页信息进行删除。[3]而在收到这些请求后,谷歌公司又不可以自动化的方式对所有这些信息进行一键删除。为了保证公众的知情权和其他权利,谷歌公司必须采取个案式的审查,区分具有正当

---

〔1〕 对互联网记忆机制的一个分析,参见 Demi Marks, *The Internet Doesn't Forget: Redefining Privacy through an American Right to be Forgotten*, UCLA Entertainment Law Review 23, 2016, p.41。

〔2〕 对于本书而言,这里重要的不在于擦除权或被遗忘权是否完全正当,而在于被遗忘权或擦除权提供了一个范例,可以对个人隐私提供更为宽泛的保护和发展中的保护。

〔3〕 See Jeff John Roberts, *Google Shows Sites That Get Most "Right to Be Forgotten" Requests*, More than 500K Pages Removed, Fortune (Nov. 24, 2015, 10:37 AM), http://fortune.com/2015/11/24/google-forgotten-data/.

性基础和不具有正当性基础的信息进行删除。这给谷歌公司增加了不小的负担。

携带权则是另一个可能给企业等实体增加负担的例子。《条例》首次提出了数据主体对个人数据的携带权利,规定“数据主体有权无障碍(without hindrance)地将此类数据从其提供给的控制者那里传输给另一个控制者”。[1]这意味着在数据主体的请求下,数据控制者必须能够将个人数据打包供个人下载,甚至转移到第三方的网站或实体。相比擦除个人数据,这对网络公司与其他数据控制公司提出了更高的技术要求,因为不同公司或实体之间的网站可能无法实现数据直接传输,如果要真正落实“无障碍”传输,网站可能需要具备某种软件代码或所谓的“输出—输入组件(export-import module)”。对于刚起步的互联网企业来说,这意味着他们的成本将随之提高。[2]

除此之外,人格权的开放性与模糊性也存在某些问题。人格权的开放性与模糊性可以为数据主体提供更多的权利保护,但也可能会导致权利边界的不确定性。尽管人们可能会对基于同意和财产权的商品化交易作出种种批评,如网站的隐私条款往往晦涩难懂、[3]数据主体的同意可能不是基于真实意思表示,[4]但同意的好处在于其提供了一种简单明确的交易规则,使双方能够在数据收集阶段就对数据的归属或处理方式达成合意。[5]相反,以人格权的方式来对数据隐私进行保护,则用户的同意可能会面临形同虚设的局面,企业或互联网公司将很难把握其处理是否合法,是否侵犯了个人人格尊严。

2. 财产权进路的利弊

在某种程度上,数据隐私财产权保护进路的利弊恰好与人格权保护

---

〔1〕 第20(1)条。

〔2〕 对此的一个分析,参见 Peter Swire and Yianni Lagos, *Why the Right to Data Portability Likely Reduces Consumer Welfare: Antitrust and Privacy Critique*, Md. L. Rev. 72, 2013, p. 335。

〔3〕 See Lorrie Faith Cranor, *Necessary But Not Sufficient: Standardized Mechanisms for Privacy Notice and Choice*, J. TELECOMM. & HIGH TECH. L. 10, 2012, p. 273.

〔4〕 Omri Ben-Shahar and Carl E. Schneider, *The Failure of Mandated Disclosure*, U. PA. L. REV. 159, 2011, p. 671.

〔5〕 对于这种经典自由主义法哲学的辩护,参见 Richard Epstein, *Simple Rules for a Complex World*, Cambridge, Mass, Harvard University Press, 1995。

的进路相反。如前所述,如果说人格权的进路具有开放性与模糊性,会造成规则的不明确性,那么基于传统财产权的交易规则则较为明确,这种规则将个人同意置于数据流通的核心,认为个人是对其自身数据的最佳判断者。同时,如果说人格权的开放性与模糊性可能会给企业带来较大的负担,从而不利于小微企业的创新,那么基于同意与财产权的交易规则可以使企业更为放心地对数据进行挖掘和利用,从而更好地发挥数据与信息在市场配置中的作用。[1]

在实践中,这种数据财产化或商品化的做法已经被企业广泛采用,企业收集、储存、分析与出售个人数据,这已经成为一种常态。[2] 尤其在美国和中国这样的隐私保护标准相对较低的国家,互联网企业对于数据的大规模收集与处理已经成为其核心竞争力之一,而这些企业也经常将这种收集的数据视为自身的核心财产。在很多企业看来,以财产权的进路来对待数据隐私,这既可以保护消费者,将选择权交给消费者个体,又可以促进企业合理地发挥大数据的作用。[3]

但是,已经有很多学者与评论者指出,基于同意与传统财产权保护的进路则可能面临对个人数据保护不足的问题。莱西格等人曾经主张赋予个人数据隐私以财产权,认为这种赋权有助于个人在和互联网公司的博弈中掌握更多筹码,从而维护自身利益。但现实是,基于种种原因,个人往往难以实现对自身隐私权益的维护。

首先,个人可能没有能力理解网站等数据收集者的隐私政策。网站的隐私政策往往非常专业,即使是专业性的学者,要想完全理解可能都需要花费很大精力。更不用说一般读者了,一般读者在面对此类隐私政策时,往往是一头雾水,难以对其进行准确判断。其次,在面对隐私政策时,普通人也很可能会对风险发生误判,对于其中存在的隐私风险认识不足。行为主义的大量研究告诉我们,人们往往会对直接产生重大风险

---

〔1〕 参见蔡培如、王锡锌:《论个人信息保护中的人格保护与经济激励机制》,载《比较法研究》2020 年第 1 期。

〔2〕 See Jessica Litman, *Information Privacy/Information Property*, Stan. L. Rev. 52, 2000, p. 1283.

〔3〕 一个例子是 Facebook(脸书),其主管明确接受了施瓦茨等学者提出的数据隐私财产权保护的观念。See Timothy D. Sparapani, *Putting Consumers at the Heart of the Social Media Revolution: Toward a Personal Property Interest to Protect Privacy*, N. C. L. Rev. 90, 2012, p. 1313.

的事项具有警觉性,而对于由信息泄露所产生的风险认识不足。[1] 最后,普通人也不太可能有时间和精力完成对隐私政策的阅读与理解,正如一项研究所指出的,一个美国公民,如果要阅读所有访问网站的隐私公告,那么他一年可能需要花费高达 244 小时的时间。[2]

总之,基于财产权的隐私保护虽然具有优点,但也有着不可避免的弊端。由于以上提到的种种原因,个体在面临信息收集、储存、处理与披露时往往很难做出真正理性的判断,从而也很难对相应的风险进行相应的防范。在大数据时代,情形就更是如此,在大数据时代,风险与信息的关系可能并非一一对应,某一次信息收集、处理与披露可能不会立即带来风险,但这些信息一旦被集合,就会产生风险的“聚合效应”(aggregation effect)。[3] 特别是当这些信息被某些犯罪分子掌握,即使这些信息是碎片化的,也可能会带来意想不到的风险。[4]

四、基于个体预期与风险规制的保护

对于隐私人格权保护与财产权保护的弊端,《条例》并非完全无视,如果我们再次全面分析《条例》,会发现《条例》的有些条款其实提供了解决传统隐私保护的一些方式。与传统的人格权进路或财产权进路不同,这些条款更多地以语境化的个体预期和风险规制的视角来看待数据隐私的保护。

首先,《条例》虽然强化了个人同意作为数据收集与处理的基石,但《条例》也意识到,“同意”本身是一个非常含混的概念,很多时候,判断数据主体是否“同意”,其实更多是判断在某个特定语境之下,个体对其个人数据的收集与处理是否存在合理预期。例如,《条例》规定,当数据

---

〔1〕 See Alessandro Acquisti and Jens Grossklags, *What Can Behavioral Economics Teach Us About Privacy*?, in Digital Privacy p. 363.

〔2〕 See Lorrie Faith Cranor, *Necessary But Not Sufficient*: *Standardized Mechanisms for Privacy Notice and Choice*, J. TELECOMM. & HIGH TECH. L. 10, 2012, p. 274.

〔3〕 See Daniel J. Solove, *The Digital Person*: *Technology and Privacy in the Information Age*, New York and London, New York University Press, 2004, pp. 44 – 47.

〔4〕 最近发生的徐玉玉诈骗案就是一个典型的案例,参见百度百科:https://baike.baidu.com/item/8·19 徐玉玉电信诈骗案/20091304? fr = aladdin,最后访问日期:2020 年 8 月 26 日。

主体没有明确表示同意,判断数据处理是否合法,应当考虑“个人数据收集时的目的与计划进一步处理的目的之间的所有关联性”;[1]“个人数据收集时的语境,特别是数据主体与控制者之间的关系”。[2]而欧洲议会与欧盟理事会对于《条例》的重述也指出,对于数据控制者是否存在收集与处理的正当利益,需要评估“数据主体在收集个人数据的语境中,是否可以合理地预期是否会基于此种目的而进行数据处理”。如果“数据主体一般没有预期会有进一步数据处理的情形下,数据主体的利益和基本权利优先于数据控制者的权利”。[3]

其次,对于数据收集、储存、处理与披露可能带来的风险,《条例》也从各个层面规定了风险预防与风险规制。例如,《条例》第 32 条规定了与风险相称的技术与组织措施,“在考虑了最新水平、实施成本、处理的性质、处理的范围、处理的语境与目的之后,以及处理给自然人权利与自由带来的伤害可能性与严重性之后,控制者和处理者应当采取包括但不限于如下的适当技术与组织措施,以便保证和风险相称的安全水平”。第 35 条规定了风险评估,“当某种类型的处理——特别是适用新技术进行的处理——很可能会对自然人的权利与自由带来高风险时,在考虑了处理的性质、范围、语境与目的后,控制者应当在处理之前评估计划的处理进程对个人数据保护的影响”。[4]第 36 条规定了监管机构的风险监管:当监管机构认为,某些“预期的处理将违反本条例,特别是当控制者无法识别或减小风险,监管机构应当在收到咨询请求的八个星期以内向控制者以及——在适用的情况下——处理者提供书面建议”,而且可以运用相应的权力进行应对。[5]

相比起上文提到的数据隐私的人格权与财产权保护,可以说《条例》所包含的个体预期与风险规制进路更为合理地回应了网络与大数据社会中的隐私保护。正如前文所述,无论是开放性的人格权还是以同意为核心的财产权,都难以为数据收集与处理提供恰为合理的合法性边

---

〔1〕 第6(4)条(a)点。

〔2〕 第6(4)条(b)点。

〔3〕 See *Recital* 47 *Overriding Legitimate Interest*, (Jan. 15,2019), https://gdpr-info.eu/recitals/no-47/.

〔4〕 第35(1)条。

〔5〕 第36(2)条。

界，因为数据的流通不可能完全依靠某一时间节点进行界定。同时，无论是数据隐私的人格权保护还是财产权保护，都不足以对风险进行预防与规制，要对伴随数据收集、处理与流通中的风险进行规制，就必须全方位地采取风险预防的视角，既积极调动个体防范风险的主动性，又充分发挥数据控制者、处理者以及公共监管机构的积极性。[1]

---

〔1〕 类似的观点，参见洪延青：《解锁 GDPR 的正确姿势：风险路径》，载《中国信息安全》2018 年第 7 期。

第五章 个人“信息”保护:基本权利与言论自由

上一章通过对《条例》的分析,已经在一定程度上揭示了个人信息权利的性质。但上一章也留下了一个问题:个人信息真的需要法律保护吗?如果说欧盟的《条例》侧重于强调个人信息保护的“个人”特征,那么从个人信息的“信息”特征来看,是否个人信息的自由流通与自由利用更符合其本质?

为了分析这一问题,本章分析个人信息保护的两种观点。第一种观点将个人信息权视为基本权利,根据这种观点,个人信息是基本权利的客体,法律应对个人信息进行确权保护。第二种观点则将个人信息视为言论表达的对象,他人对于个人信息的获取与使用受到言论自由与信息流通的保护。在目前关于个人信息保护的中文研究中,个人信息的作为他人言论对象的属性较少被关注与提及,但已经被国际学界特别广泛讨论。而且,隐私权理论的提出者布兰代斯(Louis Brandeis)本身就是言论自由理论的开创者之一,[1]从言论的角度思考个人信息,可以帮助我们更为深刻地理解个人信息保护问题。

从个人信息保护的两种观点出发,可以发现个人信息具有双重属性:个人信息的个体属性与公共流通属性。简单地强调个人信息的某一种属性均不足以阐述个人信息的本质特征,也不足以为个人信息保护搭建合理的法律框架。从个人信息的双重属性出发,也可以对个人信息保

---

〔1〕 See Samuel Warren and Louis Brandeis, *The Right to Privacy*, Harvard Law Review 4, 1890, pp. 193 – 220.

护进行重新思考。[1]个人信息保护应当更多依赖于场景化的行为主义规制,基于场景的行为主义规制可以更好地维持个人信息双重属性的平衡。

一、个人信息权利作为基本权利客体

1. 防御性信息权利

在个人信息保护越来越受到重视的背景下,个人信息常常被视为一种基本权利的客体。根据这种理论,个人信息权是一种基本权利,个人首先有权防止其消极性的隐私权益受到相关主体的侵扰。综观全球个人信息的立法与政策,可以发现防御性的信息权利在一系列制度中都有体现。

首先,个人信息保护制度常常要求或提倡收集个人信息的公开透明,以保证个人信息不会被秘密收集。例如,我国《网络安全法》规定,收集个人信息应当公开收集和明示收集。[2] OECD 制定的《指南》规定,收集个人数据应当有一般性政策。[3] APEC 制定的《框架》规定,信息控制者应当提供访问与使用个人信息的说明。[4]

其次,很多个人信息保护制度都规定了“目的限制”“数据最小化”“限期储存”等个人信息收集与处理的原则,以保证个人信息不会被过度收集、过度处理与过度储存。根据这些原则,对个人信息只能进行最低限度的收集,对个人信息的处理只能为了满足服务活动所必要,而且

---

〔1〕 梅夏英:《在分享和控制之间:数据保护的私法局限和公共秩序构建》,载《中外法学》2019 年第 4 期。

〔2〕 《网络安全法》第 41 条第 1 款规定:“网络运营者收集、使用个人信息,应当遵循合法、正当、必要的原则,公开收集、使用规则,明示收集、使用信息的目的、方式和范围,并经被收集者同意。”

〔3〕 《指南》规定,“对于个人数据的发展、实践和政策的公开,应当有一般性政策。”See OECD, *Revised Guidelines on the Protection of Privacy and Transborder Flows of Personal Data*, http://www. oecd. org/sti/ieconomy/oecdguidelinesontheprotectionofprivacyandtransborderflowsofpersonaldata. htm. ,最后访问日期:2019 年 1 月 15 日。

〔4〕 《框架》规定,“对于个人信息的操作与政策,个人信息的控制者应当提供清晰和容易访问的声明”。See Asia-Pacific Economic Cooperation, *APEC Privacy Framework*, 2004/AMM/014rev1 (Nov. 2004), https://www. apec. org/Publications/2005/12/APEC-Privacy-Framework. ,最后访问日期:2019 年 1 月 15 日。

个人信息的储存期限不能超过必要时限。例如,我国《网络安全法》规定,网络运营者不得收集无关信息,违反法律法规或与个人约定的信息。[1] OECD 的《指南》规定,收集个人数据的范围应当限定于其说明的范围。[2]欧盟的《条例》规定了个人数据的存储期限不得超过必要时间。[3]

最后,个人信息保护制度也大都对信息安全进行规定,要求企业承担对于信息的安全保障义务。例如,OECD 的《指南》规定,数据控制者应当采取必要措施保护个人数据安全。[4]亚太经济合作组织的《框架》规定,信息控制者应当采取防护措施满足个体的隐私期待,并且对特定类型的风险进行额外防护。[5]

从理论渊源来看,将个人信息权利视为一种消极性的防御性权利,这继承了前文提到的沃伦与布兰代斯等学者所提出的隐私权理论。如前所述,沃伦与布兰代斯将隐私权定义为独处的权利,保护隐私就是为个人人格建立一种"独处与隐私"的空间。[6]此后,这种权利为很多研究隐私的学者所接受与重述,并且对个人信息保护的制度与实践也产生了重要影响。

2. 控制性信息权利

个人信息保护制度不仅包含对公民消极性信息权利的保护,而且也包含对一系列积极性信息权利的保护。分析全球的个人信息保护立法

---

〔1〕《网络安全法》第 41 条第 2 款规定:"网络运营者不得收集与其提供的服务无关的个人信息,不得违反法律、行政法规的规定和双方的约定收集、使用个人信息,并应当依照法律、行政法规的规定和与用户的约定,处理其保存的个人信息。"

〔2〕《指南》:"收集个人数据的目的应当在数据收集之前进行说明,收集个人数据后的使用应当限于实现此类目的,或者和此类目的并不冲突而且在每次改变使用时都已进行说明的目的。"

〔3〕《条例》第 5 条规定,"对于能够识别数据主体的个人数据,其保存方式应当不长于为了实现个人数据处理目的所必要的期限"。参见《条例》,丁晓东译,载 http://www. calaw. cn/article/default. asp? id = 12864,最后访问日期:2019 年 1 月 15 日。

〔4〕《指南》:"应采取合理的安全保障措施,保护个人数据免受诸如丢失、未授权访问、销毁、使用、修改或公开数据的风险。"

〔5〕《框架》:"基于个人对于隐私的正当期待,应当设计个人信息保护以避免对此类信息的滥用。此外,基于对滥用个人信息所带来的伤害风险,应当对此类风险施加特定的责任,而且,救济措施应当和因为收集、使用和转移个人信息所带来的可能性和严重性相称。"

〔6〕 See Samuel Warren and Louis Brandeis, *The Right to Privacy*, Harvard Law Review 4, 1890, p. 196.

与政策,也同样可以发现很多体现积极性信息权利的制度。

首先,个人信息保护制度一般都把个人“选择”或“同意”作为收集个人信息的合法性要件。例如,APEC 的《框架》规定,收集个人信息,除了确保个人的知情权,还应当赋予个体以选择的权利。[1]美国联邦贸易委员会(Federal Trade Commission)在其推荐的个人信息收集准则中规定,网站除了赋予消费者以收集个人信息的选择权,还需要向消费者告知网站如何利用个人信息,并且为消费者提供退出选项。[2]

其次,个人信息保护制度还确立了信息更正权等一系列信息权利,赋予个人以更多的控制自身信息的能力。例如,OECD 的《指南》规定,个人对于其信息具有信息纠正权等权利。[3] APEC 的《框架》规定,对个人信息的收集“应当准确、完整并且及时更新”。[4]而欧盟的《条例》进一步赋予了个体以数据“被遗忘权”“携带权”等新型权利,进一步强化了个体对于个人信息或个人数据的控制权。

从理论渊源来看,控制性信息权利继承了前文提到的威斯丁等学者的个人信息保护理论。如前所述,威斯丁将隐私界定为个人对自身信息的控制。此后,这种以自主控制个人信息界定隐私的观点在学界和业界获得了很多支持,对个人信息保护的理念与制度都产生了很大影响。

二、个人信息作为言论自由表达对象

将个人信息视为言论自由表达对象的客体,中文学术界仍然较少从这种角度探讨个人信息保护。但这一视角却可以为个人信息保护提供

---

〔1〕《框架》:“在合适的情形下,应当提供个人一种清晰、显著、容易理解、容易访问和可承担的机制,以使得个人能够对涉及个人信息收集、使用和披露行使选择权。”

〔2〕根据 FTC 的准则,“这种选择将包括内部二次使用(如向消费者再次进行营销)和外部二次使用(如向其他实体公开数据)。” See Federal Trade Commission, *Privacy Online: Fair Information Practices in the Electronic Marketplace*, 2000, pp. 36 – 37, http://www.ftc.gov/sites/default/files/documents/reports/privacy-online-fair-information-practices-electronic-marketplace-federal-trade-commission-report/privacy2000.pdf.,最后访问日期:2019 年 1 月 15 日。

〔3〕《指南》:“个人有权确保他们信息的准确性,而且在恰当情况下予以纠正、完善、修改或删除信息。”

〔4〕《框架》:“对于个人信息的操作与政策,个人信息的控制者应当提供清晰和容易访问的声明。”

重要参照,在西方特别是美国学界的个人信息保护研究中,很多研究都从言论自由的角度来探讨个人信息保护的理论基础。

1. 作为言论自由对象的个人信息

将个人信息视为言论自由的对象,这看上去有些违背常识,因为一般认为,个人信息保护与言论自由所保护的对象不同。信息或数据一般被认为是对事实的记录,个人信息或个人数据即以电子等方式所记录与储存的已识别或结合其他信息可以识别个人的信息或数据。但言论自由所保护的常常是人们所表达的观点或意见,其目的在于保证人们的思想与观点不受不正当的压制。〔1〕以言论的角度看待个人信息,这似乎误解了言论自由的目的,不恰当地扩大了言论自由所保护的范围。

但信息与观点或意见的区别并不那么明显,对信息的披露本身就可能构成观点或意见。美国最为著名的纽约时报言论自由案(N. Y. Times Co. v. United States)就说明了这一点。在此案中,《纽约时报》披露了美国国防部的"五角大楼文件",这些文件与时任美国总统林登·约翰逊所表述的内容并不一致。当时的美国联邦最高法院法官一致认定,即使"五角大楼文件"仅仅是一些事实性的资料,这些资料也构成了美国言论自由条款所保护的对象。〔2〕

在涉及官员等公众人物的个人信息时,个人信息更是常常被认定为言论自由所保护的范围。而且当媒体因对个人信息的错误使用而涉嫌诽谤时,媒体也可能会因为言论自由保护而受到豁免。例如,在《纽约时报》诉沙利文案(New York Times Co. v. Sullivan)中,尽管《纽约时报》使用了错误的个人信息,刊登了内容不实的广告,对原告沙利文警官造成了声誉上的损害,但美国最高联邦法院还是一致认为,《纽约时报》对于公众人物信息的使用受到言论自由条款的保护;除非能够证明《纽约时报》存在实际恶意(actual malice),否则《纽约时报》的行为就不能被认定为诽谤。〔3〕

非官员甚至非公众人物的个人信息也可能因为议题的公共性而受

---

〔1〕 美国言论自由的经典形象就是一个人站在街角的小讲台上发言的形象。参见 Harry Kalven, Jr., *The New York Times Case: A Note on "The Central Meaning of the First Amendment"*, The Supreme Court Review, 1964, p. 191。

〔2〕 See N. Y. Times Co. v. United States, 403 U. S. 713 (1971)(per curiam).

〔3〕 See New York Times Co. v. Sullivan, 376 U. S. 254, 279(1964).

到言论自由条款的保护。在巴特案(Curtis Publishing Co. v. Butts)中，一位佐治亚大学的体育教练起诉媒体，认为媒体对其个人信息或事实的描述存在诽谤情形，但法庭的多数意见认为，虽然该体育教练并非公共官员，但他主动地参与公共活动，自愿地将自己的人格卷入“一项重要公共争议的‘旋涡’(vortex)”中。[1]因此虽然该教练不属于沙利文案中的官员类型，但同样属于“公共人物”，同样适用于沙利文案所确立的“实际恶意”的证明标准。此后，在罗森布鲁姆案(Rosenbloom v. Metromedia, Inc)中，一位非名人的原告起诉一家广播站，认为报道他因为拥有淫秽言论而被捕的报道存在不真实性，属于诽谤。法庭的多数意见认为，对于言论自由来说，“公共人物”的概念并不取决于本人是公共性的还是私人性的，而在于该人物所涉及的公共议题是不是公共性的。[2]只要该“事项是具有公共性或普遍性利益的，不能因为只是这牵扯到了一位私人，或者因为该个体并没有‘自愿地(voluntarily)’介入，就认定该事项不那么重要”。[3]在法庭多数意见看来，宪法上的言论自由条款所保证的是公共事务能够被充分讨论，这使即使是私人非自愿地卷入公共议题，也应当被定义为公共人物，适用于沙利文案所确立的证明标准。美国最高法院虽然此后在格茨案(Gertz v. Robert Welch, Inc)中推翻了罗森布鲁姆案中的判决，在一定程度上回到了巴特案的立场，[4]但就公法原理而言，罗森布鲁姆案的判决显示了个人信息完全可能具有公共性价值，因而应当受到言论自由的保护。

有学者指出，就个人信息保护而言，法律针对的常常是大型企业对非公共人物或不具有公共议题的个人信息的收集，对于此类个人信息，很难说它们属于言论自由所保护的对象。例如，尼尔·理查德(Neil Richard)教授指出，在企业对个人信息的收集中，大量的信息其实涉及了个人的画像类信息，如个人的购物偏好、健康信息、财务信息、种族、体

---

〔1〕 See Curtis Publ'g Co. v. Butts, 388 U. S. 130, 155 (1967).

〔2〕 See Rosenbloom v. Metromedia, Inc, 403 U. S. 29, 47 (1971).

〔3〕 See Rosenbloom v. Metromedia, Inc, 403 U. S. 29, 47 (1971).

〔4〕 在此案中，《美国意见》(American Opinion)杂志发表了一篇文章，将民权律师格茨描绘为试图推翻当地警察局的共产主义运动的阴谋策划者之一，美国最高法院认为，公共人物必须是具有某些特征的群体，不能将所有公共议题中的个体都视为公共人物。See Gertz v. Robert Welch, Inc, 418 U. S. 323 (1974).

重、爱好、宗教、阅读偏好、房屋所有权等信息。[1]此类信息更多具有财产性价值而不具有公共性价值,因此现代信息隐私法所规制的信息更多类似于商品而非言论。[2]

但即使纯粹商业化或商品化的个人信息,也可能被视为商业言论自由的对象,从而受到言论自由条款的保护。在2011年的索雷尔诉艾美仕市场研究公司案(Sorrell v. IMS Health Inc)中,佛蒙特州的一项立法禁止制药公司获取与利用处方类个人信息对医生进行定制广告,但美国最高法院的多数意见认为,此类对个人信息的使用限制涉嫌违反美国宪法中的言论自由保护。[3]肯尼迪大法官在法庭意见中指出,暂时没有必要在这个案件中判断信息是否属于言论自由所保护的范围。因为根据已有情况,已经可以确定佛蒙特州的此项立法违反了第一修正案的言论自由保护,药剂师可以为科学、新闻或其他目的向第三方捐赠或出售此类信息,但此案中的立法却根据言论内容和发言者身份而进行歧视性地限制。[4]肯尼迪大法官进一步建议,创建、销售和传播个人信息,这应当纳入言论自由的保护范围。[5]

在索雷尔案之前,美国的地区法院也曾经在一些案例中将个人信息视为言论自由的对象。例如,在全连公司诉美国联邦贸易委员会(Trans Union Corp. v. FTC)案中,全连公司质疑美国《公平信用报告法》(Fair Credit Reporting Act,FCRA)的合宪性,因为该法规定,除非出于特定目的,否则禁止公司共享消费者的信用报告。在这一案件中,华盛顿地区巡回法院认为,消费者的商业记录也有权得到言论自由条款的保护,只是这种保护要比其他类型的言论更为宽松。[6]此外,在美国西部公司诉美国通讯委员会(U. S. West, Inc. v. FCC)的案件中,针对美国《电信法案》中所规定的用户电信信息,如"客户订阅的电信服务的数量、技术配置、类型、目的地和使用量有关的信息",美国联邦第十巡回上诉法庭

---

〔1〕 See Neil M. Richards, *Reconciling Data Privacy and the First Amendment*, UCLA Law Review 52, 2005, pp. 1149 – 1169.

〔2〕 See Shubha Ghosh, *Informing and Reforming the Marketplace of Ideas: The Public-Private Model for Data Production and the First Amendment*, Utah Law Review, 2012, p. 653.

〔3〕 See Sorrell v. IMS Health Inc, 131 S. Ct. 2653 (2011).

〔4〕 See Sorrell v. IMS Health Inc, 131 S. Ct. 2653 (2011).

〔5〕 See Sorrell v. IMS Health Inc, 131 S. Ct. 2653 (2011), p. 2667.

〔6〕 See 245 F. 3d 809 (D. C. Cir. 2001), cert. denied, 536 U. S. 915.

也认为，此类个人信息属于言论自由的对象，受到美国联邦宪法第一修正案的保护。[1]

2. 个人信息作为言论自由对象的公法内涵

将信息视为他人言论自由的对象，法律对于个人信息保护的立场将大为不同。

首先，个人所拥有的防御性信息权利——即个人信息保护中的隐私期待利益——将会因为言论自由保护而变小。当媒体报道公众人物或具有公共议题中的非公众人物时，即使此类报道侵犯个体的隐私期待，甚至因为错误使用个人信息而造成诽谤，此时媒体也可能因为言论自由保护而得以免责。在个人信息商业化使用的场景中，当个人授权信息收集者或控制者进行商业化使用，信息收集者或控制者将可以随意使用此类信息。在言论自由的法律框架下，政府以保护信息隐私的理由而规制个人信息将面临重重障碍。

其次，公民个体所拥有的控制性信息权利将受到更大的挑战。如果将信息视为他人言论自由对象，那么第三方对于个人信息的收集与使用从原则上来说就应当是自由的，不受个体对于自身信息权利控制的限制。对于进入公共空间的个人信息，这一点尤其明显。例如，对于网站公开可见的个人信息的，美国法院曾经在很多案件中援引言论自由条款，认为对于此类信息的收集不需要经过个人同意。[2]再如，对于个人信息的更正权、删除权、携带权等权利，在言论自由理论看来，也无法成为法定性权利。个人可以通过发表声明来反驳其他主体对个人信息的错误使用，但无权要求其他主体更正或删除个人信息，也无权要求其他主体提供数据携带的便利。因此，不难理解当欧盟引入“被遗忘权”，赋予公民对于谷歌等搜索引擎的数据被遗忘权，[3]美国的很多学者都对此提出了反对意见。反对者指出，这样一种权利会极大地削弱言论自由的价值，因为谷歌这样的搜索引擎事实上扮演了公共空间与公共论坛的角色，允许个体删除他人发表的不利于自身的信息，这侵犯了他人的言

〔1〕 See 182 F. 3d 1224 (10th Cir. ,1999).

〔2〕 See HiQ Labs, Inc. v. LinkedIn Corp. , No. 17 – 16783(2017).

〔3〕 See Google Spain SL v. Agencia Española de Protección de Datos (May 13, 2014), http://curia. europa. eu/juris/document/document. jsf? text = &docid = 152065&doclang = EN, 最后访问日期:2018 年 1 月 5 日。

论自由权利。[1]

三、公法框架下个人信息的双重属性

将个人信息视为基本权利的客体与他人言论自由的对象,这两种看待个人信息的视角从不同侧面揭示了个人信息的属性,但也存在各自的问题,两种视角均不足以全面阐述个人信息的公法特征。

1. 个人信息作为基本权利客体的反思

将个人信息视为基本权利的客体,其问题在于忽略了个人信息的公共性价值:个人信息对于共同体具有信息流通的价值。以个人的消极性信息权利为例,此种权利很难适用于所有场景。在我们日常生活的很多场景中,此种权利都不可能被主张。例如,在一个小群体中,通过朋友要到他人电话或微信名片,并给他人打电话或添加微信好友,此类行为虽然可能对他人造成困扰,但很难说此类行为就一定构成了对他人信息隐私的侵犯。更不用说我们周围的熟人或亲人对个人信息的收集与运用,此类行为虽然可能不时地侵犯个人的独处空间,但由于个人本身就生活于社群之中,此类行为往往被认为是社会正常社交的一部分,不应将打听周围熟人或亲人的个人信息的行为视为侵犯个人的信息隐私。

因此,防御性个人信息权的问题在于过于强调个体主义权利,没有充分考虑信息隐私保护的公共性背景或社群背景。对于这一点,前文已经有所分析,传统的侵权法框架中的隐私权并非完全个体主义的基本权利,如果简单地将个人信息保护中的隐私权上升为一种个体主义的基本权利,那就忽视了隐私权背后的社群利益与社群规范。[2]

控制性的信息权利更是面临个体主义的难题。控制性的信息权利观主张个体对于信息的控制,但在日常生活中,他人对于个人信息的合理利用无处不在,每个人都可能打探其他人的姓名、电话等各种能够直

---

〔1〕 See Jeffrey Rosen, *The Right to be Forgotten*, Stanford Law Review Online 64, 2012, p. 88; http://www.stanfordlawreview.org/online/privacy-paradox/right-to-be-forgotten,最后访问日期:2018 年 1 月 5 日。

〔2〕 类似的分析,参见刘晗:《隐私权、言论自由与中国网民文化:人肉搜索的规制困境》,载《中外法学》2011 年第 4 期。

接或间接识别个人的信息，即使个人不希望他人获取此类信息，也不能说此类打探信息的行为就属于侵犯他人的个人信息权利。在企业与政府收集与利用个人信息的情形中，赋予个体以绝对性的控制权，也并不一定合理与现实。毕竟，如果个体拥有对个人信息的绝对控制权，那么企业与政府在利用个人信息时就需要不断获得用户的同意，这无疑会阻碍信息的集合效应与规模化效应。从个人信息公共利用与发展大数据、人工智能产业的角度来说，这样一种高度个体主义的权利不利于产业对于个人信息的合理使用。[1] 同时，从个人信息权利保护的角度来看，期望个体能够保护自己的信息权利，对于个人信息权益保护的思考过于简单。很多研究已经指出，面对千变万化的信息收集场景与海量可能识别个体的个人信息，个体其实很难对自身信息权益进行有效的保护，大量的个人信息保护工作实际上仍然要依赖于公共监管机构的监管与作为消费者集体的监督。[2]

2. 个人信息作为言论自由对象的反思

将个人信息视为他人言论自由的对象，存在个人信息保护不足的问题。对此可以结合公法上的言论自由理论进行分析。

言论自由的目的之一是促进思想的自由市场，[3] 言论自由可以促进信息的自由传播，它可以帮助社会筛选出正确的思想，淘汰落后的思想。[4] 个人信息无疑也可以起到部分此类功能。有的学者指出，基于个人信息的统计常常是思想自由市场中的重要因素，具有改变科学范式与公众舆论的功能。例如，对于医疗研究而言，很多医疗研究的突破都是建立在个人医疗健康类信息的统计基础之上的，离开了个人信息的自由流通与使用，很多公益性或商业性的医疗研究就无从谈起。[5] 因此，将个人信息视为言论自由的对象，保护对个人信息的共享与利用，这就是

---

〔1〕 参见［英］维克托·迈尔－舍恩伯格、［英］肯尼斯·库克耶：《大数据时代：生活、工作与思维的大变革》，盛杨燕、周涛译，浙江人民出版社2013年版，第197页。

〔2〕 参见丁晓东：《个人信息私法保护的困境与出路》，载《法学研究》2018年第6期。

〔3〕 See Dun & Bradstreet, Inc. v. Greenmoss Builders, Inc., 472 U. S. 749, 791 (1985).

〔4〕 See Robert C. Post, *Democracy, Expertise, and Academic Freedom: A First Amendment Jurisprudence for the Modern State*, New Haven, Yale University Press, 2012, p. 6.

〔5〕 See Jane Bambauer, *Is Data Speech*, Stanford Law Review 66, 2014, pp. 95–96.

在保护思想的自由市场，也同时保护了社会公共利益。[1]

思想的自由市场理论正确揭示了个人信息的流通属性与公共属性，但和其他领域中的市场一样，言论市场也存在垄断和侵犯消费者权益的可能，主张完全自由放任的洛克纳主义并不可取。[2]当企业收集了大量个人信息之后，企业利用此类个人信息所进行的研究和利用可能是为了支配消费者，而不是为了为消费者提供更好的服务。例如，一些公司在收集了海量个人信息之后利用此类信息来进行“大数据杀熟”，或者进行“实时定价”而榨取更多的消费者剩余。从这种角度来看，即使存在一种言论与信息的自由市场，这种市场也常常存在很多问题，需要法律对这种信息市场进行规制。

言论自由的目的之二在于促进公共讨论与人民自治。言论使人民能够充分表达自己的意见，使人民能够接收有用的信息，正如隐私权的提出者之一布兰代斯所言：“国家的最终目的是让人们自由地发展自己的能力……言论的作用是使人们摆脱非理性恐惧的束缚。”[3]就个人信息而言，个人信息无疑在很多场景下具有此种功能。公共人物或公共议题中的个人信息自不必说，此类信息可能会对公共讨论产生重大影响；[4]但即使是非公共人物或非公共议题，其中的个人信息也可能会在未来成为公共议题。例如，某条个人信息可能会是一个犯罪活动的线索，通过此条个人信息可以最终发现某项犯罪活动，或者可能导致某项丑闻的暴露与公开。因此，公共议题与非公共议题是可以相互转换的，今天的非公共议题很可能在未来会成为公共性的议题，个人信息即便暂时没有公共性，未来也会成为具有公共性的信息，从而对于人民的知情权与公共讨论具有重要作用。

---

〔1〕 关于言论自由市场理论与公共利益理论的关系，参见 Daniel A. Farber, *Commentary*, *Free Speech Without Romance*: *Public Choice and the First Amendment*, Harvard Law Review 105, 1991, p. 560。

〔2〕 See Jack M. Balkin, *Information Fiduciaries and the First Amendment*, U. C. Davis Law Review 49, 2016, pp. 1022 - 1023.

〔3〕 See Whitney v. California, 274 U. S. 357, 375 - 76 (1927).

〔4〕 See Snyder v. Phelps, 131 S. Ct. 1207, 1215 (2011). 很多学者也主张从公共性与非公共性的角度区分言论，认为言论自由更多保护前者而非后者，See Robert C. Post, *The Constitutional Concept of Public Discourse*: *Outrageous Opinion*, *Democratic Deliberation*, *and Hustler Magazine v. Falwell*, Harvard Law Review 103, 1990, p. 601。

但即使个人信息具有公共性属性或潜在的公共性属性,这也并不意味着所有个人信息都不值得保护或都应当"大白于天下"(nothing to hide)。[1]从公共讨论的视角出发,保护公民的个人信息不被过度收集,这事实上有利于人们更多参与公共活动,更愿意表达自己的意见。正如保罗·葛维宝(Paul Gewirtz)教授所言,言论自由的促进目的应当是人们对公共生活的积极参与,当法律对隐私权益进行足够的保护时,人们反而可能会更为充分、公开和坚定地表达自己。相反,当人们"害怕被人偷听,害怕被公众曝光,害怕自己的言辞成为流言蜚语的话题,害怕自己的亲密关系被公开审查,害怕自己所说的话被认可或不被认可时",公共讨论反而会受到抑制,言论自由所保护的目的就会受到削弱。[2]在个人信息利用的场景中,这一理论分析也同样适用,恰当的个人信息保护也有利于公共讨论与人民自治,而放任自流的个人信息利用则可能导致人民被操控。例如,在Facebook(脸书)的剑桥分析公司丑闻中,脸书将个人信息分享给剑桥分析公司,但剑桥分析公司并不是利用此类信息为消费者提供更好服务,反而是将此类信息运用于竞选等政治活动中,以此类信息来操控很多政治活动。[3]在此类个人信息的商业利用中,相关企业就没有通过个人信息的合理利用来为公民提供更好的信息,[4]反而利用信息来操控选民,剥夺人们反思和慎重选择的能力。因此,无论是对于个人信息的收集还是利用,无论是商业性还是非商业性的场景,对个人信息进行保护和对相关行为进行规制都具有合理性与必要性。[5]

言论自由的目的之三在于促进个体自治。这种观点认为,言论能够

---

〔1〕 See Daniel J. Solove, *Nothing to Hide: The False Tradeoff between Privacy and Security*, New Haven: Yale University Press, 2011.

〔2〕 See Paul Gewirtz, *Privacy and Speech*, Supreme Court Review 2001, 2011, p. 165.

〔3〕 参见 https://en.wikipedia.org/wiki/Facebook%E2%80%93Cambridge_Analytica_data_scandal.,最后访问日期:2019年1月5日。

〔4〕 从商业言论的价值来说,美国最高法院认为商业言论的价值在于增加信息以促进公共讨论,不在于直接参与公共话语。因此其关注的不是言说者的权利,而是大众接受信息的权利。See Cent. Hudson Gas and Elec. Corp. v. Pub. Serv. Comm'n of N. Y., 447 U. S. 557, 563 (1980); Robert Post & Amanda Shanor, *Adam Smith's First Amendment*, Harvard Law Review Forum 128, 2015, pp. 165 – 172.

〔5〕 See Ariel Dobkin, *Information Fiduciaries in Practice: Data Privacy and User Expectations*, Berkeley Technology Law Journal 33, 2018, p. 3.

使个体能够获得更多信息,从而使个体具有更多的自主性。就个人信息而言,这意味着个人信息的自由流通是个人自治的重要保证,当个人对他人的信息获取越充分自由,个体对他人的判断和个体做出理性选择的可能性就越大。

但这种观点并没有深入考虑个人自主性的成因。正如前文所引证的朱丽叶·科恩(Julie E. Cohen)的理论所言,信息隐私对于普通公民个体人格发展具有重要作用,缺乏隐私为个人人格所构建的发展空间,个人将不可能培养独立的人格。[1]此外,正如杰弗里·罗森(Jeffery Rosen)所言,个人信息的无限制流通也会引起个人无法被社会正确地理解与对待,从而造成社会对他人的误解。[2]

总之,将信息作为言论表达自由的对象,这揭示了个人信息应当合理流通与利用的一面,但这一观点并不能否认个人信息应当受到保护。恰巧相反,当我们深入言论自由理论,就会发现保护个人信息恰巧能够促进言论自由所意图实现的目标。[3]就这一点而言,虽然言论自由理论主要建立在美国的言论自由基础之上,但其所揭示的原理和带来的启发却是普适性的,同样适用于包括中国在内的个人信息保护。

四、个人信息的场景化行为主义规制

将个人信息视为基本权利的客体,这更多地反映了欧洲看待个人信息的立场,[4]而将个人信息视为他人言论自由的对象,这更多地反映了美国看待个人信息的立场。前者为我们揭示了个人信息的个体属性;而后者则为我们揭示了个人信息的公共流通属性,两者从两个不同侧面揭

〔1〕 See Julie E. Cohen, *What Privacy Is For*, Harvard Law Review 126, 2013, p. 1904.

〔2〕 See Jeffrey Rosen, *The Unwanted Gaze: The Destruction of Privacy in America*, New York, Random House, 2000.

〔3〕 对美国言论自由理论的全面分析,参见左亦鲁:《告别"街头发言者"美国网络言论自由二十年》,载《中外法学》2015 年第 2 期。

〔4〕 参见周辉:《网络隐私和个人信息保护的实践与未来——基于欧盟、美国与中国司法实践的比较研究》,载《治理研究》2018 年第 4 期;张金平:《欧盟个人数据权的演进及其启示》,载《法商研究》2019 年第 5 期。

示了个人信息不同于一般物品或财产的双重属性。[1]

1. 个人信息的行为主义规制

个人信息的双重属性为保护个人信息指出了方向。既然个人信息确权保护很难成立，而个人信息的无限制流通又可能侵犯个体与社会的相关权益，那么保护个人信息就应当对个人信息收集、储存、处理的各个环节进行行为主义的规制，确保个人信息流通的各个环节都能得到法律的合理介入。相比基本权利进路的法律保护，这样一种进路并没有采取个体主义与权利话语的观点，[2]也没有否认个人对于附着在个人信息上面的合法权益。[3]同时，相比言论自由的进路，这样一种进路也没有对个人信息保护放任自流，没有借言论自由审查阻碍政府对个人信息的保护。

从行为主义规制的进路出发，个人信息保护应根据不同行为所可能侵犯的个体与社会的权益而进行不同程度的规制。例如，对于个人信息收集行为，可以采取相对宽松的规制策略，因为个人信息的收集与个人信息的流通共享密切相关，如果对个人信息的收集行为进行过于严厉的规制，那么个人信息就无法合理流通，个人信息中所可能蕴含的公共性价值就无法得到体现。而对于个人信息的处理，则应该进行更为严格的规制，因为相比起个人信息收集，个人信息的处理会直接对个人产生影响，会对个人权益产生更为直接的影响。此外，对于信息的储存与披露，则应当采取最为严格的规制策略，因为企业等信息收集者与处理者对个

---

〔1〕 这里的深层原因在于，信息或数据具有非排他性（nonexcludable）与非竞争性（nonrival）的特征。一方面，信息或数据具有非排他性的特征，即使是个人信息，他人也可以同时对其进行占有。因此，个人信息的公共所有不存在界权成本的问题。动产或不动产权的公共所有可能引起纷争，个人信息则不存在这个问题。另一方面，个人信息又具有非竞争性的特征，信息即使为个人所拥有，他人使用此类信息也不会对其效用产生影响。因此，个人信息的公共所有不存在社会成本的问题。动产或不动产的公共所有可能会对某人的动产或不动产造成效用上的影响，但个人信息的公共所有则不会。See Yochai Benkler, *Constitutional Bounds of Database Protection: The Role of Judicial Review in the Creation and Definition of Private Rights in Information*, Berkeley Tech. L. J. 15, p. 543.

〔2〕 对于个人信息保护中的个体主义与权利话语的批判，参见 Robert C. Post, *The Social Foundations of Privacy: Community and the Self in the Common Law Tort*, California Law Review 77, 1989, pp. 957 - 1010。

〔3〕 对于个人主义的数据隐私保护进路的批判，参见 Daniel J. Solove, *Introduction: Privacy Self-Management and the Consent Dilemma*, Harvard Law Review 126, 2013, pp. 1888 - 1893。

人信息的储存常常涉及海量个人信息,一旦发生信息泄漏,就可能造成个人和社会的安全风险。

2. 基于场景的行为主义规制

个人信息的行为主义规制应当是高度场景化的。它与刑法上的行为主义规制不同。在刑法上,当某些行为被确定为罪名之后,此类行为就被认定为犯罪,无论此类行为发生在哪种场景,针对何种对象。但个人信息的行为主义规制则不同,对个人信息进行规制的必要性与合理性往往取决于不同的场景与对象。例如,自动驾驶汽车不经个人同意而收集和处理个人信息,此类行为完全具有正当性,因为此类场景就不可能为个人同意提供选择的机会;当电商企业收集与利用个人信息为消费者推荐一般商品时,此时电商企业对个人信息的收集与利用也具有一定的合理性,因为个性化推荐将总体上为个人提供更符合个性化偏好的产品;但当互联网企业收集个人信息并用于推送医疗广告,此类行为就可能面临违法,即使此类收集得到个人同意,此类行为也可能存在问题。因为在医疗领域,个人和医疗机构之间往往存在巨大的认知差距,医疗企业与互联网企业往往很可能会利用个人信息来向个人提供利润最为丰厚的医疗服务,而非最适合个人的服务。〔1〕

个人信息应当进行场景化的行为规制,这与个人信息所承载的多重权益相关。上文的分析已经表明,保护个人信息其实并不是保护个人信息本身,而是通过保护个人信息来保护其他权益,这就是作为基本权利的个人信息权利不能成立的原因, 也是为什么需要对个人信息采取行为主义规制进路的原因。但是,究竟个人信息背后的权益是什么?对此,无论是数据保护的实践领域还是学术领域都没有共识。在实践领域中,以欧盟《条例》为代表的数据保护立法其实包含了一系列的权益,其中既包括个体的知情权等消极性的隐私期待权利,也包括积极性的数据选择权与控制权,同时还包括数据质量与数据安全等权利。因此,保护个人信息既包括了附着于数据上的人格性权益,财产性权益,也包括了风险预防性权益。而在学术领域,关于个人信息保护目的的讨论则更为多元,从保障个体权益、促进数据公平到维护社会数据规范、规制数据风

---

〔1〕 参见丁晓东:《用户画像、个性化推荐与个人信息保护》,载《环球法律评论》2019 年第 5 期。

险、促进公共讨论,不同理论从不同角度论证了个人信息所承载的多重权利。[1]正是因为个人信息保护背后如此多元的权益,使个人信息保护常常高度依赖于场景。在一种场景下,个人信息保护可能会促进某种权益,但一旦场景变化,个人信息保护不但无法促进某种权益,反而可能会妨碍另一种合法权益的实现。[2]

3. 场景化行为主义规制的实践

正如前文所述,各个国家与地区的个人信息保护法都建立在“公平信息实践”(Fair Information Practices)的基础之上。这些法律一方面,赋予个体以针对数据收集者与处理者的一系列信息权利,如针对个人信息收集与使用的选择权、访问权、更正权、被遗忘权、携带权等;另一方面,则要求数据收集者与处理者承担一系列责任,如要求个人信息收集的公开透明、保证个人的数据质量与数据安全。[3]这些规制虽然包含了行为主义的法律规制方式,但主要采取了个人权利的进路。尤其是欧盟的《条例》,大大强化了个人数据控制权。[4]

就立法技术而言,这样一种立法模式无可指摘,或者说具有相当的合理性。在个人信息保护越来越成为共识的今天,这样一种立法模式可以较快地建立一套个人信息保护的法律框架。法律通过个人信息这样一个工具或抓手,赋予个体以针对个人信息收集者和处理者一系列权利,这可以确立个人信息保护的一般性规则,从而保护个人信息背后所承载的多种权益。从法律原理上来说,一般性的规则能够减少信息搜寻

---

〔1〕 参见高富平:《论个人信息保护的目的——以个人信息保护法益区分为核心》,载《法商研究》2019 年第 1 期;吴沈括:《个人信息保护的规范趋势:走向客观综合主义保护》,载《中国信息安全》2018 年第 3 期;程关松:《个人信息保护的中国权利话语》,载《法学家》2019 年第 5 期。

〔2〕 导致个人信息保护场景化的另一原因是个人信息概念的不确定性,某个场景下需要规制的个人信息,可能转换场景就没有规制必要,或者需要不同程度的规制,对此的分析,参见 Paul Ohm, *Broken Promises of Privacy*, UCLA Law Review 57, 2010, p. 1701; Paul M. Schwartz and Daniel J. Solove, *The PⅡ Problem, Privacy and a New Concept of Personally Identifiable Information*, New York University Law Review 86, 2011, pp. 1814 – 1894。

〔3〕 参见丁晓东:《论个人信息法律保护的思想渊源与基本原理——基于“公平信息实践”的分析》,载《现代法学》2019 年第 3 期。

〔4〕 参见范为:《大数据时代个人信息保护的路径重构》,载《环球法律评论》2016 年第 5 期;丁晓东:《什么是数据权利?——从欧洲〈一般数据保护条例〉看数据隐私的保护》,载《华东政法大学学报》2018 年第 4 期。

成本与认知成本,有利于个人尽快认知和利用法律进行维权,有利于数据收集者与处理者尽快地进行合规操作,也有利于执法主体尽快进行执法。[1]

但即使立法上采取权利进路的个人信息保护,在司法与执法层面,对个人信息权利的解释也必然会采取场景化的行为主义规制方式。个人信息权利所包含的若干权利是否被侵犯,都需要在具体场景中加以确定。我们已经看到,在收集个人信息时,自动驾驶等场景就不太可能赋予个体以选择权。其他信息权利亦是如此,如赋予个体以被遗忘权,这种权利虽然在纸面上可以被上升为一种权利,但这种权利的行使却需要在具体场景中结合多种因素加以确定。例如,在实践中,谷歌就设置了一些场景化因素来审查用户提起的被遗忘权请求:数据所涉及的主体在公共生活中的角色、数据的性质、数据来源、数据所经历的时间。[2]这些因素的具体考虑使被遗忘权虽然名义上仍然是一种"权利",但实际上已经成为一种对个人信息进行行为主义规制的工具。

观察欧盟与美国的个人信息保护实践,也可以发现它们的个人信息保护接近于场景化的行为主义规制。以欧盟为例,在《欧盟数据保护指令》(95/46/EC)生效期间,负责解释指令的第 29 条数据保护工作组(The Article 29 Working Party)就不断发布关于个人数据保护的具体指引,这些指引常常结合具体场景来对指令中所规定的各种权利与责任进行解释,事实上提供了一种行为主义的合规指引与执法指引。在欧盟

---

〔1〕 此种进路的分析,参见 Omri Ben-Shahar, *Contracting Over Privacy: Introduction*, Journal of Legal Studies 45, 2016, pp. 1 - 11。

〔2〕 就第一点公共性而言,如果数据所涉及的主体是一个完全公共性的角色,那么此类数据更应当被保留,而当数据所涉及的主体是完全不具有公共性的角色,则此类数据更应当被删除。就第二点数据的性质而言,如果数据会对个人的隐私利益造成不正当影响,则此类数据更应当被删除;而当数据影响的是公共利益,则此类信息不应当被删除。就第三点数据来源而言,如果数据的来源以及发表此类数据的动机较好,则此类数据更应当予以保留。例如,规范的新闻机构所发表的数据、政府机构所发布的数据、具有良好声誉的博客或个人所发布的数据、经过主体同意的数据,此类数据更可能蕴含公共利益,更不应当被删除。就第四点时间因素而言,时间越久,数据被删除的可能性越大。例如,在经历了很长一段时间之后,有的数据可能更容易被删除,特别是对于一些曾经热点事件中的当事人,如果经历了一段时间之后当事人已经不再是公共人物,此类数据就更可能被删除。参见 Luciano Floridi, et al., *Report of the Advisory Council to Google on the Right to Be Forgotten*, https://buermeyer.de/wp/wp-content/uploads/2012/02/Report-of-the-Advisory-Committee-to-Google-on-the-Right-to-be-Forgotten.pdf,最后访问日期:2018 年 1 月 15 日。

《条例》生效后,欧盟数据保护委员会(European Data Protection Board)又接替了第29工作组的这一功能。而美国并没有在联邦层面对个人信息保护进行统一立法。在一定程度上,美国联邦贸易委员会(Federal Trade Commission)承担了个人信息保护的主要职能。就保护模式而言,美国联邦贸易委员会通过个案执法而不断勾勒个人信息保护的行为边界,从而在事实上形成了对个人信息的场景化行为主义规制。[1]因此,尽管欧盟与美国在个人信息保护方面有众多区别,但实际上他们殊途同归:欧盟与美国都采取了场景化的行为主义规制道路,通过在具体场景中判断相关行为的合理性来最终确定个人信息保护的边界。[2]

---

〔1〕 See Daniel J. Solove & Woodrow Hartzog, *The FTC and the New Common Law of Privacy*, Columbia Law Review 114, 2014, pp. 585 - 586; Daniel J. Solove, *Will the United States Finally Enact a Federal Comprehensive Privacy Law*?, https://teachprivacy.com/will-us-finally-enact-federal-comprehensive-privacy-law/?utm_source=Opt-in+Newsletter&utm_campaign=e6696914bd-4.24.19&utm_medium=email&utm_term=0_b681bb8bd9-e6696914bd-228088377, 最后访问日期:2019年1月15日。

〔2〕 在现代法治实践中,这种基于具体场景和个案演化的规则制定方式并不少见,如在行政规制中,很多前沿学术研究已经认识到,基于具体情境的正当性判断,反而比形式主义法治更可能符合法治的基本精神。参见王锡锌:《行政正当性需求的回归——中国新行政法概念的提出、逻辑与制度框架》,载《清华法学》2009年第2期。

第六章　如何保护："告知—同意"框架与私法保护

前文已经简单提到个人信息保护中的核心制度："告知—同意"(notice-choice)。互联网公司与其他企业在收集个人信息前，常常会在其网站首页或产品说明书上标明企业的隐私政策，向用户告知企业是否会收集个人信息，如何收集个人信息，收集哪些个人信息，以及如何处理与分享个人信息。通过这种被称为"告知—同意"框架的合同法机制，企业希望其对个人信息的收集与处理能够得到个人的同意与授权，从而保障其活动的合法性。[1]而用户也被认为在一定程度上拥有了控制个人信息的权利，可以接受或拒绝企业的隐私政策。

"告知—同意"机制在发挥重要作用的同时，也广受批评。批评者认为，向用户告知企业的隐私政策，这一合同法机制并不能提供真正有效的保护。用户既无兴趣，也无时间和专业知识阅读隐私政策。企业的隐私政策与很多"霸权条款"具有很高的相似性，当企业利用格式化的隐私政策获取用户同意与授权时，所谓的用户同意与授权经常是无可奈何的被动同意与被迫授权。

"告知—同意"的合同法机制是否像批评者所批评的那样，面临着霸权条款与形式主义的困境？同时，现行的法律与制度设计又是否可以克服"告知—同意"框架的问题，通过全新的制度设计来重新激发个人信息合同法保护的活力？例如，如果个人没有兴趣阅读隐私政策，是否可以要求企业设计弹窗，引起用户对隐私政策的注意？如果隐私政策过长，是否可以要求企业以简明扼要的方式撰写隐私政策？如果隐私政策

〔1〕　参见陆青：《个人信息保护中"同意"规则的规范构造》，载《武汉大学学报》(哲学社会科学版)2019年第5期。

太过专业，是否可以要求企业以平白的语言撰写隐私政策？

本章从"告知—同意"机制切入，对个人信息的私法保护范式进行反思。本章指出，即使经过改良，同意机制与合同法在保护个人信息方面也仍然存在很多问题。改良后的"告知—同意"框架尽管会解决批评者所指出的某些问题，但也可能带来新的问题，如造成企业的合规困境，造成用户更多的选择困扰。根据这一判断，本章指出，个人信息私法保护有必要进行范式转换，从合同法的保护机制转向信义法的保护机制。具体来说，个人信息的法律保护应当将用户与企业之间的关系视为类似客户与律师、病人与医生之间的信义关系，要求企业对用户承担信义责任或信托责任。[1] 目前，基于信义法的个人信息保护已经成为国际学界的热点，并且已经为全球很多国家和地区的立法所采纳。本章指出，从信义责任或信托责任出发，可以重新激发私法对个人信息的保护。

一、"告知—同意"框架与合同法保护

1. 起源与框架

"告知—同意"框架与个人信息的合同法保护起源于对信息隐私或数据隐私的保护。20 世纪六七十年代，美国社会、学界与政府都意识到，政府与企业对个人信息的大规模收集会给个人的信息隐私或数据隐私带来重大挑战，必须保证此类信息收集过程中个人的知情权和选择权。在这一思想的指导下，企业的"告知—同意"框架被普遍运用。[2]

首先，"告知—同意"框架被认为赋予了用户的知情权与选择权。在信息隐私与公平信息实践的概念提出之前，对个人信息的保护主要通过侵权隐私的框架来进行，即通过侵权法的方式来进行保护。但这种保护所涉及的对象只是涉及隐私的个人信息，并不及于个人信息。[3] 相较而言，"告知—同意"框架直接赋予了个人以积极的信息权利，为个人提供选择接受或选择拒绝企业收集个人信息的机会。

---

〔1〕 本书不区分信托与信义两个概念，但无论是使用信托还是信义的概念，本书指的都是广义上的信义法（fiduciary law），而非纯粹财产信托法（trust law）。

〔2〕 See Joel R. Reidenberg, *Resolving Conflicting International Data Privacy Rules in Cyberspace*, Stan. L. Rev. 52, 2000, p. 1315.

〔3〕 参见程啸：《论大数据时代的个人数据权利》，载《中国社会科学》2018 年第 3 期。

其次,“告知—同意”框架也被认为是为企业提供了指引与保障。一方面,“告知—同意”框架保证了企业对于个人信息的收集与利用遵循一定的原则,不会偏离企业自身所做出的隐私承诺。另一方面,“告知—同意”框架也为企业合规提供了途径,保证了企业对个人信息的使用建立在个体授权的基础之上。如果没有“告知—同意”框架和用户授权,企业可能会在无意间侵害用户的权益,或者打破用户对收集与处理个人信息的期待。

总之,在支持者看来,“告知—同意”框架为个人信息的收集与利用提供了一种基于意思自治的合同法机制。在这种合同法机制之下,企业与用户可以最大限度地发挥市场机制的作用。用户既可以选择拒绝企业收集个人信息,也可以选择“以隐私换便利”,以个人信息的被收集与被利用换取免费使用相关服务的机会。当然,企业也可以根据用户的隐私偏好不同而提供不同的服务,如对不愿意被收集个人信息的用户征收更高的费用。[1]

2. 批评

自从“告知—同意”框架被广泛采用以来,这种个人信息的合同法保护方式受到了多方的批评。批评者从各个方面指出,所谓的“告知—同意”框架与合同法保护方式既无法为用户提供有意义的知情权与选择权,也不利于企业合理地收集、利用和保护个人信息。[2]

从用户权益来看,批评者首先指出,个人既无兴趣,也无时间、精力和能力去阅读隐私政策。就兴趣和意识而言,批评者借用法律经济学和行为主义的相关研究,指出个体对于风险的认知往往局限于熟悉的领域与风险较大的领域,如犯罪、疾病等问题,对于由个人信息所泄露的风险和带来的问题,个人往往感知较为迟钝。因此,对于企业隐私政策中规

---

〔1〕 例如,美国电信服务商 AT&T 对不同隐私偏好的人群收取不同程度的费用,参见 https://www. dslreports. com/shownews/Opting-Out-of-ATTs-Gigapower-Snooping-is-Comically-Expensive-133132,最后访问日期:2020 年 8 月 31 日。

〔2〕 此类批评与研究,参见 Robert H. Sloan, *Richard Warner Beyond Notice and Choice: Privacy, Norms, and Consent*, J. High Tech. L. 14, 2014, p. 370;万方:《隐私政策中的告知同意原则及其异化》,载《法律科学》(西北政法大学学报)2019 年第 2 期;任龙龙:《论同意不是个人信息处理的正当性基础》,载《政治与法律》2016 年第 1 期;王苑:《中国未成年人网络个人信息保护的立法进路——对“监护人或家长同意”机制的反思》,载《西安交通大学学报》(社会科学版)2019 年第 6 期。

定的个人信息收集与使用的途径，用户往往没有太多兴趣去了解。[1]就时间和精力而言，批评者指出，个人阅读相关隐私政策需要花费大量的时间和精力，期望用户花费大量的时间与精力阅读企业不断更新的隐私政策，并不现实。[2]而就能力而言，批评者指出，用户一般不具备理解隐私政策的相关知识储备与能力；个人信息的种类、其利用的方式与途径常常非常复杂，即使专业人员也常常难以理解，更不用说一般的普通用户。[3]

基于这些理由，批评者认为，"告知—同意"框架赋予用户的选择权并无实质性意义，既然用户对于隐私政策没有实质性的了解，那么其作出的选择也只能说是一种盲目的选择。用户可能在其心情好的时候选择同意企业的隐私政策，在其心情差的时候选择拒绝企业的隐私政策。而在更多的情况下，用户为了获得免费访问网站或者使用 App 的机会，可能会不假思索地同意企业所规定的任何隐私政策。在这些情形中，用户都没有做出真正有意义的授权与同意，[4]所谓的合同法意思自治可能仅仅是企业的单方立法或私人立法。[5]

批评者还从企业的角度进行了批评，指出"告知—同意"框架所提供的法律保护既无法为企业合理收集与利用个人信息提供合理途径，也无法为用户提供有效的隐私保护。一方面，"告知—同意"框架会给一部分用户带来恐慌，对于某些较为看重隐私保护的用户来说，企业隐私政策中的某些规定可能会让他们下意识地拒绝企业对个人信息的收集。但事实上，此类信息收集不但不会对个人的相关权益造成影响，而且还可能会给用户提供更好的服务，同时也促进企业的良性发展与科技进

---

〔1〕 See Alessandro Acquisti and Jens Grossklags et al., *What Can Behavioral Economics Teach Us About Privacy*? in Acquisti A., Vimercati S. C., Gritzalis S., Lambrinoudakis C., eds., Digital Privacy: Theory, Technologies and Practices, Auerbach Publications (Taylor and Francis Group), 2007, p. 363.

〔2〕 See Lorrie Faith Cranor, *Necessary But Not Sufficient: Standardized Mechanisms for Privacy Notice and Choice*, J. Telecomm. & High Tech. L. 10, 2012, p. 274.

〔3〕 See M. Ryan Calo, *The Boundaries of Privacy Harm*, Ind. L. J. 86, 2011, p. 1149; Daniel J. Solove, *Privacy and Power: Computer Databases and Metaphors for Information Privacy*, Stan. L. Rev. 53, 2001, p. 1452.

〔4〕 See Danielle Kie Hart, *Contract Formation and the Entrenchment of Power*, LOY. U. CHI. L. J. 41, 2009, pp. 199 - 200.

〔5〕 See Mark A. Lemley, *Terms of Use*, Minn. L. Rev. 91, 2006, pp. 464 - 465.

步。另一方面，由于"告知—同意"框架具有合同效力，这一框架也可能造成企业不负责地使用个人信息。当企业通过"告知—同意"框架获取了个体的同意，企业就可能在个人授权的范围内而随意地使用个人信息，如进行数据挖掘与数据出售，而不考虑这种使用可能给个人带来的潜在风险。

二、"告知—同意"框架的改良与限度

1."告知—同意"框架的改良

对于"告知—同意"框架可能带来的问题，全球各个国家的立法者与监管者并非熟视无睹，与批评者一样，他们同样意识到了"告知—同意"框架可能带来的问题。但从全球的立法与监管的做法来看，他们并没有从整体上抛弃"告知—同意"框架，而是选择了对"告知—同意"框架进行改良，从而改善个人信息的合同法保护。

首先，立法者与监管者从隐私政策透明性与公开性的角度对隐私政策进行了改进。隐私政策广受批评的问题之一是企业的隐私政策过于冗长、艰深和晦涩。面对这一问题，很多地区的监管者的回应策略是要求隐私政策变得简短、易懂和清晰。例如，2018年生效的欧盟《条例》规定，当控制者试图获取用户的同意时，"控制者应当以一种简洁、透明、易懂和容易获取的形式，以清晰和平白的语言来提供"相应信息。[1]欧盟的立法者之所以对隐私政策做出这一规定，其目的显然是希望用户有足够的时间、精力和能力理解隐私政策，从而使"告知—同意"框架中的"告知"变得具有实质性意义。

其次，立法者与监管者还从隐私意识的角度强化了用户个人的选择意识。既然个人常常对隐私政策毫不在意，那么改善这一问题的方式就是强化用户的隐私意识，让用户提高警觉，督促用户慎重做出决策。[2]在操作层面，这意味着企业在提供隐私政策的时候应当更多采取弹窗的方式对用户进行告知，而不是隐藏在网站页面或App的某个地方；当企业更新隐私政策时，也应当以显著的方式提醒用户隐私政策已经更

〔1〕《条例》第12条。
〔2〕事实上，《条例》直接把"提高公众隐私意识"作为立法目标，参见《条例》第57条。

改。此外,当企业通过“告知—同意”框架为用户提供同意与不同意的选项时,也应当更多采取“选择加入”(opt-in),而不是“选择退出”(opt-out)的方式让用户进行选择。“选择加入”的方式默认用户不同意企业的隐私政策,只有在明确选择同意的情况下,企业才能获取用户的授权。[1]

支持者认为,改良版本的“告知—同意”框架也可以更好地帮助企业合理收集与利用个人信息。一方面,透明清晰的隐私政策有利于用户做出更为理性的选择,帮助用户识别哪些企业真正负责任地收集与使用个人信息,哪些企业又在不负责任地使用个人信息。另一方面,透明清晰的隐私政策也有利于个人信息收集之后的保护。相比起晦涩模糊的隐私政策,透明清晰的隐私政策可以帮助企业进行自我监督,清晰的隐私政策就像是公司的章程,有利于企业兑现自己所做出的隐私承诺。

当然,不同的国家和地区对于“告知—同意”的改进采取了不同的监管框架。有的国家与地区——如美国——主要采取了非强制的方式。美国联邦贸易委员会等机构发布了关于隐私政策的“最佳实践”(best practice),通过向企业推荐最佳版本隐私政策而帮助企业提高其隐私政策的透明性与公开性。[2]而欧盟等国家和地区则采取了强制性的监管方式,要求企业获取用户同意必须强化其告知的公开性与透明性,并且要求用户的同意必须“通过一个声明,或者通过某项清晰的确信行动而自由作出的、充分知悉的、不含混的”方式来授权。[3]但无论是美国的非强制性规定还是欧盟的强制性规定,事实上都假设了改良版本的“告知—同意”框架仍然是个人信息保护的有效方式。

---

〔1〕 对于“选择加入”与“选择退出”的分析,See Hans Degryse and Jan Bouckaert, *Opt in Versus Opt Out: A Free-Entry Analysis of Privacy Policies* (September 2006), Cesifo Working Paper Series No. 1831; Center Discussion Paper No. 2006 - 96. Available at SSRN: https://ssrn.com/abstract = 939511。

〔2〕 例如,California Office of Privacy Protection。2008. Recommended Practices on California Information-Sharing Disclosures and Privacy Policy Statements. Sacra-mento: California Office of Privacy Protection. FTC (Federal Trade Commission). 2012. Protecting Consumer Privacy in an Era of Rapid Change: Recommendations for Businesses and Policymakers. Washington, DC: FTC。

〔3〕 《条例》第4(11)条。

2. 改良的限度

改良版的“告知—同意”框架看上去很好,但一落实到具体场景,却可能再次面临多种困境。

首先,企业改良隐私政策非常困难。当企业试图改良其隐私政策时,就会发现透明公开以及清晰平白等要求并不容易实现。企业的隐私政策常常非常复杂,如企业会在不同的场景下收集不同类的信息,在不同的场景与服务中对个人信息进行不同种类的处理。如果企业强行简化其隐私政策,缩短隐私政策的篇幅,那么企业的隐私政策就可能变得非常笼统,缺乏对企业具体隐私政策的精确描述。这种缺乏精确描述的隐私政策不但无法向用户准确传递信息,而且还可能在某些情形下造成故意隐瞒事实,对用户形成欺诈。

平白清晰的语言要求同样很难实现。企业对于个人信息的收集与处理常常是一个专业性很强的活动,如企业对于个人信息的处理,常常使用差分隐私等各种较为复杂的技术,对于这类处理活动的解释,企业很难用平白清晰的语言进行表述;或者即使使用了平白清晰的日常语言,用户也仍然难以理解。而结合前文中提到的简化企业隐私政策的要求,企业所面临的困境更为明显,一旦要求使用平白清晰而非专业性的语言描述隐私政策,企业就需要花费更多的篇幅对专业性问题进行解释,隐私政策也会变得非常冗长。

在实践中,隐私政策的合规要求让企业非常头疼。以谷歌的隐私政策合规为例,最近法国数据监管委员会对谷歌的隐私政策违规开出了5亿美元的巨额罚单,认为谷歌的隐私政策违反了《条例》中的透明性原则和提供充分信息的责任。[1]其理由是谷歌在不同的产品中使用了不同的隐私政策,没有向用户提供统一的隐私政策,而且其隐私政策需要用户点击展开信息才能了解谷歌收集与使用个人信息的细节。[2]但在谷歌看来,隐私政策的这种设置恰巧具有很强的合理性。谷歌之所以在不同产品中使用不同的隐私政策,是因为不同产品对个人信息的收集与使用非常不同;而谷歌之所以将某些个人信息使用说明放置在展开后

---

〔1〕 这两条要求分别为《条例》第12条与第13条的规定。

〔2〕 See https://www.cnil.fr/en/cnils-restricted-committee-imposes-financial-penalty-50-million-euros-against-google-llc.

的个人信息中,就是为了使企业的隐私政策整体上更为简化和易于访问。这里我们暂且不去细究法国数据监管委员会的处罚是否合理,但至少可以指出的是,企业在隐私政策合规问题上具有很高的难度。毕竟,谷歌的法务团队是世界顶尖级的,如果谷歌的隐私政策尚且难以做到合规,其他企业将更难符合监管机构的要求。

其次,就用户而言,改良版本的隐私政策也未必会影响用户的隐私意识,改变用户的隐私决策。对此,已有多位学者利用行为实验进行研究,其结果都显示,改良版本的隐私政策对用户的影响微乎其微。例如,奥姆瑞·本沙哈(Omri Ben-Shahar)和亚当·齐尔顿(Adam Chilton)两位学者设计了一个涉及性经验敏感的个人信息实验,观察隐私政策改变对于个人选择的影响。结果两位学者发现,简化版本的隐私政策对于用户的隐私选择没有或基本没有影响。即使简化版本的隐私政策对个人进行了更多的危险警示,试图唤起个人的隐私意识,但在实验前后,无论是个人对于个人信息披露政策、分享个人信息的意愿,还是个人对于信息权利的观点,其实都没有任何改变。[1]

改良版本的“告知—同意”框架不仅可能对用户的决策影响微乎其微,还可能给个人带来额外困扰。“告知—同意”框架改良的本意是让用户更好地理解企业的隐私政策,督促用户做出更为审慎的选择,但这种强化个人选择的做法却可能让用户感到选择厌倦。欧盟的《条例》生效后,很多互联网企业在页面的显著位置设置了隐私政策,或者直接采取弹窗的方式要求用户选择,以获取用户“自由作出的、充分知悉的、不含混的”同意。面对此类隐私政策的狂轰滥炸,用户一天需要对是否同意隐私政策做出十几次甚至是几十次的选择。特别是在“弹窗 + 选择加入”的模式中,用户需要花费不少的时间与精力来勾选。对于很多用户来说,选择权反而变成了一种负担。

---

〔1〕 See Ben-Shahar, Omri, and Adam Chilton, *Simplification of privacy disclosures: An experimental test*, The Journal of Legal Studies 45.2016, pp.41 -67.

三、私法保护框架：从合同到信义法

1. 个人信息的传统消费者法保护:合同法框架

增强企业隐私政策的公开性与透明性,这延续了传统消费者法的基本思路:通过消费者法所规定的信息披露来克服合同法的弊病。在对企业产品进行规制的方法中,其中重要的手段之一就是要求企业披露关于产品的基本信息,根据产品的类别不同,监管者会要求企业以不同的方式披露信息,达到告知用户、促进公平合同的目的。[1]例如,监管者可能要求食品包装企业披露食品的营养成分和比例,要求电器产品在醒目位置设置警示标志,要求香烟等产品在其包装盒上印制引起人不安和恶心的标示。在支持者看来,这种监管方式可以有效地减少用户的盲目性与机会主义,促使用户做出更接近于理性主体的合同选择。[2]在个人信息保护问题上,监管者之所以也坚持"告知—同意"的框架,就是希望这一框架也同样能够帮助用户更好地理解企业隐私政策,最大限度地避免传统合同法的某些困境。

但研究表明,传统消费者法首先就存在局限性。就企业一方来说,企业常常需要决定披露哪些事项,[3]披露何种程度上的事实,[4]用何种语言与方式披露事实,[5]以及是否应当以披露事实为最终目的。[6]例如,一种药物可能具有多种副作用,有的副作用较为明显,有的副作用较为轻微,有的副作用有较为坚实的数据支撑,有的副作用不是非常确

〔1〕 See Howard Latin, "*Good*" *Warnings*, *Bad Products*, *and Cognitive Limitations*, UCLA L. Rev. 41, 1994, pp. 1193 – 1200.

〔2〕 See Ian Ayres and Alan Schwartz, *The No Reading Problem in Consumer Contract Law*, Stanford Law Review 66, 2014, p. 605.

〔3〕 Omri Ben-Shahar and Carl E. Schneider, *The Failure of Mandated Disclosure*, U. P A. L. Rev. 159, 2011, pp. 692 – 695.

〔4〕 Omri Ben-Shahar and Carl E. Schneider, *The Failure of Mandated Disclosure*, U. P A. L. Rev. 159, 2011, pp. 695 – 696.

〔5〕 Omri Ben-Shahar and Carl E. Schneider, *The Failure of Mandated Disclosure*, U. P A. L. Rev. 159, 2011, pp. 696 – 698.

〔6〕 Omri Ben-Shahar and Carl E. Schneider, *The Failure of Mandated Disclosure*, U. P A. L. Rev. 159, 2011, pp. 698 – 702.

定,有的副作用可能较为严重但普通人一般不会注意,有的副作用则可能不严重但会引起人们的恐慌。当企业披露信息时,如果仅仅是基于合规需要进行披露,其产品说明或告知就会脱离披露的初衷。例如,当企业披露过多信息时,就会造成信息过载和用户拒绝阅读;当企业披露一些不太严重但可能会引起恐慌的事实,就可能导致病人拒绝使用某种药物;而当企业选择不公布某些事实时,企业又可能面临欺诈或隐瞒用户的风险。

就用户而言,传统消费者保护所要求的信息强制披露也存在局限性。相关研究者指出,面对海量的披露信息,用户面临着信息收集的难题,很难有效地收集所有相关信息;[1]很难理解相关披露信息,使相关披露信息成为有决策意义的一部分;[2]很难在短时间内记住所有的披露信息。[3]在最终决策中,用户也很难分析企业所披露的信息,使用此类信息帮助个人做出有效判断。在更多的情况下,企业所披露的信息无法影响个人的决策,而个人也不希望做出过多的决策。[4]

在隐私公告问题上,传统消费者法的一些问题被进一步放大了。当企业披露其隐私政策,试图将相关信息告知用户时,会发现个人信息保护中的不确定性因素更多。在传统消费者法所涉及的产品、食品、医疗等问题上,人们对于相关的收益与风险至少还有一定的共同预期,如希望食品标示各类营养成分及其含量,标明药品的副作用。但在信息隐私的消费者保护问题上,无论是个人信息的范围、[5]个人信息保护的目

---

〔1〕 Omri Ben-Shahar and Carl E. Schneider, *The Failure of Mandated Disclosure*, U. P A. L. Rev. 159, 2011, pp. 709 – 711.

〔2〕 Omri Ben-Shahar and Carl E. Schneider, *The Failure of Mandated Disclosure*, U. P A. L. Rev. 159, 2011, pp. 711 – 719.

〔3〕 Omri Ben-Shahar and Carl E. Schneider, *The Failure of Mandated Disclosure*, U. P A. L. Rev. 159, 2011, pp. 711 – 720. 研究者指出,人们短期记忆的最大数量常常只有七项,而在信息披露中,所披露的事项常常远远超过七项。参见 George A. Miller, *The Magical Number Seven, Plus or Minus Two: Some Limits on Our Capacity for Processing Information*, Psychol. Rev. 63, 1956, p. 90。

〔4〕 George A. Miller, *The Magical Number Seven, Plus or Minus Two: Some Limits on Our Capacity for Processing Information*, Psychol. Rev. 63, 1956, pp. 720 – 729.

〔5〕 有学者指出,按"可识别"的标准,几乎所有信息都可能成为个人信息,参见 Nadezhda Purtova, *The Law of Everything: Broad Concept of Personal Data and Future of EU Data Protection Law*, Law, Innovation and Technology 10, 2018, pp. 40 – 81。

的,[1]还是收集与处理个人信息过程中所涉及的相关风险,[2]人们都没有共识。在这种背景下,企业很难在有限的篇幅里向用户明确地告知其隐私政策,尤其难以用简洁、平白、清晰的语言进行告知。用户在收集、理解与运用隐私政策中披露的相关信息时,也面临着比一般产品更大的困境,用户不仅面临个人时间、精力、专业、能力等方面的难题,而且还面临系统性的判断难题,面对个人信息可能带来的系统性风险与不确定性风险,个人很难判断个人信息的收集、使用与泄露到底会给个人造成什么样的影响,其中存在哪些方面风险与哪种程度的风险。相比其他产品与服务中的告知,用户对于隐私公告中的信息更难理解和分析,也因此更难以根据隐私公告而做出合理的选择。

2. 个人信息的新消费者法保护:信义法框架

为了克服传统消费者法在保护个人信息问题上的困境,消费者法有必要从合同法框架转向信义法的框架。信义法有时可以指财产信托法(trust law),[3]但较为广义的信义法(fiduciary law)囊括了更广的法律关系与法律责任,如可以用来描述律师对于客户的责任,[4]医生对于病人的责任,[5]雇主对于雇员的责任[6]以及本章所探讨的网络平台等企业对于用户的信息信义责任。综合这些法律关系与法律责任的特点,可以发现信义关系与信义责任主要针对专业性知识较强、具有委托与信赖关系的双方。

相比起合同法,信义法主要强调如下两点特征:

---

〔1〕 反应在学术讨论中,就是关于个人信息的权益是一种财产权还是人格权的争论。

〔2〕 See Daniel J. Solove, *Introduction: Privacy Self-Management and the Consent Dilemma*, Harv. L. Rev. 126, 2013, p. 1880.

〔3〕 See Larry E. Ribstein, *The Revised Uniform Partnership Act: Not Ready for Prime Time*, Bus. Law. 49, 1993, pp. 53 – 54.

〔4〕 See Edward D. Spurgeon and Mary Jane Ciccarello, *The Lawyer In Other Fiduciary Roles: Policy and Ethical Considerations*, Fordham L. Rev. 62, 1994, p. 1357; Paul Zwier, *Is the Maryland Director and Officer Liability Statute Based on a Male-Oriented Ethical Model?*, U. Balt. L. Rev. 18, 1989, p. 368.

〔5〕 See Marc A. Rodwin, *Strains in the Fiduciary Metaphor: Divided Physician Loyalties and Obligations in a Changing Health Care System*, Am. J. L. & Med. 21, 1995, pp. 242.; Michelle Oberman, *Mothers and Doctors' Orders: Unmasking the Doctor's Fiduciary Role in Maternal-Fetal Conflicts*, Nw. U. L. Rev. 94, 2000, p. 457.

〔6〕 See Matthew T. Bodie, *Employment as Fiduciary Relationship* Geo. L. J. 105, 2017, p. 819.

第一,受托人与委托人之间是一种基于信任的代表关系,[1]而非一种完全基于意思自治的合同关系。在信义关系或信托关系中,受托方可能会因为和委托人的关系而得到好处或获得补偿,但受托方的活动仍然主要是为了委托方的利益,当受托方在进行相关活动时,必须以委托人或收益人的利益为根本出发点。[2]受托人必须对委托人或受益人尽到谨慎义务(duty of care)与忠诚义务(duty of loyalty)。所谓谨慎义务,指的是受托人必须采取谨慎行事,尽职尽责,以免损害委托人、受益人或客户的利益。[3]而所谓忠诚义务,指的是受托人必须牢记委托人或客户的利益,为客户的利益行事,避免潜在或实际的利益冲突。[4]综合而言,相比合同法上的义务,信义关系或信托关系中的受托人必须承担更多的责任。因为在合同关系中,合同中的一方只需要按照合同的要求完成任务即可,但在信义关系或信托关系中,受托方还需要促进合同规定之外的委托人利益。[5]

第二,受托人对于委托人的利益往往存在广泛的自由裁量权。[6]在信义关系或信托关系中,委托人常常会将很多权力赋予受托人,由受托人对委托人或受益人的利益进行自由裁量。[7]而对于委托人或受益人的利益和实现方式,受托人也有权利和义务进行自由裁量,[8]而且这

---

〔1〕 See J. Dennis Hynes, *Agency and Partnership: Cases, Materials, Problems*, 1997, pp. 6 - 7.; J. Dennis Hynes, *Chaos and the Law of Borrowed Servant: An Argument for Consistency*, J. L. & Com. 14, 1994.

〔2〕 See Deborah A. DeMott, *Beyond Metaphor: An Analysis of Fiduciary Obligation*, Duke L. J., 1988, p. 882.

〔3〕 See Tamar Frankel, *Fiduciary Law*, Oxford, Oxford University Press, 2011, pp. 169 - 172.

〔4〕 Tamar Frankel, *Fiduciary Law*, Oxford, Oxford University Press, 2011, pp. 106 - 108.

〔5〕 See John H. Langbein, *The Contractarian Basis of the Law of Trusts*, Yale L. J. 105, 1995, p. 642.

〔6〕 See Edward C. Halbach, Jr., *Uniform Acts, Restatements, and Trends in American Trust Law at Century's End*, Cal. L. Rev. 88, 2000, p. 1906.

〔7〕 See Margaret M. Blair and Lynn A. Stout, *Trust, Trustworthiness, and the Behavioral Foundations of Corporate Law*, U. Pa. L. Rev. 149, 2001, p. 1784.

〔8〕 See Hanoch Dagan, *The Distributive Foundation of Corrective Justice*, Mich. L. Rev. 98, 1999, pp. 159 - 160.

种自由裁量常常涉及对委托人所委托的某些关键资源进行判断。[1]综合而言,相比合同法上的权利,信义关系或信托关系中的受托人在承担更多谨慎义务与忠诚义务的同时,也具有更为广泛的权利。有的学者将这种权力归纳为受托人“管理性功能”(management function)的实现,[2]也有的学者将这种权力视为委托人对受托人的“权力委托”(delegation of power)。[3]无论是哪一种理论,都表明了关系中受托人的权力更多源于委托人的信任而非来自合同,正是这一特征赋予了受托人以较大的自由裁量权。

基于信义法的上述特征,我们可以发现以信义法的进路与框架保护个人信息,既可以继承合同法的某些优点,又可以避免合同法的某些问题,从而重新激活个人信息私法保护的活力。

就用户或消费者一方而言,基于信义法的个人信息保护既可以降低法律对用户不切实际的期望,也可以免除用户不断选择的困扰。上文的分析已经详细阐述了传统消费者法框架或合同法框架下,个人在面临“告知—同意”框架时的理解困境与选择困境,但在信义法的框架下,个人既不需要对隐私政策有太多的了解,也不需要做出太多的选择,就像客户既不需要向律师了解所有的法律细节,也不需要在所有法律问题上都做出判断。不同于合同法或传统消费者法,信义法对个人利益的保护主要通过整体性的保护与事后保护来实现,即要求受托人承担谨慎义务与忠诚义务。在个人信息保护的问题上,这意味着个人一方面不需要阅读、记忆、理解、分析和判断太多的隐私政策,但另一方面也仍然享有合理的隐私期待的权利。对于用户的个人信息,网络平台与其他企业在收集与使用个人信息时,必须尽到合理的谨慎义务与忠诚义务,承担保护个人信息的责任。

而就企业一方来说,基于信义法的个人信息保护既可以免除企业的合规困境,也可以促进企业更好地保护与利用个人信息。在信义法框架下,企业首先不用试图去完成常常难以完成的任务:在一份隐私公告中用清晰、简洁、平白的语言将极其复杂和专业的问题表述清楚。信义法

---

〔1〕 See D. Gordon Smith, *The Critical Resource Theory of Fiduciary Duty*, Vand. L. Rev. 55, 2002, p. 1399.

〔2〕 See Larry E. Ribstein, *Fencing Fiduciary Duties*, B. U. L. Rev. 91, 2011, p. 907.

〔3〕 See Tamar Frankel, *Fiduciary Law*, Cal. L. Rev. 71, 1983, p. 809.

常常预设了委托人与受托人在专业能力方面的巨大差距,并不奢望能够将此类问题都以合同的形式告知用户。另外,虽然在告知义务方面企业有所减轻,但在责任方面又要求企业在保护与利用个人信息方面尽职尽责,避免企业以用户合同授权为由而滥用个人信息。在关于信义法的理论中,已经有很多学者指出,在专业性代理关系中运用合同法,这可能会带来很多“机会主义”(opportunism)的问题,即具有专业能力的一方可能会利用合同而专门为自身牟利,不顾专业能力较弱一方的利益。[1]但在信义法的框架下,机会主义的问题至少可以得到部分解决,因为企业的责任将根据谨慎义务与忠诚义务的标准而判断,而不是仅仅根据是否是合同条款而进行判断。[2]

在信息隐私与数据隐私的前沿研究中,已经有不少学者与专家提出了信息信托的概念。[3]其中影响最为广泛的是耶鲁大学法学院教授、耶鲁信息社会(Yale Information Society)中心主任杰克·巴尔金(Jack Balkin)的论述。[4]巴尔金指出,当前个人与平台企业的关系与传统的信托关系之间在若干方面具有相似性。第一,用户与网络平台之间的关系非常脆弱与不平等,平台通常具有高度的专业知识,而用户所拥有的知识则非常少,因此用户非常难以直接监督网络平台的活动,防止网络平台背叛用户的利益。第二,用户对于网络平台具有一定的依赖性,在网络与数字化时代,个人往往难以离开网络平台所提供的各种服务,而且也依赖于平台更好地保护个人信息。第三,网络平台也认同自身的专业化属性,网络平台一般都将自己视为某一方面的专家,以专家或专业服务者的身份获取我们的信息。第四,网络平台也认同自身的信托角色,网络平台知道公众会担忧它们对用户信息的使用,但它们一般认为自身是值得信赖的机构,即使它们获取用户的信息,他们也会负责任地使用,

---

[1] See George M. Cohen, *The Negligence-Opportunism Tradeoff in Contract Law*, Hofstra L. Rev. 20, 1992, p.957.

[2] See Kenneth B. Davis, Jr., *Judicial Review of Fiduciary Decisionmaking-Some Theoretical Perspectives*, Nw. U. L. Rev. 80, 1985, p.5.

[3] 首次对信息信托概念进行的论述,参见 Kenneth C. Laudon, *Markets and Privacy*, ICIS 1993 PROC. 65, pp.70-71。

[4] See Jack M. Balkin, *Information Fiduciaries and the First Amendment*, U.C. Davis L. Rev. 49, 2016, p.1183.

保证用户的信息权益不受损害。[1]

3. 信息信托与传统信托的区别

网络平台在个人信息保护中的信义责任具有一定的特殊性。在关于信息信托的讨论中，巴尔金教授以网络在线服务平台为例，指出此类平台的信义责任相对于传统信义责任的三点区别。

第一，在责任范围方面，信息信义责任要比传统信义责任窄。在传统信义责任中，人们对于医生、律师的责任常常有很高的期望，病人和客户可能会期望医生与律师避免任何有损他们利益的行为，并且采取多种措施来保障病人和客户的利益。但在个人信息的信息信托中，则不宜对企业施加同样宽泛的信义责任。这是因为，传统信义关系常常包含了报酬，医生与病人都可以从他们的服务中获取酬劳。而在信息信义关系中，很多网络平台实际上为用户提供了免费服务，如搜索引擎与社交平台类的企业；网络平台常常没有直接收取用户的服务费用。因此，在信息信托中，应当允许网络平台对于个人信息的合理商业化使用，判断网络平台是否违反信义责任，应当看网络平台对于个人信息的使用是否符合用户的合理预期，而不是网络平台是否存在商业化行为。[2]

第二，在谨慎义务方面，信义责任要比传统信义责任低。在传统信义责任中，病人和客户可能会期望医生与律师承担较多的谨慎义务，如提醒病人的饮食起居，提醒客户在相关法律活动中的注意事项。但在信息信托中，要求网络平台承担此类谨慎义务显然并不现实，网络平台不可能对用户的所有活动都进行提醒。[3]

第三，在信息披露责任方面，信息信托中的信义责任要比传统信义责任低。在传统信义责任中，医生与律师常常要承担很高的信息披露义务，如不得诱导或鼓励病人与客户公开信息。但在网络平台企业的活动中，激励用户公开其个人信息的做法非常普遍。特别是对于社交网络与搜索引擎平台来说，只有激励用户更多公开个人信息，社交网络与搜索

〔1〕 See Jack M. Balkin, *Information Fiduciaries and the First Amendment*, U. C. Davis L. Rev. 49, 2016, p. 1222.

〔2〕 See Jack M. Balkin, *Information Fiduciaries and the First Amendment*, U. C. Davis L. Rev. 49, 2016, pp. 1225 – 1228.

〔3〕 See Jack M. Balkin, *Information Fiduciaries and the First Amendment*, U. C. Davis L. Rev. 49, 2016, pp. 1228 – 1229.

引擎平台才能更好地发展。因此,就信息信托的信义责任而言,不能一般性地要求网络平台承担与医生和律师同等程度的信息披露职责。例如,当个人因在网络平台上公开信息而感到后悔,不能据此判定网络平台违反信义责任。[1]

巴尔金对于信息信托中信义责任的分析是在一般原理层面上展开的,因而其分析也基本适用于我国。要求平台企业承担信义责任,这并不意味着网络平台需要承担与医生和律师同等的责任,照顾用户方方面面的利益,甚至要求网络平台承担类似财产信托中的信义责任,利用个人信息为个人创造财产性收益。用巴尔金的话来说,对于网络服务商的信义责任,应当更多地将其视为一种“基于特定目的的信息信托”(special-purpose information fiduciaries),[2]其信义责任设置的主要目的在于保护用户的隐私权益与信息权益。

但是,在我国语境下,国家、社会与公众对于网络平台责任的期待显然要比美国等西方国家高。相比起欧美的网络平台法律制度,我国法律要求网络平台承担更多消费者权益保护责任,尤其是人身安全权益保护的责任。例如,我国《电子商务法》规定,电子商务平台在“未采取必要措施”与“未尽到审核义务”的情形下应对用户承担“连带责任”或“相应责任”。[3]从这些规定可以看出,我国法律要求网络平台扮演更多“信息守门员”的角色,[4]对用户承担更多的谨慎义务与治理责任。[5]

这种责任对应到信息信义责任上,就是我国法律更多地强调了对用

---

〔1〕 Jack M. Balkin, *Information Fiduciaries and the First Amendment*, U. C. Davis L. Rev. 49, 2016, p. 1229.

〔2〕 Jack M. Balkin, *Information Fiduciaries and the First Amendment*, U. C. Davis L. Rev. 49, 2016, p. 1229.

〔3〕 《电子商务法》第38条规定:“电子商务平台经营者知道或者应当知道平台内经营者销售的商品或者提供的服务不符合保障人身、财产安全的要求,或者有其他侵害消费者合法权益行为,未采取必要措施的,依法与该平台内经营者承担连带责任。对关系消费者生命健康的商品或者服务,电子商务平台经营者对平台内经营者的资质资格未尽到审核义务,或者对消费者未尽到安全保障义务,造成消费者损害的,依法承担相应的责任。”

〔4〕 关于“信息守门员”理论,See Reinier H. Kraakman, *Gatekeepers: The Anatomy of a Third-Party Enforcement Strategy*, Journal of Law 2, Economics and Organization 53, 1986; Marcelo Thompson, Beyond Gatekeeping: *The Normative Responsibility of Internet Intermediaries*, Vand. J. Ent. & Tech. L. 18, 2016, p. 783。

〔5〕 进一步的分析,参见梅夏英、杨晓娜:《网络服务提供者信息安全保障义务的公共性基础》,载《烟台大学学报》(哲学社会科学版)2014年第6期。

户个人信息的集体信义责任。所谓个人信息的集体信义责任，就是网络平台在保护用户个人信息时，应当更多考虑作为集体的用户预期与利益，而不是完全从个体的角度来看待用户预期与利益。在巴尔金对信息信义责任的分析中，在文章结尾处也强调了信息集体信义责任的重要性。巴尔金指出，大数据时代的信息信义责任将“从针对特定用户的保密和忠诚度的责任转向针对公众的值得信赖和公平竞争的责任”。在大数据与算法社会，“我们不能再依赖个人和公司之间特殊信义关系的概念来规范数据的使用和滥用”。相反，我们必须问，“对于整个社会而言，人们应当在收集、分析、使用、出售和披露数据过程中承担何种诚信与伦理行为的责任”。[1]在一定程度上，巴尔金提到的集体信义责任与我国语境下的平台责任有很高的契合度。

4. 信息信托的争议与反思

信息信托的概念自提出以来，得到了学术界、互联网产业界的广泛认可。美国主流的互联网学者都在一定程度上表达了对这一概念的支持，如哈佛大学法学院教授、伯克曼互联网与社会中心主任（Berkman Center for Internet & Society）乔纳森·奇特林（Jonathan Zittrain），哥伦比亚大学法学院的吴铭修（Tim Wu）教授，马里兰州法学院的弗兰克·帕斯科拉（Frank Pasquale）教授都撰文引用或支持引入个人信息的信义法保护。[2]美国参议院于 2018 年提出的《数据保护法案》（Data Care Act），[3]美国纽约州的《纽约隐私法案》（New York Privacy Act）、[4]印度的《个人数据保护法》（The Personal Data Protection Bill）[5]都直接采

---

〔1〕 Jack M. Balkin, *Information Fiduciaries and the First Amendment*, U. C. Davis L. Rev. 49, 2016, pp. 1233 – 1234.

〔2〕 See Jonathan Zittrain, *Response*, *Engineering an Election*: *Digital Gerrymandering Poses a Threat to Democracy*, Harv. L. Rev. F. 127, 2014, pp. 335 – 336; Tim Wu, *Opinion*, *An American Alternative to Europe's Privacy Law*, N. Y. TIMES (May 30, 2018), https://nyti.ms/2LIrMy4; Frank Pasquale, *Lecture*, *Response*: *Toward a Fourth Law of Robotics*: *Preserving Attribution*, *Responsibility*, *and Explainabilityin an Algorithmic Society*, 78 OHIO ST. L. J. 1243, 1244 (2017); Neil Richards, Intellectual Privacy: Rethinking Civil Liberties in the Digital Age 168 (2015); Jane R. Bambauer, *Response*, *The Relationships Between Speech and Conduct*, 49 U. C. Davis L. Rev. 1941, 1949 (2016).

〔3〕 Data Care Act of 2018, S. 3744, ii5th Cong. (2018).

〔4〕 https://www.wired.com/story/new-york-privacy-act-bolder/.

〔5〕 https://meity.gov.in/writereaddata/files/Personal_Data_Protection_Bill,2018.pdf.

用了信息信托或数据信托的概念。而在哈佛大学关于互联网责任的对谈上,脸书的总裁扎克伯格也表达了对信息信托和企业信义义务的支持。[1] 从这些反应来看,信息信托的概念凝聚了个人信息保护的共识。[2]

但信息信托的概念也受到了个别批评。2019 年,《哈佛大学法律评论》刊发近年来影响颇大的年轻学者林纳·卡恩(Lina M. Khan)和哥伦比亚大学法学院大卫·波曾 (David E. Pozen)教授的文章,指出信息信托的概念可能存在的问题。[3]两位作者认为,信息信托的理念对于个人信息保护不现实。一方面,企业的特征是对其股东负责,要求其承担对用户的信义责任并不现实。[4]另一方面,以信义义务要求企业,也不能真正约束大型互联网企业,企业可以很轻易地规避信义法责任。[5]两位学者没有在文章中提出替代性的方案,但指出个人信息的信义法保护忽略了大型互联网企业在社会中所处的支配性角色。

从原理来说,卡恩和波曾将信息信托的批评指向了个人信息的公法规制进路,隐含了对个人信息私法保护的不信任。在二位作者看来,企业尤其是大型互联网企业对个人信息的收集与利用,本质上是与个人利益相冲突的,而且企业与个人之间的信息能力高度不平等,因此不太可能在企业与个人之间建立互利合作关系,不适合用私法的方式加以保护。[6]而由于信托法是一种介于私法与公法之间的法律保护方式,因此二位作者的观点其实通向了一种纯粹个人信息公法规制的思路,消解个

---

〔1〕 At Harvard Law, Zittrain and Zuckerberg Discuss Encryption, “*Information Fiduciaries” and Targeted Advertisements*, HARV. L. TODAY (Feb. 20, 2019), https://today.law.harvard.edu/at-harvard-law-zittrain-and-zuckerberg-discuss-encryption-information-fiduciaries-and-targeted-advertisements.

〔2〕 The Personal Data Protection Bill, 2018, https://meity.gov.in/writereaddata/files/Personal_Data_Protection_Bill,2018.pdf.

〔3〕 See Lina Khan and David Pozen, *A Skeptical View of Information Fiduciaries*, Harvard Law Review 133, 2019, pp. 497 – 541.

〔4〕 See Lina Khan and David Pozen, *A Skeptical View of Information Fiduciaries*, Harvard Law Review 133, 2019, pp. 502 – 520.

〔5〕 See Lina Khan and David Pozen, *A Skeptical View of Information Fiduciaries*, Harvard Law Review 133, 2019, pp. 520 – 529.

〔6〕 See Lina Khan and David Pozen, *A Skeptical View of Information Fiduciaries*, Harvard Law Review 133, 2019, pp. 540 – 541.

人信息保护中的私法要素。

二位作者正确地指出了企业与个人之间的信息能力不平等,以及公法规制对于个人信息保护的重要作用,但不能天然假设企业与个人之间在信息的收集与利用上存在本质冲突。在很多情况下,企业收集与利用个人信息,其目的正是给消费者或个人提供更好的信息或服务。个人信息的信义法保护正是为了引导和矫正企业的信息收集与利用行为,促使企业放弃短期性、逐利性、形式性的机会主义行为。在这个意义上,不能简单地否定个人信息保护中的私法要素。允许企业与个人之间进行一定程度的信息合作,实现个人信息的合理收集与利用,恰巧是信息信托的核心目标。

从信义责任出发,我们不仅可以重新激活"告知—同意"框架,也可以对个人信息保护的原理与制度重新进行分析与反思。[1]目前全球通行的个人信息保护制度都建立在"公平信息实践"的框架之上,都将透明性与用户同意、目的限制、信息最小化、限期储存、信息质量与信息安全等原则与制度作为个人信息保护的基础。[2]但这些原则与制度是否合理,需要进一步的分析。在下一章中,本书将结合"公平信息实践"与各国个人信息保护法,利用信义责任的相关原理对个人信息保护的方法进行反思。

---

〔1〕 类似思路的另一深入研究,参见冯果、薛亦飒:《从"权利规范模式"走向"行为控制模式"的数据信托——数据主体权利保护机制构建的另一种思路》,载《法学评论》2020 年第 3 期。

〔2〕 See Marc Rotenberg, *Fair Information Practices and the Architecture of Privacy: What Larry Doesn't Get*, Stan. Tech. L. Rev. 1, 2001.

第七章　如何保护：公平信息实践制度的反思与重塑

本书第三章已经提到，国外的个人信息保护制度都以公平信息实践为基础，我国的个人信息保护制度亦是如此。我国正在制定的个人信息保护法基本继承了公平信息实践的若干基本原则，其他法律法规也大都以公平信息实践中的制度为蓝本，如我国《网络安全法》对于个人信息的规定，基本上确立了“告知—同意框架”[1]“目的限定原则”[2]“删除权与更正权”[3]“风险防范”[4]等原则。

公平信息实践的关键是个人信息赋权与施加信息控制者责任。就个人赋权来说，公平信息实践对个人信息权利的赋予包括知情选择权、访问权、删除权、携带权等权利，而信息控制者责任除了保证个人信息权利，还包括在个人信息的收集、存储、使用和流通环节遵守相应规定，遵循“目的限定”、“数据最小化”和“限期存储”原则，并保证个人的数据质

---

〔1〕《网络安全法》第41条第1款规定：“网络运营者收集、使用个人信息，应当遵循合法、正当、必要的原则，公开收集、使用规则，明示收集、使用信息的目的、方式和范围，并经被收集者同意。”

〔2〕《网络安全法》第41条第2款规定：“网络运营者不得收集与其提供的服务无关的个人信息，不得违反法律、行政法规的规定和双方的约定收集、使用个人信息，并应当依照法律、行政法规的规定和与用户的约定，处理其保存的个人信息。”

〔3〕《网络安全法》第43条规定：“个人发现网络运营者违反法律、行政法规的规定或者双方的约定收集、使用其个人信息的，有权要求网络运营者删除其个人信息；发现网络运营者收集、存储的其个人信息有错误的，有权要求网络运营者予以更正。网络运营者应当采取措施予以删除或者更正。”

〔4〕《网络安全法》第42条第2款规定：“网络运营者应当采取技术措施和其他必要措施，确保其收集的个人信息安全，防止信息泄露、毁损、丢失。在发生或者可能发生个人信息泄露、毁损、丢失的情况时，应当立即采取补救措施，按照规定及时告知用户并向有关主管部门报告。”

量与数据安全。在前一章中,我们已经分析了个人所拥有的知情选择权和信息控制者的责任。本章从个人信息赋权与信息控制者责任两个角度出发,对公平信息实践和个人信息保护的基本制度进行更为全面的反思。

一、个人信息主体赋权的困境与反思

公平信息实践的关键之一是赋予个体以隐私自我管理的权利,即让公民个体选择是否允许信息收集者收集其个人信息,经过几十年的发展,这一思想已经成为很多个人信息立法和学术讨论的基本范式。[1]但在前文对于“告知—同意”框架的讨论中,我们已经可以发现,这一框架越来越面临形式主义和异化的困境。

需要进一步指出的是,进一步赋予公民以限制处理权等权利也未必能很好地保护公民的权益。赋予公民以被遗忘权、限制处理权等权利意在克服个体在行使初始同意后对其信息的进一步控制,但在实践中,这种对于信息收集后的进一步控制权常常难以行使。公民个体很难理解其信息如何被储存、使用和转移,从而也就很难对后续的种种信息处理行为进行控制。以脸书的信息泄露事件为例,对于剑桥分析公司(Cambridge Analytica)利用心理研究的旗号向社会大众收集资料,其后又利用注册者及其朋友圈的个人信息来进行政治等领域的分析,在此过程中公民个体很难进行察觉,而且即使察觉了也未必愿意以及有能力行使反对权。在脸书的信息泄露事件中,我们看到也只是在脸书卷入了美国政治并且经过新闻媒体的大规模曝光,此次事件才为大众所察觉。[2]在信息收集已经极为隐蔽和复杂的今天,完全期待公民个体以行使权利的方式来维护自身的隐私权益,并不是一条特别现实的道路。

从企业与政府等信息收集者与处理者的角度来看,强化个体赋权无疑会增加其成本,但重要的是,此类成本的增加可能对于真正保护公民

---

〔1〕 See Paul M. Schwartz, *Privacy and Democracy in Cyberspace*, Vanderbilt Law Review 52, 1999, p. 1659.

〔2〕 对此事件的描述,参见 https://en. wikipedia. org/wiki/Facebook% E2% 80% 93Cambridge_Analytica_data_scandal。

的隐私权益并无帮助。在个人信息保护高度依赖“告知—同意”框架与其他权利的前提下，企业可能会将大量资源投入隐私公告与其他形式主义的合规上。对于信息控制者来说，只要其通过隐私公告获取了个体同意，并且满足信息使用与处理过程中的个体投诉，那么信息控制者就可以规避法律的风险。[1]至于信息控制者在个人信息的收集、储存、使用与流转过程中是否真正考虑到个人信息泄露与滥用的风险，并不一定能够成为信息控制者的首要关注点。[2]一个例子就是欧盟《条例》实施后所带来的合规压力。在欧盟《条例》实施后，很多网站都以弹框的形式来公告各自的隐私公告，以此来获取个体的同意。但是正如前所述，个体不可能有能力、时间、兴趣来真正阅读和理解如此多的隐私公告。当过多的隐私公告不断出现，其对于个体与其说提供了选择的机会，毋宁说造成了极大的困扰。[3]

此外，强化个体赋权可能导致个体无法获取有效服务、制定良好公共政策、实现合理信息流通。就企业而言，在缺乏有效个人信息的情形下，企业就不可能有效地为个体提供可能满足其需求的供给，个体则可能会因为缺乏推荐而付出更高的价格。[4]就政府而言，个人信息的合理收集与使用一直是良好治理的关键，缺乏个人信息与相关数据的汇集，政府就很难制定有效的公共政策，甚至可能会因为相关数据的缺乏而导致治理的失败。[5]就社会而言，个人信息的合理流通是一个社会正常运转的关键，缺乏个人信息的合理流通，社会就不可能进行有效交流，形成

〔1〕 See Omri Ben-Shahar, *Contracting Over Privacy: Introduction*, Journal of Legal Studies 43, 2016.

〔2〕 当然从隐私保护的重视程度上，企业可能会受到一些正面的影响。See Peter P. Swire, *The Surprising Virtues of the New Financial Privacy Law*, Minn. L. Rev. 86, 2002, p. 1316.

〔3〕 See https://www.theguardian.com/technology/askjack/2018/jul/05/what-should-i-do-about-all-the-gdpr-pop-ups-on-websites.

〔4〕 See Bill Pryor, *Protecting Privacy: Some First Principles*, *Remarks at the American Council of Life Insurers Privacy Symposium*, July 11, 2000, Washington, DC, at 4.

〔5〕 已经有很多研究指出了信息在国家治理中的关键性角色。例如，孔飞力教授的《叫魂》、黄仁宇教授的《万历十五年》，都指出了因为国家信息收集能力或“大数据”收集能力低下而导致的国家治理的失败。参见黄仁宇：《万历十五年》，生活·读书·新知三联书店1997年版，第1~15页；孔飞力：《叫魂》，陈兼、刘昶译，上海三联书店2012年版，第1~22页。

合理有效的社会规范。[1]在所有这些情形中,无条件地强化个体信息赋权无疑会给企业、政府与社会带来信息障碍。尤其是在引进某些新型权利时,如“被遗忘权”等权利时,如果允许将此类权利绝对化,赋予个人以主张对所有信息控制者以删除其“过时、不相关”个人信息的权利,[2]那么此类赋权将有可能导致公共空间中信息的漏洞,不利于信息的合理流通。[3]

从基本原理的角度思考,强化个体信息赋权之所以存在以上种种问题,关键在于信息与科技时代,相关机构对个人信息的收集、储存与流通已经大大超出了普通公民的个体预期,一个普通公民个体已经很难对伴随信息流通的风险进行预判。[4]在这种背景下,公民个体并不一定总能很好地行使相关信息权利,对自身的隐私权益进行有效管理,当公民个体行使各种信息权利时,可能同时产生个人信息与隐私权益保护不足与保护过度的情况。个体可能会轻率地放弃某些权利,从而使得自身的隐私权益受损,就像很多“告知—同意”框架中所出现的情形。同时,在有的情形中,个体又会过度行使自身的某些权利,从而妨碍个人信息的合理流通与使用。[5]

当然,上述分析并不意味着对个体进行信息赋权就是错误或无效的,[6]当某些种类的权利建立在公民对于相关风险的合理认知之上时,特别是当此类信息赋权不会影响国家的公共政策与社会的信息合理流通时,此类情形下的信息赋权将能够帮助公民个体更好地进行隐私权益

---

〔1〕 See Robert C. Post, *The Social Foundations of Privacy: Communifty and the Self in the Common Law Tort*, Cal. L. Rev. 77 1989, p. 957.

〔2〕 例如,在西班牙谷歌案中,欧洲正义法院确立了个体以针对搜索引擎的被遗忘权。See Google Spain SL, Google Inc. v Agencia Española de Protección de Datos, Mario Costeja González (2014).

〔3〕 本书并非完全反对被遗忘权在某些场景下的行使,对此的具体分析,参见丁晓东:《被遗忘权的基本原理与场景化界定》,载《清华法学》2018 年第 6 期。

〔4〕 See Daniel J. Solove, *Introduction: Privacy Self-Management and the Consent Dilemma*, Harv. L. Rev. 126, 2013, p. 1880.

〔5〕 对于个人信息过度赋权可能同时存在的保护不足与过度保护,参见丁晓东:《个人信息私法保护的困境与出路》,载《法学研究》2018 年第 6 期。

〔6〕 对于以“个人信息”为基础保护大数据时代公民的隐私权益是否合适,可以进一步参见 Paul Ohm, *Broken Promises of Privacy*, UCLA L. Rev. 57, 2010, p. 1701; Paul M. Schwartz and Daniel J. Solove, *The PII Problem, Privacy and a New Concept of Personally Identifiable Information*, N. Y. U. L. Rev. 86, 2011, p. 1814。

的自我管理、预判和防范有关风险。[1]例如，赋予个体以信息访问权，赋予个体以对被收集的非公开个人信息的纠正权和删除权，这将有利于个体对于其个人信息有更好的知情权和风险管理的权利，确保其个人信息被合理地收集与流转。总之，个体信息的赋权应当以确保信息的合理流通为目标，应当兼顾个体对于其信息流通的预期与社会对于信息流通的预期。[2]

二、信息处理者加责任的困境与反思

公平信息实践的另一核心是对信息控制者——或者说信息收集者与处理者——施加责任。对这些责任进行重新分析，会发现并非所有责任都是合理的，特别是在大数据已经广泛运用的今天，有的责任甚至不太符合信息合理运用与保护的基本原理。

以"目的限定"原则为例，目的限定原则的基本要求是个人信息的收集应当具有具体的、清晰的和正当的目的，即只能在信息收集时明确其收集目的，并且获得个人的授权，个人信息收集不能超出此边界。"目的限定"原则的这一规定在前大数据时代有其较强的合理性，因为在前大数据时代，信息或数据往往是孤立的，对于数据价值的运用往往通过抽样或单项数据的分析来完成。在这样的背景下，要求信息或数据收集限定于某个目的，既可以实现对个人信息或数据的分析价值，又可以避免信息收集者收集过多的个人数据。但在大数据时代，信息或数据的打通使用价值已经非常明显，个人信息的价值可能并不仅局限于个人，当海量的个人信息价值汇合，就完全可能实现之前难以想象的公共价值。[3]在大数据时代，如果严格按照"目的限定"原则来要求数据的收集，那么信息或数据就会成为一个个孤岛，并不能集合起来发挥大数据的价值。

---

〔1〕 See Ari Ezra Waldman, *Privacy as Trust: Sharing Personal Information in a Networked World*, U. Miami L. Rev. 69, 2015, pp. 560 – 590.

〔2〕 See Helen Nissenbaum, *Privacy in Context: Technology, Policy, and the Integrity of Social Life*, Stanford University Press, 2009, pp. 140 – 160.

〔3〕 See Andrew McAfee, Erik Brynjolfsson, *Big Data: The Management Revolution*, Harvard Business Review 4 – 9, 2012.

存在类似困境的还有"数据最小化"原则和"限期存储"原则,数据最小化原则要求个人信息处理应当是为了实现数据处理目的而适当的、相关的和必要的;"限期储存"原则要求个人信息或数据的储存时间不得超过实现其处理目的所必需的时间。但在大数据时代,个人信息或数据的价值恰巧在于数据的二次甚至是多次挖掘,而数据的二次或多次挖掘又依赖于数据的海量汇集与沉淀。通过对海量沉淀的个人信息的二次或多次使用,大数据可以发现隐藏在这些孤立的数据背后的商业价值与公共性价值。商业机构可以通过此类分析为消费者提供更好的服务,政府或公共机构则可以通过此类数据处理而制定更好的公共政策或研究。[1]

个人信息或数据的聚合使用与二次使用在很多例子中都有体现。其中一个例子就是谷歌对于季节性流感的预测。2009 年,全球出现了甲型 H1N1 流感的大范围流行,这使美国公共卫生部门大为紧张,美国的公共卫生部门通过医院等部门所登记的信息对个人信息进行分析,但结果却不尽如人意。相反,在甲型 H1N1 流感流行前两周,谷歌就准确地预测了甲型 H1N1 流感爆发的范围与传播的趋势,并且其预测性精准到了州。正如谷歌工程师在《自然》杂志所发表的论文显示,谷歌之所以能比美国公共卫生福利部门更为准确地进行预测,是因为谷歌具有海量的信息收集能力,具备了海量的信息沉淀,通过对此类信息——其中很大一部分是个人信息——的分析与挖掘,谷歌最终完成了公共卫生福利部门难以完成的任务。[2]

对于大数据时代个人信息保护的此类困境,大数据专家与信息隐私专家舍恩伯格有过分析,舍恩伯格指出,"大数据的价值不再单纯源于它的基本用途,而更多源于它的二次利用"。这首先"颠覆了当下隐私保护法以个人为中心的思想:数据收集者必须告知个人,他们收集了哪

---

〔1〕 本书并不反对对个人信息或数据设置期限储存或"生命周期",因为此类个人信息"生命周期"的设置将有利于避免数字化记忆的问题,在此本书只是反对对个人信息进行即时删除的要求。对于大数据时代个人信息限期储存的必要,参见[英]维克托·迈尔-舍恩伯格、肯尼斯·库克耶:《删除:大数据取舍之道》,袁杰译,浙江人民出版社 2013 年版,第 1~128 页。

〔2〕 See Jeremy Ginsberg et al. (Feb. 19 2009), *Detecting Influenza Epidemics Using Search Engine Query Data.* Nature. 457, pp. 1012 - 1014.

些数据、作何用途，也必须在收集工作开始之前征得个人的同意”。[1]其次，在大数据时代，“很多数据在收集的时候并无意用作其他用途，但最终却产生了很多创新性的用途”，这就使政府或企业无法告知个人尚未预想到的用途，如果政府或企业严格按照“目的限定”或“数据最小化”原则来获取个人同意或处理数据，那么就“限制了大数据潜在价值的挖掘”。[2]

如何既合理地使用个人信息，发挥大数据的价值与潜力，又保护个人信息在大数据时代不被滥用？舍恩伯格在其著作中提出了若干范式转换。其中之一就是“从个人许可到让数据使用者承担责任”。对于这一转变，上文已经部分提及，因为个体难以对个人信息流通的风险进行预判，因此以个体许可或个体同意为框架的隐私保护常常难以奏效。这里需要补充的是，从信息控制者责任的角度来看，需要强化信息控制者的风险防范规则，确立基于风险防范的个人信息使用规则。“对于一些危险性较大的项目，管理者必须设立规章，规定数据使用者应如何评估风险、如何规避或者减轻潜在伤害。”在这种基于风险预防与避免伤害的指引下，数据使用者与公民个体都能得到最大的利益保护：数据的使用者将“无须再取得个人的明确同意，就可以对个人数据进行二次利用。相反地，数据使用者也要为敷衍了事的评测和不达标准的保护措施承担法律责任，诸如强制执行、罚款甚至刑事处罚”。[3]

综观公平信息实践的发展以及相关信息隐私法的发展，可以发现预防损害与预防风险的原则逐渐受到重视。例如，2004 年的《框架》就将预防损害作为公平信息实践的首要原则，强调个人信息的收集、储存与流转都必须考虑相应的风险，采取相应的预防措施。而《条例》则在相关条文中规定了与风险相称的技术与组织措施；[4]风险

---

〔1〕［英］维克托·迈尔－舍恩伯格、肯尼斯·库克耶：《大数据时代：生活、工作与思维的大变革》，盛杨燕、周涛译，浙江人民出版社 2013 年版，第 197 页。

〔2〕［英］维克托·迈尔－舍恩伯格、肯尼斯·库克耶：《大数据时代：生活、工作与思维的大变革》，盛杨燕、周涛译，浙江人民出版社 2013 年版，第 197～198 页。

〔3〕［英］维克托·迈尔－舍恩伯格、肯尼斯·库克耶：《大数据时代：生活、工作与思维的大变革》，盛杨燕、周涛译，浙江人民出版社 2013 年版，第 220～221 页。

〔4〕第 32 条规定，“在考虑了最新水平、实施成本、处理的性质、处理的范围、处理的语境与目的之后，以及处理给自然人权利与自由带来的伤害可能性与严重性之后，控制者和处理者应当采取包括但不限于如下的适当技术与组织措施，以便保证和风险相称的安全水平。”

评估[1]以及监管机构的风险监管责任,[2]将风险预防放在了更为突出的位置。[3]

三、迈向大数据时代的公平信息实践

综合而言,公平信息实践总体上为个人信息保护奠定了良好的制度框架,但公平信息实践的某些版本和某些基于公平信息实践的立法并不合理,尤其不符合大数据时代个人信息的合理利用与保护。[4]究其原因,某些版本的公平信息实践走向了形式主义与异化的道路,将个人信息保护中的个体信息自决逻辑推导至极端,而且忽视了个人信息可能具有的流通价值与公共性价值。从这种个体主义的、静态的观点来看待个人信息保护,那么公平信息实践就可能既无法保护公民个体的个人信息,又不能合理使用与发挥个人信息的公共价值。[5]

为了避免公平信息实践走向异化,公平信息实践有必要延续前文提到的信托法思路,摆脱强化个体信息自决与静态化的思维,以更为动态的个人信息合理流通与合理使用为原则来保护个人信息。一方面,公平信息实践应当建立在个体的合理预期基础之上,有限度地赋予公民以相关信息权利,避免信息权利的泛化与极端化。另一方面,公平信息实践应当以促进信息的合理流通与使用,促进包括公民个体在内的公共利益为最终目标。同时,随着个人信息的收集、使用与流转的风险日益剧增

---

〔1〕 第35条规定,"当某种类型的处理——特别是适用新技术进行的处理——很可能会对自然人的权利与自由带来高风险时,在考虑了处理的性质、范围、语境与目的后,控制者应当在处理之前评估计划的处理进程对个人数据保护的影响"。

〔2〕 第36条规定,当监管机构认为,某些"预期的处理将违反本条例,特别是当控制者无法识别或减小风险,监管机构应当在收到咨询请求的八个星期以内向控制者以及——在适用的情况下——处理者提供书面建议",而且可以运用相应的权力进行应对。

〔3〕 进一步的分析,参见丁晓东:《什么是数据权利?——从欧洲〈一般数据保护条例〉看数据隐私的保护》,载《华东政法大学学报》2018年第4期。

〔4〕 参见许可:《数字经济视野中的欧盟〈一般数据保护条例〉》,载《财经法学》2018年第6期;许可:《欧盟〈一般数据保护条例〉的周年回顾与反思》,载《电子知识产权》2019年第6期。

〔5〕 参见郭春镇、马磊:《大数据时代个人信息问题的回应型治理》,载《法制与社会发展》2020年第2期;商希雪:《超越私权属性的个人信息共享——基于〈欧盟一般数据保护条例〉正当利益条款的分析,载《法商研究》2020年第2期。

和难以察觉，信息的收集者与处理者也应当承担更多的风险预防责任，而非仅仅致力于形式主义的合规。

基于以上分析，本书也尝试提出一个更为符合大数据时代特征的公平信息实践与个人信息保护制度：

> ● 个体合理预期：个人信息的收集、处理与流转应当符合个体的合理预期，尤其是在不涉及公共利益的情形下，当个人信息的收集、处理与流转超出一个社会中正常理性个体的合理预期时，个人信息的收集者或处理者必须对个体进行显著告知，确保在个体理解伴随此类收集与处理的风险，并且在此类情形中获得个体的明确授权。[1]
>
> ● 访问权、纠正权与删除权：对于未进入公共领域的信息和不涉及公共利益的个人信息，公民个体对其信息具有访问权、纠正权与删除权。对于进入公共领域的信息和涉及公共利益的个人信息，公民个体的访问权、纠正权与删除权将受到相关限制。[2]
>
> ● 合理使用与流通：个人信息的收集不应当妨碍社会信息的合理使用与合理流通，当个人信息的收集与使用超出个体合理预期但符合社会公共利益时，应当优先考虑社会公共利益，在考虑社会公共利益的前提下限定个人信息的收集与使用。
>
> ● 消费者利益与公共利益优先：个人信息的收集与利用应当以促进社会的整体利益为基础。商业领域的个人信息应当以促进服务的提升和更好满足消费者为目的，避免利用个人信息来无限度榨取消费者剩余；政府对于个人信息的利用

〔1〕“合理预期”的标准目前主要在美国的宪法类案件中被使用，但本书认为可以在公平信息实践中加以移植和借鉴。在 Katz v. United States, 389 U. S. 347, 360 – 361 (1967)案中，美国联邦最高法院认为，政府是否在搜查中侵犯了公民隐私，这取决于这种搜查是否违反了社会上一般人的合理预期。参见王利明：《数据共享与个人信息保护》，载《现代法学》2019年第1期。

〔2〕对于个人信息所涉及的公共领域问题，可以参见 Robert Post, *Data Privacy and Dignitary Privacy: Google Spain, The Right To be Forgotten, and the Construction of the Public Shpere*, Duke Law Journal, 2018。

> 应当以促进服务公民与提升公共政策制定为目的。
>
> • 风险预防:个人信息的收集者与处理者应当采取恰当的措施来防范伴随个人信息收集、储存、处理与流转的风险。此类措施应当包括但不限于风险评估、风险预警、分类保护、泄露通知等措施。[1]

毫无疑问,本书所提出的公平信息实践版本仅仅是尝试性的,远非完美。但这一版本的公平信息实践至少具有一定的理论与现实意义。从理论上看,个人信息保护在大数据时代面临前所未有的挑战,如何兼顾个人信息的合理利用与保护,这是摆在所有法学研究者面前的一个难题。从现实层面来看,我国的个人信息立法虽然已经接近尘埃落定,但如何理解、适用与更新我国的个人信息保护法,仍然任重道远。在这个意义上,反思并发展公平信息实践,完善中国特色的个人信息保护制度,或许正当其时。

---

〔1〕 本文所提出的公平信息实践版本更接近于有的学者所提出的公平信息实践版本, See Fred H. Cate, *Privacy in the Information Age*, Brookings Institution Press, 1997, pp. 370 - 373。

第三编　未来:新型个人数据权利的分析与应用

前　言

在个人信息权利中，有的权利共识度较高，如个人的知情权、选择权、访问权和更正权，此类权利在绝大部分国家与地区的个人信息保护法中都得到了认可。但随着个人信息使用范围的扩大，一些更具争议性的新型个人信息权利也开始出现。这些权利包括个人信息被遗忘权、携带权、反对利用个人信息进行用户画像和个性化推荐的权利。

就被遗忘权而言，2014 年，欧盟法院（The Court of Justice of the European Union）在西班牙谷歌案中确立了“被遗忘权”（right to be forgotten），认定公民个体在满足某些条件的情况下，有权要求网站删除其网上的个人信息。[1] 在我国，被遗忘权也在立法和司法层面提上议程。2015 年，在任某玉诉北京百度网讯科技有限公司人格权纠纷案中，当事人除了主张百度公司侵犯其姓名权、名誉权之外，还主张百度公司侵犯了其一般人格权中“被遗忘”的权利。[2]

就携带权而言，欧盟《条例》史无前例地引入了数据携带权，赋予数据主体以获取与传输个人数据的权利。《条例》第 20 条规定，数据主体有权获取“经过整理的（structured）、普遍使用的（commonly used）和机器可读的（machine-readable）”的个人数据，有权“无障碍”地将此类数据从收集其数据的控制者那里传输给其他控制者。

就反对用户画像与个性化推荐的权利而言，欧盟相关法律直接将用户画像纳入其法律规制的范围，如《条例》规定，“为了评估自然人的某

---

〔1〕 See Google Spain SL v. Agencia Española de Protección de Datos（May 13, 2014）, http://curia.europa.eu/juris/document/document.jsf?text=&docid=152065&doclang=EN (last visited Jan. 5, 2018).

〔2〕 参见任某玉与北京百度网讯科技有限公司人格权纠纷案，北京市海淀区人民法院（2015）海民初字第 17417 号民事判决书。

些条件而对个人数据进行的任何自动化处理，特别是为了评估自然人的工作表现、经济状况、健康、个人偏好、兴趣、可靠性、行为方式、位置或行踪而进行的处理”都属于用户画像，都受《条例》的管辖。但在美国和我国，对于利用个人信息进行用户画像与个性化推荐，法律总体上采取了比较包容的态度。

在一定意义上，第三编构成了本书的“后传”。第三编将依次论述上文提到的若干新型权利：此类新型个人信息权利是否值得法律保护？如果不是，其原因何在？如果是，其背后的价值基础与理论基础是什么？此外，在中国语境下应当如何思考这些新型权利，是积极拥抱此类新型权利，还是谨慎地等待成熟时机？

第八章　被遗忘权：原理、场景化界定与中国应用

一、被遗忘权的起源：西班牙谷歌案

被遗忘权起源于西班牙谷歌案。西班牙谷歌案涉及一名叫马里奥·冈萨雷斯（Mario Costeja González）的律师。1998 年，冈萨雷斯申请破产，其物业被公开拍卖以抵偿其社保债务。为了使这次拍卖“更具有公开性……尽可能吸引更多的投标人”，[1] 西班牙《先锋报》（La Vanguardia）依据西班牙劳动和社会事务部（Spanish Ministry of Labour and Social Affairs）的指令刊登了拍卖的声明。2008 年，该报纸的网络版也开始在互联网上提供。其后，当使用谷歌搜索冈萨雷斯的名字时，出现的很多搜索结果都显示了该拍卖声明。2010 年，冈萨雷斯据此向西班牙数据保护局（Spanish Data Protection Authority）提出诉讼，认为 12 年前所发生的拍卖“在多年之前就已经解决，现在提及完全不具有相关性”。[2]

其后，在联系了报社和西班牙谷歌公司而未得到满意的答复后，冈萨雷斯向西班牙数据保护局提出申诉，要求西班牙《先锋报》删除或更改页面，使与其相关的这条个人信息不再显示；同时要求谷歌删除或隐藏与其有关的个人信息，使这些信息不再出现在搜索结果或搜索链接中。针对冈萨雷斯的诉求，西班牙数据保护局，一方面，认为报社对涉案信息的公开是合法的，因为其是根据西班牙劳动和社会事务部的要求而刊登声明的。另一方面，西班牙数据保护局认为，冈萨雷斯要求谷歌删

[1] Google Spain SL, 14.

[2] Google Spain SL, 15.

除相关个人信息链接的要求是合理的,当“确定和传播数据会威胁数据保护的基本权利以及广义上的人的尊严”时,数据保护局有权“要求撤回此类数据以及要求搜索引擎的经营者禁止对此类数据的访问”。[1]

针对西班牙数据保护局的决定,西班牙谷歌和谷歌公司随后向西班牙国家高等法院提起上诉,而西班牙国家高等法院中止了审理,因为其认为案件取决于对欧洲 95/46/EC 数据保护指令(以下简称《95 指令》)的理解。西班牙国家高等法院随后将案件提交给了欧盟法院审理,欧盟法院经过审理后认为,西班牙数据保护局有权在此案中要求谷歌删除和冈萨雷斯相关的个人信息链接。

欧盟法院的论证如下:首先,欧盟法院认为,此案《先锋报》刊登的拍卖声明中所包含的正是个人信息,因为《95 指令》将“个人数据”定义为“任何已识别或可识别的自然人(数据主体)相关的信息”。[2]其次,欧盟法院认为谷歌属于“数据控制者”的范畴,因为《95 指令》将“数据控制者”定义为“确定处理个人数据目的与方式”的实体。[3]再次,欧盟法院认为,谷歌对于个人数据的处理属于此类“处理个人数据”的范围,因为《95 指令》将“处理个人数据”定义为“任何对个人数据进行的操作”,如“收集(collection)、记录(recording)、组织(organization)、储存(storage)、调整(adaptation)或变更(alteration)、检索(retrieval)、咨询(consultation)、使用(use)、通过传输、传播或其他方式进行公开(disclosure by transmission, dissemination or otherwise making available)、调整或组合(alignment or combination)、屏蔽(blocking)、擦除或损坏(erasure or destruction)”。[4]最后,也是最重要的,欧盟法院认为,从《95 指令》的相关条款中可以推导出一种“被遗忘权”(right to be forgotten),谷歌或其他数据控制者有责任擦除此案中的链接。欧盟法院指出,《95 指令》第 12 条规定了数据主体的“访问权”,数据主体有权“更正(rectification)、擦除(erasure)或屏蔽(blocking)不符合《95 指令》所规定的处理的数据”。[5]此外,《95 指令》第 6 条还规定,欧盟成员国

---

〔1〕 Google Spain SL, 17.

〔2〕 EC Directive 95/46/EC, Article 2(a).

〔3〕 Directive, Article 2(d).

〔4〕 Directive, Article 2(b).

〔5〕 Directive, Article 12(b).

必须保证个人数据“恰当（adequate）、相关（relevant）以及和他们被处理和/或进一步处理的目的相关”，[1]而且必须“准确以及在必要时进行更新”。[2]从这些条款中可以得出结论，当搜索引擎对于个人的数据保护和隐私基本权利存在偏见时，这些权利优先于搜索引擎的利益和一般的信息自由利益。[3]

欧盟法院在西班牙谷歌案中的判决第一次在法律效力上确立了公民或数据主体的“被遗忘权”或“擦除权”。[4]在法律规定上，2012 年已经起草但 2018 年才正式生效的欧盟《条例》已经对这种权利进行了详细的规定。《条例》第 17 条擦除权（被遗忘权）规定：“数据主体有权要求控制者擦除关于其个人数据的权利”。当“个人数据对于实现其被收集或处理的相关目的不再必要”“数据主体撤回在此类处理中的同意”“已经存在非法的个人数据处理”时，或者“当数据主体反对基于营销而处理个人数据”时，[5]数据控制者有责任及时擦除个人数据。[6]在某种程度上，我们可以说西班牙谷歌案是对当时尚未生效的《条例》的预先执行。

二、被遗忘权的争论：正反双方意见

被遗忘权是否应当被移植到我国？或者说我国是否应当也确立被遗忘权这样一种权利？要对这一问题进行回答，我们有必要对支持和反对被遗忘权的正反观点进行分析。

---

〔1〕 Directive, Article 6(c).

〔2〕 Directive, Article 6(d).

〔3〕 Google Spain SL, 91.

〔4〕 在此案判决的前一年，经常被认为代表欧盟官方法律意见的欧盟法院总法务官（Advocate General）还在此问题上表达了相反的观点。See Opinion of Advocate General Jaaskinen (Jun. 25, 2013), Google Spain v. AEPD, Case C－131/12, pp. 136－37, http://curia.europa.eu/juris/document/document.jsf? docid=138782 & doclang=EN (last visited Jan. 5, 2018).

〔5〕 这一情形也同时被归入数据主体的反对权（right to object）中，See General Data Protection Regulation (Hereafter GDPR), Article 17(2)。

〔6〕 GDPR, Article 17.

1. 支持理由

我们先来看这一权利的支持理由。支持被遗忘权的第一点理由来自遗忘机制对社会和个人的重要作用。很多“被遗忘权”支持者首先将被遗忘权追溯到信息与隐私专家维克托·迈尔-舍恩伯格的名著《删除》。正是在这本书中，舍恩伯格论证了信息化时代所带来的数字记忆问题，提出了遗忘机制的正面作用与删除信息的必要性。

舍恩伯格认为，合理的遗忘机制对社会来说是一种重要的美德，因为合理的遗忘机制可以为社会中的个体提供重新开始的机会，〔1〕“遗忘能给那些失败的人第二次机会”。〔2〕但舍恩伯格指出，在数字化与信息化时代，合理的遗忘机制已经被打破了。在信息与网络时代，“记忆已经成了常态，而遗忘反而成了例外”。〔3〕人们的信息一旦在计算机与网络上被记录，就会成为永恒的烙印，永不消失的记忆。如同舍恩伯格所说：“完整的数字化记忆代表了一种更为严酷的数字圆形监狱。由于我们所说与所做的许多事情都被储存在数字化记忆中，并且可以通过存储器进行访问，因此，我们的言行可能不仅会被我们同时代的人们所评判，而且还会受到所有未来人的评判。”〔4〕正是基于这一判断，舍恩伯格在书中提出了“删除”的必要性，主张在数字领域内模仿人类的遗忘机制。〔5〕

对于很多学者来说，舍恩伯格的著作为被遗忘权提供了理论上的支持。如果信息与数字技术使人类的记忆机制发生了重大改变，社会无法合理地遗忘每个个体的历史，无论何种微小的信息都会被永久性的记忆，

---

〔1〕 对于个体亦是如此，舍恩伯格指出，“对于个人来说，遗忘在人类决策过程中扮演了重要的角色。遗忘使得人们能够及时地行动，知晓往事，但又不受往事的束缚”。参见[英]维克托·迈尔-舍恩伯格：《删除：大数据取舍之道》，袁杰译，浙江人民出版社2013年版，第19页。

〔2〕 [英]维克托·迈尔-舍恩伯格：《删除：大数据取舍之道》，袁杰译，浙江人民出版社2013年版，第21页。

〔3〕 [英]维克托·迈尔-舍恩伯格：《删除：大数据取舍之道》，袁杰译，浙江人民出版社2013年版，第72页。

〔4〕 [英]维克托·迈尔-舍恩伯格：《删除：大数据取舍之道》，袁杰译，浙江人民出版社2013年版，第18页。

〔5〕 例如，舍恩伯格提出，“可以把我们保存在数字化记忆中的信息和一个存储期限相关联，让数字存储设备可以自动删除那些达到或超过存储期限的信息”，[英]维克托·迈尔-舍恩伯格：《删除：大数据取舍之道》，袁杰译，浙江人民出版社2013年版，第207页。

那么个体就可能在社会中受困于此类历史记忆。也因此,有必要赋予个人一种被遗忘权,以对抗信息与数字技术给个人打上的"永恒烙印"。[1]

支持被遗忘权的第二点理由来自历史和社会经验。被遗忘权的支持者指出,被遗忘权其实早已存在并在社会中发挥了重要作用,即使在美国也存在被遗忘权。在评论被遗忘权在美国的适用时,小波斯纳(Eric Posner)指出,虽然美国从整体上信奉言论自由的文化,但美国其实早已拥抱被遗忘权,法律早已在宪法第一修正案和隐私权之间保持平衡。例如,在美国的信用报告中,对于未偿付的抵押贷款,即使此类信息为真,10 年之后这类信息也不会被记录。此外,各州对于某些类型的犯罪记录也会从公共记录中删除,即使这些记录并不存在任何错误。小波斯纳因此认为,虽然美国并没有明确地承认被遗忘权,但这种法律权利其实深藏于美国的历史传统中。小波斯纳指出,在网络问题上,至少没有理由在美国预先排除被遗忘权,或者认为这种权利和美国宪法第一修正案所规定的言论自由条款相冲突。[2]

支持被遗忘权的第三点理由来自权利理论。支持被遗忘权或擦除权的学者认为,被遗忘权是一种对公民个体的赋权,被遗忘权有利于加强公民个体对其个人信息的控制。在被遗忘权的支持者看来,被遗忘权只不过是信息权利的逻辑拓展。[3]如果法律赋予了公民对个人信息的访问权、更正权等控制自身信息的权利,那为何不能赋予公民被遗忘权的权利?[4]事实上,在欧盟《条例》中,我们看到被遗忘权正是被放在

---

〔1〕 对于信息与数字技术的这一特征,有的学者曾将其称为"数字化红字"。Daniel Solove, *The Future of Reputation: Gossip, Rumor, and Privacy on the Internet*, New Haven, Yale University Press, 2012, p. 11.

〔2〕 See Eric Posner, *We All Have the Right to Be Forgotten*, *Slate*, http://www.slate.com/articles/news_and_politics/view_from_chicago/2014/05/the_european_right_to_be_forgotten_is_just_what_the_internet_needs.html (last visited Jan. 5, 2018).

〔3〕 从隐私保护的角度主张隐私权应当从消极性权利演变为积极性权利, See Charles Fried, *Privacy*, YALE L. J. 77, 1968, p. 482; Arthur R. Miller, *Assault on Privacy: Computers, Data Banks and Dossiers*, The University of Michigan Press, 1971; W. A. Parent, *Recent Work on the Concept of Privacy*, AM. PHIL. Q. 20, 1983, p. 346。

〔4〕 正如欧盟委员会所言,被遗忘权是对公民的赋权,是为了使公民捍卫他们的利益,而且,这项权利"并不允许政府决定什么可以在网上存在,或者什么可以被阅读"。See European Comm'n, *Myth-Busting: The Court of Justice of the EU and the "Right to be Forgotten,"* p. 5, http://ec.europa.eu/justice/data-protection/files/factsheets/factsheet_rtbf_mythbu sting _en.pdf (last visited Jan. 5, 2018).

“数据主体的权利”这一章里。“数据主体的权利”这一章规定了一系列重要权利：数据主体对个人数据的访问权、更正权、擦除权（被遗忘权）、限制处理权、数据携带权、一般反对权和反对仅仅基于自动化对个人进行决策的权利，被遗忘权或擦除权正是这一系列权利中的一种。[1]这些规定赋予公民个体一系列权利，对数据收集者或控制者施加了一系列的责任。[2]

2. 反对理由

在分析了被遗忘权的支持理由后，我们再来看被遗忘权反对者所提供的理由。在欧洲承认被遗忘权并将其纳入《条例》后，被遗忘权这一新型的权利也引起了很多反对与批判，尤其是很多美国学者的批评。

首先，在很多反对者看来，被遗忘权的问题在于违背了言论自由的原则，确立被遗忘权会对言论自由产生重大冲击。例如，斯坦福大学网络与社会中心平台责任的主管达芙妮·凯勒（Daphne Keller）认为，“被遗忘权与美国言论自由不相符，因为即使信息是真实的而且不会导致伤害，被遗忘权也会要求删除信息。在美国，宪法第一修正案不会允许法庭强制搜索引擎删除此类信息”。[3]明尼苏达州大学法学院的罗伯特拉尔森教授认为，被遗忘权和言论自由的价值背道而驰，被遗忘权“否认了可能的发言者决定说什么和想什么的能力，而且否认了可能的听众对于形成其观点和思想所需的信息”。[4] 新墨西哥大学法学院的达威德·斯胡（Dawinder Sidhu）教授指出，美国不需要被遗忘权，被遗忘权和美国宪法第一修正案所保护的言论自由利益冲突。[5] 即使是杰弗

[1] See GDPR, Article 15 – 22. 其中第17条规定了被遗忘权（擦除权）。

[2] 借用霍费尔德（Wesley Hohfeld）的权利理论来说，此类权利意味着个体可以对他者行使“权利主张”（claim），而他者则有责任（duty）履行此类权利主张。See Wesley Hohfeld, *Some Fundamental Legal Conceptions as Applied in Legal Reasoning*, Yale Law Journal 23, 1913, p. 16.

[3] Daphne Keller, *The Right to Be Forgotten, the Right to Be Included, and Global Content Regulation*, https://cyberlaw.stanford.edu/blog/2015/09/'right-be-forgotten'-right-be-included-and-global-content-regulation (last visited Jan. 5, 2018).

[4] Robert G. Larson III, *Forgetting the First Amendment: How Obscurity-Based Privacy and a Right To Be Forgotten Are Incompatible with Free Speech*, COMM. L. & POL'Y 18, 2013, p. 119.

[5] See Dawinder Sidhu, *We Don't Need a "Right to Be Forgotten", We Need a Right to Evolve*, The New Republic.

里·罗森(Jeffery Rosen)这样隐私权的坚定支持者,也指出被遗忘权与美国宪法第一修正案所保护的言论自由格格不入。在罗森看来,欧洲相关法律对于互联网企业所施加的罚款威胁则更可能形成一种"寒蝉效应"(chilling effect),会对言论自由与媒体自由产生重大不利影响。〔1〕

其次,与基于言论自由的反对理由相关的是,被遗忘权的反对者指出,被遗忘权会导致搜索引擎或网站的自我审查,擦除个人数据,重写历史。尤其是在一些涉及负面信息的例子中,被遗忘权可能会被某些人加以利用,剥夺公众的知情权。在欧洲认可了被遗忘权以后,此类例子可谓数不胜数。例如,一个希望重返的英国政客曾经向网站提出"被遗忘权"的请求,要求删除其曾经浏览和整理虐待儿童网站的信息;一名医生要求网站删除病人对其差评的信息。〔2〕在反对者来看,这种"被遗忘权"的规定实际上混淆了私人信息与公共信息,把所有的个人信息都视为私人信息的范畴。斯胡教授指出,早在布兰代斯和沃伦的文献中,他们就区分了私人信息与公共信息,只有私人信息才能得到隐私法的保护。而欧盟的被遗忘权却确立了一种绝对化的个人信息权,将本来应该由个人所承担的信息曝光的责任变为由国家的正式法律来承担。斯胡教授认为,这种改变是极为不合理的。网络与信息时代的数字化记忆可能会对公民个体产生一些不合理的负面影响,但这些负面影响应当通过社会规范与社会声誉机制来调整,不能由国家法律来承担这一责任。由国家法律来确认被遗忘权,赋予个体以删除个人信息的请求权,这将影响信息的合理流通与公众的知情权。〔3〕

再次,有的反对者也从企业责任的角度对被遗忘权提出了批评。在这些反对者看来,让企业承担判断个人信息删除的责任,这既无效率,又无正当性。无效率是因为在赋予个体以被遗忘权以后,企业将不得不花费大量精力来应对个人所提出的信息擦除请求,而且企业还必须对这些

---

〔1〕 Jeffrey Rosen, *The Right to be Forgotten*, Stan. L. Rev. 64, 2012, http://www.stanfordlawreview.org/online/privacy-paradox/right-to-be-forgotten (last visited Jan. 5, 2018).

〔2〕 See David Mitchell, *The Right To Be Forgotten Will Turn the Internet into a Work of Fiction*, Observer, http://www.theguardian.com/commentisfree/2014/jul/06/right-to-be-forgotten-internet-work-of-fiction-david-mitchell-eu-google (last visited Jan. 5, 2018).

〔3〕 See Dawinder Sidhu, *We Don't Need a "Right to Be Forgotten", We Need a Right to Evolve*, The New Republic.

请求进行分辨,判断哪些请求属于合理范围,哪些请求属于无理要求。[1]而无正当性是因为企业不是公共机构,不适合承担言论审查的责任。如同维基创始人罗文娜·梅森(Rowena Mason)所言,赋予公民个体以被遗忘权和要求企业对擦除请求进行判断,除了增加企业负担之外,还会带来额外的问题,因为企业不是政府或规制机构,其不拥有行使此类权力的资质。[2]

最后,有的反对者也从技术层面对被遗忘权提出了质疑,质疑擦除信息的有效性。在有的技术人员看来,设置被遗忘权可谓是控制信息的"一种可笑的尝试"。因为即使设定被遗忘权,网络世界的信息流通也不可能因此被阻挡。有的评论者以加利福尼亚州所制定的未成年人擦除法案为例,对被遗忘权进行了分析。加州的擦除法案和欧洲的被遗忘权非常相似——其差别主要在于欧洲的被遗忘权是普适性的,而加州的擦除法案则仅仅针对未成年人。对于加州的擦除法案与未成年人的被遗忘权,评论者指出,尽管这一法案的初衷是好的,但这一法案却是基本无效的。首先,几乎每个网站都已经给了使用者删除帖子的选项。其次,当使用者发布的帖子开始传播,就基本不可能对其进行删除。[3]反对者指出,"法律制定者所看到的世界和当今技术运作的世界之间存在巨大鸿沟",[4]法律制定者所看到的世界是一个设定一项被遗忘权就可以擦除个人信息的世界,而现实世界则完全不可能实现此种目标。

事实上,行使被遗忘权不仅很难产生被遗忘的效果,反而会在很多情况下产生放大效应。例如,西班牙谷歌案中的冈萨雷斯,虽然本案的主角希望公众遗忘其相关个人信息,但事与愿违,他的个人信息已经成

---

〔1〕 根据谷歌的统计,在 2014 年欧洲承认被遗忘权之后,到 2017 年年初,谷歌收到了 703,910 项请求,要求将 1,948,737 项链接删除,See https://www.google.com/transparencyreport/removals/europeprivacy/? hl = en (last visited Jan. 5, 2018).

〔2〕 See Rowena Mason, *Right to be Forgotten: Wikipedia Chief Enters Internet Censorship Row*, The Guardian, http://www.theguardian.com/technology/2014/jul/25/right-to-be-forgotten-google-wikipedia-jimmy-wales (last visited Jan. 5, 2018).

〔3〕 See Gregory Ferenstein, *On California's Bizarre Internet Eraser Law for Teenagers*, TechCrunch, http://techcrunch.com/2013/09/24/om-californias-bizarre-internet-eraser-law-for-teenagers/ (last visited Jan. 5, 2018).

〔4〕 David Humphries, *U. S. Attitudes Toward the "Right to be Forgotten"*, Software Advice, http://www.softwareadvice.com/security/industryview/right-to-be-forgotten-2014/ (last visited Jan. 5, 2018).

为全球公共事件,成千上万的媒体和网页对其进行了报道。而且,这种情形并非仅仅局限于类似西班牙谷歌案的热点案件。即使是一般性的非热点事件,在很多情况下也会因为行使被遗忘权而"越描越黑"。这里的原因在于,欧洲被遗忘权的判决仅仅要求搜索引擎移除相关事件的链接,而不要求原始网站对于相关信息进行删除。这样,在搜索引擎被要求删除相关信息后,很多媒体和网站都对相关信息进行了重新发布或特别纪录,使这些信息重新引起公众的关注。例如,BBC 将其被谷歌所移除的信息进行了重新的发表;[1] Hidden From Google 网站记录了那些被要求从谷歌上删除的链接,[2] 而 Wikimedia 和 Reddit 则更是直接记录了谷歌所删除的链接。[3]

在被遗忘权只有部分国家承认而互联网全球互联的今天,被遗忘权所要达到被遗忘的效果更是难以实现。如同有的评论者指出,在现有条件下,只有欧盟和其他少数国家和地区(如俄罗斯、日本、中国香港特别行政区)承认了被遗忘权,这就使个人所提交的擦除请求很容易在其他国家或地区的网站上重新出现。[4] 而一旦司法性机构等实体对某个案件进行了被遗忘权的判决,这类判决就更可能取得适得其反的效果。[5] 对于这一点,身处欧洲但却和欧盟保持距离的英国曾经指出,欧盟所承认的被遗忘权在技术上违背了信息的特征。"一旦信息合法地进入公共领域,就不可能强行将其移除,而且也不太可能采取措施防

---

〔1〕 See Neel McIntosh, *List of BBC Web Pages Which have been Removed from Google's Search Results*, BBC Internet Blog, http://www.bbc.co.uk/blogs/internet/entries/1d765aa8-600b-4f32-b110-d02fbf7fd379 (last visited Jan. 5, 2018).

〔2〕 See Hidden from Google, https://web.archive.org/web/20160919031318/; http://hiddenfromgoogle.afaqtariq.com/.

〔3〕 See Notices Received from Search Engines, Wikimedia Found, https://wikimediafoundation.org/wiki/Notices_received_from_search_engines (last visited Jan. 5, 2018); Things That Were Not Meant to Be Forgotten, Reddit, https://www.reddit.com/r/nevertoforget/ (last visited Jan. 5, 2018).

〔4〕 See McKay Cunningham, *Privacy Law That Does Not Protect Privacy, Forgetting the Right to be Forgotten*, Buffalo L. Rev. 65, 2017, p. 495.

〔5〕 See James Ball, *Costeja Gonzalez and a Memorable Fight for the "Right to Be Forgotten"*, Guardian (May 14, 2014), http://www.theguardian.com/world/blog/2014/may/14/mario-costeja-gonzalez-fight-right-forgotten (last visited Jan. 8, 2018).

止其扩散。”[1]

当然,关于被遗忘权的争议还不止上文所提到的这些方面。被遗忘权的支持者和反对者还在其他问题上产生了争议。例如,对于搜索引擎的性质,支持者和反对者有不同的看法。众所周知,西班牙谷歌案的判决与欧盟《条例》中规定的被遗忘权所针对的都是“数据控制者”(data controller),而搜索引擎是否属于控制者,不同人有不同的判断。例如,谷歌就认为自身只是数据的媒介,而不是数据控制者,就像谷歌的总法律顾问科特·沃克(Kent Walker)所说:“我们认为自己是杂志摊,或者是卡片目录……我们不创造信息,我们只是使信息变得可访问。欧盟法院的此类判决要求我们查看卡片目录里面的内容,这是要求我们承担我们不希望的角色。”[2]而一些被遗忘权的支持者则认为谷歌就是数据控制者。有的评论者指出,“谷歌不仅仅消极地传递信息,谷歌也同时确定搜索结果”,谷歌可以通过自身的算法使得某些搜索结果能够被呈现,某些搜索结果不能被呈现,使某些搜索结果排在前面,有的排在后面。[3]对于谷歌总法律顾问将自己称为卡片目录的说法,有的评论者回应,这种说法其实遮蔽了谷歌的实质,“Google 早已经不再是卡片目录了。它是图书馆,是书店和杂志摊。所有这些都已经成了 Google 的领地”。[4]

3. 支持理由与反对理由的再分析

如何看待被遗忘权支持者和反对者之间的争论?对争论进行进一步分析,可以发现二者都有一定的道理。

一方面,就被遗忘权的支持理由来说,他们正确地指出了信息与网络等技术带来的挑战,并且至少在理论层面上论证了在网络与信息领域

[1] European Union Comm., *EU Data Protection Law: A "Right to Be Forgotten"?*, 2014 HL 40, P 5 (UK), http://www.publications.parliament.uk/pa/ld201415/ldselect/ldeucom/40/40.pdf (last visited Jan. 8, 2018).

[2] Jeffrey Toobin, *The Solace of Oblivion*, New Yorker (Sept. 29, 2014), http://www.new yorker.com/magazine/2014/09/29/solace-oblivion (last visited Jan. 8, 2018).

[3] See European Union Comm., *EU Data Protection Law: A "Right to Be Forgotten"?*, 2014 HL 40, P 5 (UK), http://www.publications.parliament.uk/pa/ld201415/ldselect/ldeucom/40/40.pdf (last visited Jan. 8, 2018).

[4] Jeffrey Toobin, *The Solace of Oblivion*, New Yorker (Sept. 29, 2014), http://www.new yorker.com/magazine/2014/09/29/solace-oblivion (last visited Jan. 8, 2018).

设立“遗忘机制”的合理性。对此,如果“被遗忘权”的反对者仅仅从个人主义的言论自由权进行反驳,那将难以支撑自身的立场。因为“被遗忘权”恰巧是建立在对个体的赋权基础之上的,如果说言论自由仅仅是一种个人权利,那赋予个人对自身言论更多的控制,岂不是更为正当和合理? 正如欧盟委员会在回应言论自由的批评时所说:“被遗忘权所要确保的是人民自身——而不是算法——决定何种关于他们的信息在搜索引擎上是可获取的……它所要确保的是公民可以控制自身的个人数据。当某些条件满足时,一个公民可以要求其个人信息从搜索引擎上移除。”〔1〕

被遗忘权的支持者还正确指出了谷歌等网络搜索引擎的性质。谷歌将自己视为信息的搬运工或者是卡片目录式的索引,但事实是,谷歌等搜索引擎并不仅机械地搜集信息和传播信息。通过包括竞价排名在内的一套复杂的算法,谷歌等搜索引擎改变了信息的传递方式。在这个意义上,完全可以说谷歌等搜索引擎是欧盟法上所定义的“数据控制者”,或者说谷歌等搜索引擎应当受到公平信息实践原则的约束。因为谷歌等搜索引擎对于个人数据的收集、处理、储存与传播和前科技时代的信息收集、处理、储存与传播方式已经完全不同。

另一方面,被遗忘权的反对理由也具有一定程度的合理性。

首先,被遗忘权的反对理由正确地指出了被遗忘权与言论自由、信息流通之间的紧张关系或冲突关系。当然,这里值得强调的是,不能简单地将言论自由视为一种个人性的权利,因为言论自由关乎信息流通与公共辩论空间的塑造。在几种最为主要的言论自由理论中,虽然有个别理论将言论自由的正当性基础建立在个人自主(individual autonomy)的基础之上,〔2〕但更为主流的通说要么将言论自由建立在言论自由市场

---

〔1〕 European Comm'n, *Myth-Busting: The Court of Justice of the EU and the "Right to be Forgotten"*, http://ec. europa. eu/justice/data-protection/files/factsheets/factsheet_rtbf_mythbusting_en. pdf (last visited Jan. 15, 2018).

〔2〕 See Martin Redish, *Value of Free Speech*, University of Pennsylvania Law Review 130, 1982, pp. 591 - 645; David Strauss, *Persuasion, Autonomy, and Freedom of Expression*, Columbia Law Review 91, 1991, pp. 334 - 371; Edwin Baker, *Human Liberty and Freedom of Speech*, New York: Oxford University Press, 1989.

的基础之上,[1]要么将言论自由建立在促进人民自治的基础之上。[2]这两种理论尽管都有不同,但都意识到言论自由的正当性基础必须超越个体,从共同市场或公共领域的角度来寻求言论自由的正当性基础。而从这种视角来看被遗忘权,就会发现被遗忘权的确与言论自由存在紧张或冲突,因为被遗忘权所要行使的并不是个体要说什么或不说什么的权利,而是要行使对已进入公共空间的个人信息进行控制的权利。换句话说,被遗忘权所要干涉的是公共空间中的信息传播与信息流通,而不仅是行使一种不涉及他人的个体权利。[3]

其次,被遗忘权的反对者正确地指出了企业在行使言论审查方面所面临的困境。在欧盟法院确立被遗忘权以后,谷歌公司的确努力地将言论审查规则化,避免恣意妄为地删除某些信息。谷歌设立了四个审查要素,以确定是否应当将个人申请的某些信息从其搜索结果中删除:(1)信息所涉及的数据主体在公共生活中的角色;(2)信息的性质;(3)信息来源;(4)信息所经历的时间。[4]例如,就第一点公共性来说,如果信息所涉及的数据主体是一个完全公共性的角色,那么此类信息更应当被保留,而当信息所涉及的数据主体是完全不具有公共性的角色,则此类信息更应当被删除。就第二点信息的性质来说,如果信息会对个

---

〔1〕 言论自由市场的观点来自霍姆斯法官的反对意见,See Abrams v. United States, 250 U. S. 616, 630 (1919); Geoffry R. Stone, Louis Michael Seidman, Cass R. Sunstein, Mark V. Tushnet, and Pamela S. Karlan, The First Amendment, New York: Aspen Publishers, 2008, pp. 9 – 10。

〔2〕 See Alexander Meiklejohn, *Free Speech and Its Relation to Self-Government*, New York, NY: Harper Brothers Publishers, 1948; Alexander Meiklejohn, *The First Amendment Is an Absolute*, Supreme Court Review 245, 1961.

〔3〕 See Robert Post, *Data Privacy and Dignitary Privacy: Google Spain, the Right to Be Forgotten, and the Construction of the Public Sphere* (Apr. 15, 2017), Duke Law Journal, Forthcoming; Yale Law School, Public Law Research Paper No. 598, https://ssrn.com/abstract=2953468 or http://dx.doi.org/10.2139/ssrn.2953468 (last visited Jan. 15, 2018).

〔4〕 See Luciano Floridi, et al., *Report of the Advisory Council to Google on the Right to Be Forgotten* (Jan. 15, 2018), https://buermeyer.de/wp/wp-content/uploads/2012/02/Report-of-the-Advisory-Committee-to-Google-on-the-Right-to-be-Forgotten.pdf.

人的隐私利益造成不正当影响，[1]则此类信息更应当被删除；而当信息影响的是公共利益，[2]则此类信息不应当被删除。就第三点信息来源来说，如果信息的来源以及发表此类信息的动机较好，则此类信息应当予以保留。例如，规范的新闻机构所发表的信息、政府机构所发布的信息、具有良好声誉的博客或个人所发布的信息、经过数据主体同意的信息，此类信息更可能蕴含公共利益，更不应当被删除。就第四点时间因素来说，时间越久，信息被删除的可能性越大。例如，在经历了很长一段时间之后，有的信息可能就更容易被删除，特别是对于一些曾经热点事件中的当事人，如果经历了一段时间之后当事人已经不再是公共人物，此类信息就更可能被删除。[3]

但需要指出的是，谷歌所设立的四个审查要素及其标准其实非常模糊，这四个要素没有哪个要素是决定性的，四个标准之间也很难说哪个具有更大的权重。而且，如同谷歌公司的报告所指出的，随着社会和技术的变化，这四个标准本身也可能会发生改变。谷歌公司意识到，很难找到一个确定性的标准来行使言论审查，因为每一项个人信息都可能包含了公共性信息和公共利益。

再次，被遗忘权的反对者所提出的技术上不可行的论点也具有一定的说服力。正如上文所言，欧洲被遗忘权的判决仅仅要求搜索引擎等网站移除链接，不要求删除原帖，更不要求整个互联网彻底删除信息，这就

---

〔1〕 此类信息包括：(1)和个人私密或性生活相关的信息；(2)个人商业信息；(3)私人联系或可确认信息；(4)欧盟数据保护法所认定的敏感信息；(5)关于未成年人的私人信息；(6)增加数据主体风险的错误信息；(7)以图片或视频方式出现，因而可能增强隐私问题的信息。See Luciano Floridi, et al., *Report of the Advisory Council to Google on the Right to Be Forgotten* (Jan. 15, 2018), https://buermeyer.de/wp/wp-content/uploads/2012/02/Report-of-the-Advisory-Committee-to-Google-on-the-Right-to-be-Forgotten.pdf.

〔2〕 此类信息包括：(1)和政治话语、公民参与或治理相关的信息；(2)和宗教与哲学话语相关的信息；(3)和宗教与哲学话语相关的信息；(4)和刑事活动相关的信息；(5)对公共利益讨论有益的信息；(6)关乎事实性的信息；(7)作为历史记录一部分的信息；(8)作为科学探索或艺术表达一部分的信息。See Luciano Floridi, et al., *Report of the Advisory Council to Google on the Right to Be Forgotten* (Jan. 15, 2018), https://buermeyer.de/wp/wp-content/uploads/2012/02/Report-of-the-Advisory-Committee-to-Google-on-the-Right-to-be-Forgotten.pdf.

〔3〕 当然，对于某些类型的信息，如反人类罪，此类信息不会因时间因素而被删除。See Luciano Floridi, et al., *Report of the Advisory Council to Google on the Right to Be Forgotten* (Jan. 15, 2018), https://buermeyer.de/wp/wp-content/uploads/2012/02/Report-of-the-Advisory-Committee-to-Google-on-the-Right-to-be-Forgotten.pdf.

使被遗忘权所能达到的“被遗忘”效果非常有限。很多媒体和网站都可以对被删除的链接重新发布;而由于管辖的原因,未确立被遗忘权的国家则更是可以对相关信息进行传播。欧洲法院在谷歌诉法国数据保护委员会(Google v CNIL)中确认,被遗忘权只能在欧盟执行。[1]因此,被遗忘权本身很难阻止相关信息的流通。毕竟,权利在社会现实中的落实并不是靠一纸判决或一个条文就可以的,如果忽视权利实现的现实基础,那么相关权利就可能成为一纸空文。[2]

最后,被遗忘权的反对者并没有明确指出但值得我们注意的是,舍恩伯格在《删除》一书中所提到的信息过剩问题并不一定会推出被遗忘权的结论。诚然,舍恩伯格在书中指出了数字化、廉价的存储器、易于提取性以及网络的全球化所带来的数字化记忆问题,而且也提出了应对此问题的删除机制或遗忘机制。但需要注意的是,舍恩伯格并没有提出一种建立在个体主义之上的被遗忘权。对于应对数字化记忆的可能对策,舍恩伯格是从个人认知调整、信息生态的法律建构与场景化的技术建构层面进行应对的,即改变人们对网络信息的接受与认知,改变数字信息的流通机制以及通过场景化的技术手段来保护隐私。[3]舍恩伯格的确提到了遗忘机制或删除机制,但这种遗忘机制或删除机制更多是一种规范信息收集、储存与传播的机制,主要是对个人信息的生命周期而进行的规制,不是一种赋予个体被遗忘权或信息自决权的机制。正如舍恩伯格所说,“在数字领域内模仿人类遗忘的可能方法之一是,把我们保存在数字化记忆中的信息和一个存储期限相关联,让数字存储设备可以自动删除那些达到或超过存储期限的信息”。[4]

4. 小结

综合已有对被遗忘权问题进行研究的支持意见与反对意见,可以发

---

〔1〕 See *Advocate General Szpunar proposes that the Court should limit the scope of the de-referencing that search engine operators are required to carry out to the EU* (Jan. 15, 2019), https://curia. europa. eu/jcms/upload/docs/application/pdf/2019 - 01/cp190002en. pdf.

〔2〕 对此的一般性分析,See Stephen Holmes and Cass R. Sunstein, *The Cost of Rights: Why Liberty Depends on Taxation*, New York: Norton, 1999。

〔3〕 参见[英]维克托·迈尔-舍恩伯格:《删除:大数据取舍之道》,袁杰译,浙江人民出版社2013年版,第201页。

〔4〕 [英]维克托·迈尔-舍恩伯格:《删除:大数据取舍之道》,袁杰译,浙江人民出版社2013年版,第207页。

现遗忘机制在信息与数字化时代的确具有很强的现实需求与正当性基础，信息技术与网络技术的崛起改变了原先的信息流通机制，使人类长久以来所习惯和适应的信息流通机制面临极大的挑战。但需要注意的是，这种遗忘机制的正当性基础只能建立在合理的信息流通机制之上。是否赋予以及在多大程度上赋予个人以被遗忘权，这应当取决于这种权利的边界与这种权利的赋予是否可以促进信息更为合理地流通与符合人们的合理预期。对于未进入公共领域的个人信息，被遗忘权行使的争议较小。但对于进入类似谷歌这样公共领域的信息，这种权利的行使应相当谨慎。

三、被遗忘权的中国理论与法律实践

回到中国语境中对被遗忘权的讨论与相关法律实践，首先可以发现我国学界对被遗忘权的学术讨论与西方非常类似。例如，就被遗忘权的支持者来说，有的认为，被遗忘权对于在数字化时代保护公民个人隐私、防范风险具有重要作用；[1]有的认为，大数据已经破坏了人类知识的累进机制，有必要引入信息的遗忘机制；[2]有的认为，"被遗忘权"是调整网络用户与网络公司力量悬殊的重要砝码，"被遗忘权"是为了消弭网络时代数据主体和数据控制者的不平等而设定的；[3]有的认为，被遗忘权是个人信息权中的一种，是人格权在时代的新发展；[4]还有学者认为，被遗忘权会给企业带来不必要的负担，应当通过数据最小化、通过设

---

〔1〕 参见薛亚君：《数字时代个人信息的被遗忘权》，载《情报理论与实践》2015 年第 4 期。

〔2〕 参见张恩典：《大数据时代的被遗忘权之争》，载《学习与探索》2016 年第 4 期；袁梦倩：《"被遗忘权"之争：大数据时代的数字化记忆与隐私边界》，载《学海》2015 年第 4 期。

〔3〕 参见夏燕：《"被遗忘权"之争——基于欧盟个人数据保护立法改革的考察》，载《北京理工大学学报》（社会科学版）2015 年第 2 期；刘文杰：《被遗忘权：传统元素、新语境与利益衡量》，载《法学研究》2018 年第 2 期。

〔4〕 参见张里安、韩旭至：《"被遗忘权"：大数据时代下的新问题》，载《北京理工大学学报》2017 年第 3 期；夏燕：《"被遗忘权"之争——基于欧盟个人数据保护立法改革的考察》，载《北京理工大学学报》（社会科学版）2015 年第 2 期。

计的隐私保护(privacy by design)来保护公民隐私。[1]

而在法律实践层面，我国的被遗忘权行使较为谨慎，并没有完全追随欧盟的被遗忘权进路。在立法层面，我国有的法律规定虽然与被遗忘权有一定的相似性，但仍然与欧盟的被遗忘权有较大差别。例如，2010年《侵权责任法》第36条第2款规定："网络用户利用网络服务实施侵权行为的，被侵权人有权通知网络服务提供者采取删除、屏蔽、断开链接等必要措施……"这条规定虽然赋予了个体以请求删除个人信息的权利，但这种权利的行使仍然以存在"侵权行为"为前提，并没有赋予个人或数据主体以一种固有的"被遗忘权"。[2] 2017年6月1日实施的《网络安全法》第43条规定："个人发现网络运营者违反法律、行政法规的规定或者双方的约定收集、使用其个人信息的，有权要求网络运营者删除其个人信息；发现网络运营者收集、存储的其个人信息有错误的，有权要求网络运营者予以更正。网络运营者应当采取措施予以删除或者更正。"这一规定虽然比之前的法律更接近欧盟的被遗忘权，但仍然以"违反法律、行政法规的规定或者双方的约定"作为删除的前提。或许与欧洲被遗忘权最为相似的条款出现在2013年2月实施的《信息安全技术公共及商用服务信息系统个人信息保护指南》中，因其第5.5.1条规定："个人信息主体有正当理由要求删除其个人信息时，及时删除个人信息……"[3]但这一指南仍然只是工信部的部门标准，不具有法律、行政法规或部门规章的效力。而且，这一指南要求个人信息主体请求删除其个人信息时必须提供"正当理由"，并未像欧盟的法律一样，赋予数据主体以一种固有的被遗忘权。

专家的立法建议稿也比较谨慎。例如，在张新宝教授的个人数据保护立法建议与周汉华教授的《个人信息保护法》(专家建议稿)中，都没

[1] 参见杨乐、曹建峰：《从欧盟"被遗忘权"看网络治理规则的选择》，载《北京邮电大学学报》(社会科学版)2016年第4期。

[2] 参见梅夏英：《论被遗忘权的法理定位与保护范围之限定》，载《法律适用》2017年第16期。

[3] 参见许可：《删除权：被遗忘权的中国道路》，载凤凰网：http://wemedia.ifeng.com/35861951/wemedia.shtml，最后访问日期：2018年1月22日。

有将“被遗忘权”作为一种单独的权利加以规定。[1]在齐爱民教授撰写的“中华人民共和国个人信息保护法示范法草案学者建议稿”中，第二节第19条规定，国家机关对个人信息的收集、处理和利用，“个人信息有以下情形之一的，应当被删除：(1)非法储存的；(2)信息处理主体执行职责已无知悉该个人信息的必要的”。这一规定虽然对删除进行了规定，但这一规定只是针对国家机关，而且这一规定的重点在于要求国家机关对于个人信息的收集、处理和利用应当和其职责相衬。[2]

我国的司法判决也采取了类似的谨慎立场。在任某玉诉北京百度网讯科技有限公司一案中，原告认为，百度上显示的相关信息已经过时并且对其造成了现实损害，[3]因而应当以一般人格权对其进行保护，赋予个体以请求被遗忘权的权利。对此，法院指出，中国法律并未承认类似欧盟的“被遗忘权”，民事权益的侵权责任保护应当以任某玉对诉讼标的享有合法的民事权利或权益为前提，否则其不存在主张民事权利保护的基础。而在该案中，任某玉主张的“被遗忘”(删除)信息的利益不具有正当性和受法律保护的必要性，不应成为侵权保护的正当法益，其主张该利益受到一般人格权中所谓“被遗忘权”保护的诉讼主张，法院不予支持。[4]

分析我国学界对被遗忘权的探讨，可以发现这些探讨基本延续了西方学者的讨论框架。而就我国的法律实践来说，可以发现我国关于被遗忘权与个人信息保护的法律实践总体上符合上文所提到的被遗忘权与个人信息保护的原理。我国的被遗忘权与个人信息保护的法律实践大都采取了一种谨慎的立场，而且都将违反法律规定或违反约定作为删除信息的前提。这就说明，我国的法律实践并没有采取一种本质主义的个

---

〔1〕 参见张新宝：《隐私权的法律保护》(第2版)，群众出版社2004年版，第149～154页；周汉华：《〈中华人民共和国个人信息保护法(专家建议稿)〉及立法研究报告》，法律出版社2006年版，第84～86页。

〔2〕 参见齐爱民：《中华人民共和国个人信息保护法示范法草案学者建议稿》，载《河北法学》2005年第6期。

〔3〕 在该案中，原告任某玉认为，他已经和之前工作的企业结束关系，其之前的经历不应当在网络上广为传播，应当被网络用户所“遗忘”。而且，该企业名声不佳，在百度相关搜索上存留其与该企业的相关信息会形成误导，并造成其在就业、招生等方面困难而产生经济损失。

〔4〕 参见任某玉与北京百度网讯科技有限公司人格权纠纷一、二审民事判决书，北京市海淀区人民法院(2015)海民初字第17417号民事判决书、北京市第一中级人民法院(2015)一中民终字第09558号。

人主义进路,没有将个人信息天然视为就是个人的,也没有赋予个人一种固有的申请删除个人信息的权利。

换句话说,我国法律实践所规制的是个人信息被使用的方式是否正当,其目的是确保信息的流通更为合理,更为符合共同体的预期。一方面,相关法律与立法建议将“违反法律、行政法规的规定”作为请求删除个人信息的前置条件,这就是要确保网络运营者对个人信息的使用要符合国家与人民这个大共同体的整体预期。另一方面,相关法律与立法建议将“双方的约定”作为请求删除个人信息的前置条件,这就是要确保信息流通要大致符合具体场景中个人的合理预期。

四、被遗忘权场景化界定:场景实践

何为人们的合理预期?在这一部分,我们以具体场景下的分类实践来说明这一点。在被遗忘权的争论中,大多涉及的是那些已经过时(outdated)或历史久远的个人信息。但另一种场景是即时性的信息,即个人发布、他人转发或发布某些信息,但随即感到后悔或引发信息主体反对。在这一部分,我们根据个人对自身信息的来源不同而区分不同场景,以此进一步说明如何在法律操作层面界定信息的合理流通与人们的合理预期。

在欧盟做出关于被遗忘权的判决之后,谷歌的全球隐私顾问彼得·弗雷策(Peter Fleischer)设想了三种场景:第一种场景是个人删除自己所发的个人信息,即个人在网上发布了某些信息,随后个人对此感到后悔,希望删除此类信息;第二种场景是删除他人转发的个人信息,即当事人在某个网站上发表了包含个人信息的内容,其他人对此类信息进行了转帖,当事人希望删除此类信息;第三种场景则是删除他人在网络上所发表的涉及个人的信息。在这三种场景中,个人是否都有权要求网站提供删除个人信息?

对于这三类场景,弗雷策的观点是,第一种场景是最没有争议的,而且现有几乎所有的网站都提供了此类删除个人信息的选项和服务。[1]

---

〔1〕 当然,在此类场景中,难点在于个人是否可以完全将个人信息从网络上删除,因为此类个人信息很可能会被他人和其他网站转发。

第二种场景则更具有争议,个人可以要求他人删除此类包含个人信息的转帖,但是如果其他人拒绝,这种情形下个人是否可以要求网络运营者进行删除?或者个人是否可以直接要求网络运营商删除此类个人信息?弗雷策认为,这是一个颇具争议性的问题,应当由平台企业自行制定政策来进行决定。而对于第三种情形,弗雷策认为,一般情况下不应赋予个人以删除此类信息的权利,因为赋予此类权利会严重影响言论自由。[1]

弗雷策的观点可以结合上文的理论而做进一步分析。

就第一种场景来说,赋予个人以删除个人信息的权利,这应当没有任何争议,因为个体可能都对删除自己所发的个人信息有合理期待。对于非公共人物,这种期待的合理性自不必说。即使对于公共人物,也应当赋予他们以删除个人信息的权利,而且应当禁止他人获取已删除个人信息的技术,[2]这种制度安排将可以最大限度地保证信息的合理流通与公众的合理期待。其原因有以下两点:首先,这种制度安排更符合理性个体的合理期待,能够促进公共人物发布更为负责任的言论。公共人物虽然习惯了媒体与公众的关注,对其言论发表往往会较为审慎,三思而后行,但公共人物也会犯错。在网络上,很多公共人物之所以删除之前的信息,常常是因为不慎发布了涉及自身隐私的内容;或者发现自己之前所发布的信息较为草率或缺乏周全的考虑。如果在此类情形中仍然剥夺个人删除自己所发布信息的权利,这就等于剥夺了公共人物保护自身隐私、纠正自身错误和发布更为负责任言论的机会。其次,这种制度安排也更符合信息的合理流通与公众的合理期待。一方面,允许公共人物对其言论进行删除和修正,这可以促使公众人物向公共空间贡献更为深思熟虑的信息,从而促进公共空间的讨论。另一方面,这种制度安排并没有完全剥夺公众的知情权,对于公共人物所发表的言论,它们一

[1] Peter Fleischer, *Foggy Thinking About the Right to Oblivion*, PRIVACY...?(Mar. 9, 2011), http://peterfleischer. blogspot. com/2011/03/foggy-thinkingabout-right-to-oblivion. html (last visited Jan. 24, 2018).

[2] 例如,利用微博的"Widget"接口。微博的"Widget"接口:"http://v. t. sina. com. cn/widget/widget_blog. php? uid ="，只需将微博用户唯一匹配的 UID 值(每个人的微博代码)加入网址中"uid ="之后,即可看到该用户的微博,包括短期内被删除的。除此之外,一些微博的第三方应用也可以查看删除的微博,这些应用所采取的方法是通过更直接地备份他人微博来实现,这样即便是对方删除了微博,也仍可以看到已经备份过的微博。

旦发表就会进入公共空间,公共人物删除个人信息,这并不会彻底将此类信息从公共空间中擦除,公众对于此类信息的记忆仍然存在。更何况,对于那些在公共空间停留时间较长的信息,公众仍然可能通过截图等方式保存公共人物所发布的信息并进行转发。

就第二种场景来说,当他人复制和转发个人所发布的信息,或者搜索引擎显示此类信息的链接,个人应当不能请求网站删除他人所转发的此类信息。这里的原因有以下几点:首先,如同上文所说,从所有权来看,个人信息未必就是个人的。当个人在微博或微信朋友圈里发布图片或其他内容,此类图片和内容首先可能涉及很多人,如图片很可能是多人合影,内容可能涉及多个人的信息。而即使完全不涉及他人的内容,其一旦发布,也就同样进入了公共领域,成为可以被他人所引用和批判的一部分。其次,从信息流通的角度来看,如果个人对于自己所发布在公共空间中的信息都具有控制权,那么这种权利无疑会阻碍信息的合理流通。[1]在某种程度上,这可以说是赋予了所有个人信息以知识产权的保护,只要个体主张侵权,网站就有义务删除此类信息。这显然是不合理的,因为知识产权并不保护所有的信息,知识产权所保护的作品应当具有独创性,而且其表现形式属于文学、艺术和科学范畴。[2]如果将所有个人信息都以知识产权的形式进行保护,这会严重影响公众对于信息的获取或信息在公共领域的流通。[3] 最后,从预期的角度来看,当个人在公共性的网络空间发布信息,发布者应当预期到此类信息被复制和转发的可能,并且应当承担与之相关的风险。这就像在日常生活中,当某个人在公共场合失言,不小心透露了自己的某些信息时,个人就应当为此承担伴随的风险,个人没有理由要求公众遗忘此类个人信息。在网络社会中,其基本原理也应是一致的,个人承担自己发布信息所带来的风

---

〔1〕 参见刘艳红:《公共空间运用大规模监控的法理逻辑及限度——基于个人信息有序共享之视角》,载《法学论坛》2020 年第 2 期。

〔2〕 *See* In re Trade-MarkCases, 100 U. S. at 94; Burrow-Giles, 11I U. S. at 58; Feist, 499 U. S. at 347; 韦之:《知识产权论》,知识产权出版社 2002 年版,第 49 ~52 页。

〔3〕 事实上,在知识产权领域,很多学者也指出,知识产权应当以促进公众的信息可获取为目标。See William W. Fisher Ⅲ, *Reconstructing the Fair Use Doctrine*, HARV. L. REV. 101, 1988, p. 1661; William W. Fisher Ⅲ, *The Implications for Law of User Innovation*, Minn. L. Rev. 94, 2010, p. 1417.

险,这应当是一般原则而非例外。[1]

就第二种场景中的删除来说,美国的立法与欧洲的立法采取了截然不同的路径。美国的立法大致否定了此类场景中的删除,美国“体面通讯法”(Communications Decency Act)第230条规定,当数据主体要求网站删除有可能对其进行诽谤的帖子时,网站并没有此类义务。[2] 相反,欧洲的法律实践则大致肯定了此类删除,《条例》第17条赋予了数据主体以控制此类信息的权利。即使是个人自己在公共空间发布的信息,数据主体也可以提出请求,要求网站删除他人转发的此类信息或链接。[3] 就此而言,欧洲的被遗忘权规定过于宽泛,它在实质上赋予了个人以删除公共信息和阻碍信息流通的权利。对于这种过于宽泛的权利,互联网的创始人之一文顿·瑟夫(Vint Cerf)曾经以抢夺书本做对比。瑟夫说,欧洲的被遗忘权赋予了个人以这样一种权利:当有人发现某本书中“包含了令其感到尴尬的内容”,他就可以闯进他人家里拿走此书,希望“所有的人都忘记这本已经出版的书”。[4]

当然,否定第二种场景下个人要求网站删除个人信息的权利,这不应当是绝对的。当他人转发的信息或搜索引擎的链接对个人造成重大困扰或潜在威胁,此时应允许个人向法院或其他机构提交申诉,请求法院或其他有权机构发布删除此类信息的命令。而如果法院或其他有权机构认定,有足够理由删除此类信息时,则网站应当履行此类义务。例如,如果个人所发布的信息中含有未成年人信息,发布此类信息会对未成年人造成不良影响,那么网站就有义务删除此类信息。[5] 可以说,赋予个体以此类权利,与我国立法与司法的精神高度一致。前文提到,相关立法与立法建议规定,在“违反法律、行政法规的规定”的前提下,网

〔1〕 这里并不是说国家应当对个人同意所造成的风险袖手旁观,而是说个人理应对自身可合理预期的风险承担更多的责任。

〔2〕 See Communications Decency Act (CDA), 47 U. S. C. § 230 (2012); Zeran v. Am. Online, 129 F. 3d 327, 333 (4th Cir. 1997).

〔3〕 《条例》第17(2)条。

〔4〕 Matt Warman, *Vint Cerf Attacks European Internet Policy*, TELEGRAPH (Mar. 29, 2012), http://www. telegraph. co. uk/technology/news/9173449/Vint-Cerf-attacks-Europeaninternet-policy. html (last visited Jan. 22, 2018).

〔5〕 虽然美国从整体上没有采用被遗忘权,但在涉及未成年的情形下,加利福尼亚州的橡皮擦法案还是在法律上认可了这一权利。See http://leginfo. legislature. ca. gov/faces/billNavClient. xhtml? bill_id = 201320140SB568 (last visited Jan. 22, 2018).

络运营者应当删除个人信息；相关司法裁判认为，在“利益正当性和保护必要性”的前提下，个人可以请求网络运营者删除个人信息。这些规定都表明，如果不正当使用和传播个人信息，对他人正当权益造成损害，那么个人有权对此进行救济，请求网络运营者删除个人信息。

第三种场景和第二种场景具有很大的相似性，二者都涉及信息自由流通与个人隐私的紧张关系。也因此，第三种场景中的基本原理和结论应当和第二种场景具有一定的相似性，只有含有个人信息的内容侵犯了法律法规所规定的权益时，此时才能批准个人要求删除其信息的请求。而要从法律整体上规范数字时代的记忆与遗忘问题，也同样应当通过算法规制等方法来确保信息的合理流通与合理遗忘。〔1〕

第三种场景和第二种场景的不同之处在于个人预期不同。在第二种场景中，由于信息为个人发布，因此个人对于自身信息进入公共领域其实有一定预期，对于此类个人信息流通所带来的风险，个人也应当更有预见性。在这种情形下，个人自身理应为其个人信息的流通以及与之伴随的风险承担更多责任，而对于个体提请的删除请求，无论是网络运营商还是有权的公共机构，都应当更为谨慎。而在第三种场景中，由于信息一开始就来自他人，个人对此类信息的流通以及与之伴随的风险更少预期，因此相比第二种场景，网络运营商或有权的公共机构应当更多地考虑个人的删除请求。〔2〕

五、结论：基于合理预期的被遗忘权

数字化时代的来临改变了社会的记忆机制，使信息的遗忘成为一个难题。正是在这种社会背景下，被遗忘权应运而生，欧洲通过西班牙谷歌案和《条例》等，确立个人可以在某些情形下删除个人信息的权利。通过分析，我们发现必须重新理解被遗忘权的理论基础，重新界定被遗

---

〔1〕 这里也涉及算法规制中的信息流通与算法规制问题，参见左亦鲁：《算法与言论——美国的理论与实践》，载《环球法律评论》2018 年第 5 期。

〔2〕 对比第三种场景与第二种场景，我们可以再次发现，不能完全以个人主义的视角来看待个人信息，如果纯粹以个人主义的视角来看待个人信息，那么结论应当是第二种场景应当比第三种场景更应回应删除个人信息的请求，因为第二种场景下的信息就源自个人，个人理当对此类信息拥有更多的控制权。

忘权的边界。具体来说，被遗忘权只能建立在规制信息合理流通的基础之上，而不能建立在个人对于信息的控制权或自主决定权基础之上。因为从本质上来说，个人信息一旦进入公共空间，就必然成为公共信息的一部分。而对于进入公共空间的个人信息，只有当此类个人信息违反社会的一般性预期，或者有碍特定场景中信息的合理流通时，才能赋予个人以被遗忘权。

我国相关的法律规定基本符合被遗忘权的基本原理。我国相关法律对于被遗忘权的规定以违反法律法规的规定或违反双方约定作为删除信息的前提，这说明我国法律上的被遗忘权基础是法律所规定的公共利益或具体场景中的双方预期，其目的是要确保信息的合理流通与各方的合理预期。换句话说，我国的法律并没有将被遗忘权建立在彻底的个体主义基础之上，相反，我国的立法结合了信息合理流通与各方合理预期来确定被遗忘权的边界。

第九章　数据携带权：原理、竞争秩序与中国应用

除了被遗忘权，欧盟《条例》还史无前例地引入了数据携带权，赋予数据主体以获取与传输个人数据的权利。数据携带权使公民能够在不同的网站与设备上自由地转移个人数据，公民对于个人数据的控制能力将达到前所未有的高度。因此，这一权利的支持者指出，数据携带权将促进用户福利，打破数据壁垒与数据垄断，促进数据共享与数据流通。但同时，数据携带权的反对者也指出了这一权利可能带来的种种问题，如这一权利可能带来技术性的难题，为企业附加过多的责任；此外，数据携带权也未必能够促进用户福利，未必有利于市场的良性竞争。

围绕数据携带权问题之所以产生如此多的争议，是因为理论研究未能澄清数据携带权的权利属性问题，未能充分认识该权利对市场竞争秩序的影响。[1] 那么，究竟该如何认识数据携带权这一新型权利的权利属性？其对市场竞争秩序的影响如何？本章拟对此进行深入剖析，阐明数据携带权的权利属性与对市场竞争的影响。在此基础上，本章对数据携带权的我国应用问题进行讨论，探讨如何在争议案件与具体场景中运用这一权利。

---

〔1〕 目前，关于数据携带权的研究很少，有限的文献，参见曹亚廷：《数据可携带权及其对征信业影响初探》，载《征信》2016 年第 9 期；李蕾：《数据可携带权：结构、归类与属性》，载《中国科技论坛》2018 年第 6 期。

一、数据携带权的起源、要素与争议

1. 数据携带权的起源

数据携带权的起源可以追溯到2007年。随着网络平台的支配力越来越大，对用户权益的影响越来越大，一些专家学者在2007年提出了"社交网络用户权利法案"的宣言，要求强化网络社会中的个人数据权利。[1]随着这一理念和运动，一些社会活动者创立了"数据可携带项目"（Data Portability Project），提出了数据携带权的概念。该项目认为，数据携带权意味着个人可以"获取个人的数据并将其移植到一个平台上，或者替换平台上之前的数据"，数据携带权将帮助网络用户努力实现"人们在互操作的应用程序中重新使用数据的能力"。[2]

在数据可携带项目提出后不久，一些社会组织、政府与企业也加入了倡导数据携带权的动议。2010年，隐私权组织"电子隐私基金会"（The Electronic Frontier Foundation）建议，数据携带权应该是"社交网络用户隐私权法案"的一个组成部分。[3]同年，美国白宫发起了"我的数据"倡议，强调便捷化数据访问，同时提高数据的可移植性。[4]2011年，谷歌和脸书加入了数据可携带性项目。[5]谷歌创建了"谷歌外带"（Google Takeout）工具，允许用户从27个谷歌产品中下载数据。[6]脸书不仅可以下载他们个人资料中共享的信息，还可以下载包括脸书所保存的其他不可见信息，如用户点击的广告、用于登录的IP地址等信息。[7]

---

〔1〕 See Joseph Smarr Marc Canter, Robert Scoble, Michael Arrington and others, *A Bill of Rights for Users of the Social Web*, http://www.template.org/? page_id = 599, 2018 - 09 - 09.

〔2〕 See Data Portability Project, http://dataportability.org, 2018 - 09 - 10.

〔3〕 See Kurt Opsahl, *A Bill of Privacy Rights for Social Network Users*, https://www.eff.org/deeplinks/2010/05/bill-privacy-rights-social-network-users, 2018 - 09 - 12.

〔4〕 See Kristen Honey, Phaedra Chrousos and Tom Black, My Data, *Empowering All Americans With Personal Data Access*, https://obamawhitehouse.archives.gov/blog/2016/03/15/my-data-empowering-all-americans-personal-data-access, 2018 - 09 - 12.

〔5〕 See Duncan Riley, *Facebook, Google and Plaxo Join the Data Portability Workgroup*, http://techcrunch.com/2008/01/08/this-day-will-be-remembered-facebook-google-and-plaxo-join-the-dataportability-workgroup, 2018 - 09 - 13.

〔6〕 See https://takeout.google.com/settings/takeout, 2018 - 09 - 14.

〔7〕 See https://www.facebook.com/help/405183566203254, 2018 - 09 - 14.

经过众多专家学者、社会组织与政府机构的倡议,欧盟委员会在起草《一般数据保护条例》(草案)时,正式将数据携带权列入了数据主体所享有的一系列数据权利中。根据欧盟委员会的意见,数据携带权可以提升用户对于个人数据的控制,促进网络空间中网络服务商与用户之间的信任。此后,数据携带权面临了种种怀疑与指控,并且一度在草案中取消,但在2016年通过的最终版本中,这一新生的数据权利还是被保留了下来,作为和数据访问权、更正权、被遗忘权、限制处理权等权利相并列的数据权利。[1]

2. 数据携带权的要素

对于数据携带权,《条例》的重述(recital)以及第29工作组对其进行了进一步的阐释。[2]根据重述特别是第29工作组发布的指南,数据携带权包含了如下基本要素。

第一,就权利属性而言,数据携带权首先意味着,数据主体有权下载关于个人数据的集合。就这一点而言,数据携带权可以说是数据访问权的进一步扩张,它不仅赋予了数据主体以访问个人数据的权利,[3]而且为数据主体管理与重新使用个人数据提供了更为方便的途径。数据携带权赋予了个体以一种"整理的、普遍使用的和机器可读的"方式来获取与下载个人数据。例如,如果数据主体有兴趣获取其在某个音乐网站所选择的音乐列表,或者听歌的历史记录,或者想获得关于网页电子邮件里的联系人列表,数据主体都有权要求网站提供此类下载链接。[4]

数据携带权还赋予数据主体以自由迁徙数据的权利。《条例》不仅规定了数据控制者不但不能人为设置传输障碍,妨碍数据主体传输个人数据,而且在技术允许的情形下,还必须为数据主体传输个人数据提供

---

〔1〕 参见丁晓东:《什么是数据权利?——从欧洲〈一般数据保护条例〉看数据隐私的保护》,载《华东政法大学学报》2018年第4期。

〔2〕 重述不具有法律效力,但为《条例》提供补充信息,帮助相关主体理解和适用条例;第29工作组(29 Working Party)是一个根据1995年的《欧盟数据保护指令》第29条而成立的咨询机构,由欧盟成员国数据保护机构、欧洲数据保护监督员和欧洲委员会组成的代表组成,意在为欧盟各国的数据保护提供专业指引。2018年5月25日以后,这个工作小组由欧洲数据保护委员会(European Data Protection Board)替代。

〔3〕 《条例》第15条。

〔4〕 See Guidelines on the right to data portability 2017, https://iapp. org/media/pdf/resource_center/WP29-2017-04-data-portability-guidance. pdf, 2018-09-18, p. 5.

便利。[1]如果技术可行,数据控制者有义务使得个体能够直接将个人数据从一个控制者传输到另一个控制者。[2]

第二,就数据携带权所涉及的数据范围而言,《条例》将范围限定在“数据主体提供与数据主体有关的个人数据”。[3]这一范围首先排除了匿名化的数据或与数据主体无关的数据。[4]但第29工作组的指南也指出,不应对此进行过于严格的解释。在不会对第三方的权利和自由产生不良影响的情况下,可被移植的数据也应当包括涉及多人的数据,如电话、人际互动或网络通信记录等可能会涉及他人的数据。对于这些数据,当个人请求行使数据携带权时,此类数据也应当被包括在数据携带权的范围之内。[5]

第三,就下载的格式而言,数据携带权要求下载的格式是“经过整理的、普遍使用的和机器可读的”。第29工作组的指南指出,对于什么是“普遍使用的”,这要视具体场景和技术共识而定,而在没有约定与共识的情况下,应当使用通用的开放格式的数据,使数据的重新利用成为可能。数据控制者不得以非通用格式为个人提供数据,因为这会使用户无法便捷地重新使用数据。[6]而对于“机器可读的”格式,欧盟的相关法律则将其定义为“使得软件应用程序能够轻易地识别、认知和提取特定数据的格式”,而那些限制自动处理的文件格式编码的文档将被排除在外,因为这些文档中很难提取相应数据。[7]

第29工作组的指南还指出,下载格式应当符合互操作性

---

〔1〕《条例》第20(1)条、第20(2)条。

〔2〕正如第29工作组的指南所言:“数据可携带性可促进组织之间由用户控制和有限地分享个人数据,从而丰富服务和客户体验。数据可携带性可促进与用户有关的个人数据在他们感兴趣的各种服务之间的传输和重用。” See Guidelines on the right to data portability 2017, https://iapp.org/media/pdf/resource_center/WP29-2017-04-data-portability-guidance.pdf, 2018-10-20, p.5.

〔3〕《条例》,第20(1)条。

〔4〕能够关联到个体的假名化的数据(pseudonymous data)将被视为个人数据。

〔5〕See Guidelines on the right to data portability 2017, https://iapp.org/media/pdf/resource_center/WP29-2017-04-data-portability-guidance.pdf, 2018-09-18, p.9.

〔6〕See Guidelines on the right to data portability 2017, https://iapp.org/media/pdf/resource_center/WP29-2017-04-data-portability-guidance.pdf, 2018-09-18, p.18.

〔7〕See Amending Directive 2003/98/EC on the re-use of public sector information, http://www.nationalarchives.gov.uk/documents/information-management/response-open-data-user-group.pdf, 2018-09-18.

(interoperable)的要求。这一要求“强烈鼓励行业利益相关者和行业协会之间的合作,共同制定一套通用的可互操作的标准和格式,以实现数据可移植性的要求”。[1]但另外,第 29 工作组的指南也指出,这种互操作性的要求并没有上升到兼容性(compatible)要求的程度。[2]互操作性与兼容性的区别在于,互操作性要求在用户不知道或不太清楚功能单元性能的情况下,仍然可以在不同功能单元之间进行交流、运行程序或传输数据,而兼容性则要求不同的系统可以实现兼容。[3]

3. 数据携带权的争议

自从数据携带权提出以来,围绕这一权利就存在很多争议。支持者与反对者分别提出了若干支持意见与反对意见。归纳起来,支持者的意见有如下几点:

第一,数据携带权可以强化用户或数据主体对于个人数据的控制。数据携带权的支持意见指出,信息隐私的关键在于对个人信息的控制。在这个意义上,通过赋予用户以获取和移植自身数据的权利,用户可以进一步强化对于自身数据的控制,从而获得更好的服务与用户体验。[4]

第二,支持意见认为,数据携带权可以消除数据的“锁定效应”(lock-in effect),促进网络与数字市场中的竞争。支持意见指出,网络服务商或其他服务商在为用户提供服务的同时,常常会设置各种壁垒和障碍,防止用户转移到其他网站或服务器上,而用户即使对网站或服务设备感到不满,也常常会因为数据难以转移等问题而放弃。[5]因此,通过赋予个人数据携带权,消除个人数据自由传输的不必要障碍,就可以促

---

[1] See Guidelines on the right to data portability 2017, https://iapp.org/media/pdf/resource_center/WP29-2017-04-data-portability-guidance.pdf, 2018-09-09, p.18.

[2] 如同《条例》重述所指出,“数据主体具有发送或接收有关他或她的个人数据的权利,但不应当造成控制器采用或维护技术兼容的处理系统的义务”。《条例》重述第 68 条。

[3] 例如,基于互操作性的要求,用户在苹果 Mac OS X 系统上所建立的文档应当能够传输到 Windows 系统上,但 Mac OS X 系统和 Windows 系统并不兼容。

[4] 如同工作者指南所说,数据携带权这项新权利的目的在于“赋予数据主体权力,并给予他/她对有关他或她的个人数据的更多控制权。” See Guidelines on the right to data portability 2017, https://iapp.org/media/pdf/resource_center/WP29-2017-04-data-portability-guidance.pdf, 2018-10-20, p.1.

[5] See Laise Bornico and Ian Walden, *Ensuring Competition in the Clouds: The Role of Competition Law?* ERA Forum 12, 2011, p.282.

进竞争,消除或至少部分消除“锁定效应”。[1]

此外,支持意见还提出了一些与以上两点理由相关的论点,如数据携带权可以促进用户与数据控制者之间的信任,同时提升用户福利与数据控制者的福利。这种意见认为,数据携带权一方面可以促进用户的使用体验,给用户带来很多便利;另一方面数据携带权也可以让商家或数据控制者更为方便有效地获取更多的用户数据,因为很多用户在行使数据携带权的同时,常常不会同时删除之前所保存的记录。这样,数据携带权就可能促进数据的共享,实现用户与数据控制者的双赢。[2]

与支持意见相对,反对者也提出了几点意见。第一,数据携带权并不能成为一种权利。有的学者指出,数据携带权在欧盟的实证法体系下不能成立。《欧盟基本权利宪章》规定了“每个人都有权获得个人数据保护”。但对于这一权利,《欧盟基本权利宪章》只规定了某些权利,如数据必须基于特定目的而被公平处理的权利,数据必须基于同意或法律所规定的其他正当理由而获取,以及每个人应当有数据的访问权或更正权,《欧盟基本权利宪章》并没有将数据携带权也视为一种基本的数据权利。[3]还有的学者指出,对于数据权利是否包括数据携带权,这至少还未达成共识。[4]在未形成共识的情形下,将数据携带权上升为一种基本权利,这并不明智。[5]

反对意见指出,数据携带权不仅不能成为数据隐私权的一种,甚至未必有利于用户的数据隐私保护。在反对意见看来,对个人数据的访问权已经存在不少安全隐患,实践中已经存在很多他人盗用或冒充某个用

〔1〕 See Urs Gasser and John Palfrey, *Breaking Down Digital Barriers: When and How ICT Interoperability Drives Innovation*, http://cyber.law.harvard.edu/interop/pdfs/interop-breaking-barriers.pdf, 2018-10-10.

〔2〕 See Elias Bizannes, *Why Every Site Should Have Data Portability Policy*, http://techcrunch.com/2010/06/23/data-portability-policy, 2018-10-15.

〔3〕 See Inge Graef, Martin Husovec and Nadezhda Purtova, *Data Portability and Data Control: Lessons for an Emerging Concept in EU Law*, https://ssrn.com/abstract=3071875, p.6, 2018-10-16.

〔4〕 See David Krebs, *Regulating the Cloud: A Comparative Analysis of the Current and Proposed Privacy Frameworks in Canada and the European Union*, Canadian Journal of Law and Technology 10, 2012, p.38.

〔5〕 See Peter Swire and Yianni Lagos, *Why the Right to Data Portability Likely Reduces Consumer Welfare*, Maryland Law Review 72, 2017, p.373.

户行使数据访问权,从而非法获取个人数据的情形。如果用户被赋予数据携带权,此种风险将成倍增加,因为基于数据携带权的要求,用户将能够一次性地批量下载和转移所有个人信息,一旦他人成功盗用或冒充某个用户,就可能瞬间获取和转移这位用户的所有信息。[1]此外,数据携带权所涉及的数据可能涉及他人数据,个人所希望下载的各种数据可能经常包含他人的数据,个人图片可能常常包含和其他人的合影,个人聊天记录可能包含他人隐私。[2]

第二,反对意见认为,数据携带权不一定能够促进市场竞争。对于锁定效应,反对意见指出,首先,数据携带权的确有助于消解锁定效应和促进数据流通,但其效果却并不一定总是促使用户将数据从大企业转移到中小企业,相反,其效果完全可能促使用户将数据从中小企业转移到大企业,从而阻碍中小企业发展。其次,数据携带权所鼓励的互操作性的难度非常大,成本也非常高,因为现实中实现不同系统与功能单元之间的互操作性非常困难;[3]这样,数据携带权就可能会给中小企业造成更大的合规压力。最后,反对意见还指出,数据携带权的行使可能侵犯企业的知识产权,因为企业所收集的个人数据可能已经符合企业商业秘密的保护标准,或者可以获得数据库的保护。[4]

二、数据携带权权利属性的重新思考

对于数据携带权,支持意见与反对意见的争议焦点首先是数据携带权的权利属性:数据携带权是否可以成为一种权利。支持意见认为数据携带权是公民数据权利的自然延伸,有利于在网络与信息时代对公民进

---

〔1〕 See Stefan Weiss, *Privacy Threat Model for Data Portability in Social Networks Applications*, International Journal of Information Management 29, 2009, p.250.

〔2〕 See Barbara Van der Auwermelen, *How to Attribute the Right to Data portability in Europe A Comparative Analysis of Legislations*, Computer Law & Security Review 1, 2017, p.60.

〔3〕 See Peter Swire and Yianni Lagos, *Why the Right to Data Portability Likely Reduces Consumer Welfare*, Maryland Law Review 72, 2017, pp.355-356.

〔4〕 有的公司直接将商业秘密作为不提供用户下载数据的理由,See Emil Protalinsk, *Facebook: Releasing Your Personal Data Reveals Our Trade Secrets*, http://www.zdnet.com/blog/facebook/facebook-releasing-your-personal-data-reveals-our-trade-secrets/4552, 2018-10-18。

行数据赋权；反对意见则认为这种权利并无共识，而且未必有利于保护公民的相关权益。

就权利理论的原理而言，支持意见的理由具有一定的道理。毋庸置疑，从《欧盟基本权利宪章》中只能推导出公民的若干数据权利，如公民的个人数据访问权，个人数据被平等对待的权利，并不能直接通过《欧洲基本权利宪章》而推出数据携带权。但《条例》中的大量数据权利本身就是对传统数据权利的拓展，"数据主体的权利"这一章规定了一系列重要权利：数据主体对个人数据的访问权、更正权、擦除权（"被遗忘权"）、限制处理权、数据携带权、一般反对权和反对仅仅基于自动化对个人进行决策的权利，这些数据权利很多都并非传统的数据权利所能囊括的。[1]

从权利理论的视角来说，权利的内涵与边界本身就是随着时代而发展变化的，现代社会在强调以赛亚·柏林所推崇的消极权利的同时，[2]早已经越来越多地拥抱积极性权利。[3]隐私权利与个人数据权利的历史演化更是说明了这一点。1890 年，沃伦与布兰代斯提出了隐私权的概念。[4]他们首先提出了作为防御性权利的隐私权。但其后，现代数据隐私法的权威阿兰·威斯丁又提出了积极性的信息权利或数据权利的概念，将数据权利界定为个人对于自身信息的积极性控制。[5]从强化用户控制的角度思考数据携带权，可以发现数据携带权正是数据个人控制权的逻辑终点，这种权利将使个人的数据权益从一种消极性的防御性权

---

〔1〕 参见程啸：《论大数据时代的个人数据权利》，载《中国社会科学》2018 年第 3 期；丁晓东：《论个人信息法律保护的思想渊源与基本原理——基于"公平信息实践"的分析》，载《现代法学》2019 年第 3 期。

〔2〕 See Isaiah Berlin, *Liberty*, *Henry Hardy ed.*, Oxford University Press, 2002, pp. 30 – 54.

〔3〕 此类文献非常多，具有代表性的论证，See Henry Shue, *Basic Rights: Subsistence, Affluence, and U. S. Foreign Policy*, Princeton University Press, 1980, pp. 1 – 20; Lawrence Croke, *Positive Liberty: An Essay in Normative Political Philosophy*, Kluwer Academic Publishers, 1980, pp. 1 – 5; Cass Sunstein, *After the Rights Revolution: Reconceiving the Regulatory State*, Harvard University Press, 1993; Stephen S. Holmes and Cass S. Sunstein, *The Costs of Rights*, W. W. Norton, 1999; Thomas Halper, *Positive Rights in a Republic of Talk*, A Survey and a Critique, Kluwer Academic Publishers, 2003, pp. 1 – 15。

〔4〕 Samuel D. Warren & Louis D. Brandeis, *The Right to Privacy*, Harvard Law Review 4, 1890, p. 193.

〔5〕 Alan Westin, Privacy and Freedom, *Atheneum*, 1967, p. 7.

利转向一种积极性的控制性权利。[1]

另外,反对意见所提的理由也不容忽视。在纸面上将数据携带权上升为一种基本权利,这并不困难,但可携带性是否可以成为个人数据的一种属性,却值得商榷。有不少学者试图从财产权或类似权利的角度来定性个人数据权,认为可携带性应当成为数据权利的重要特征,但是不同于一般财产,数据具有许多独特性,如个人数据并非独立存在的客体,其储存完全依赖其他载体;[2]而且个人数据常常和特定场景中的技术性载体密切结合,强行在法律上赋予个人数据可以携带的属性,特别是要求个人数据可以在不同的企业与操作系统上实现自由转移,在操作上其实并不容易实现。欧盟《条例》重述与第29工作组的指南中所设想的互操作性,在实践中其实非常难以实现。例如,有的专家曾经研究过替代微软现有文件的其他替代格式,[3]结果发现,这些试图实现互操作性的文件格式之间存在"非常严重的互操作性问题",其较轻的后果是格式化的问题,较重的后果是导致图片、脚注、注释、图表等内容的丢失。[4]

将数据携带权上升为一种基本权利,也的确会带来相应的风险以及侵害其他权利的可能。如同反对意见所说,当用户被他人冒充,用户的个人数据就有可能被全部挪用,尤其是当某些黑产利用较为先进的技术手段时,这甚至可能会导致海量的个人数据被盗。对于这种风险,其实从第29工作组的指南也可以部分看出,第29工作组的指南专门指出,

---

〔1〕 这种积极数据权利也为其他很多学者所分享,See Charles Fried, *Privacy*, Yale Law Journal 77, 1968, p. 482; Arthur R. Miller, *Assault on Privacy: Computers, Data Banks and Dossiers*, The University of Michigan Press, 1971, p. 25; W. A. Parent, *Recent Work on the Concept of Privacy*, American Philosophy Quarterly 20, 1983, p. 346; Jonathan Zittrain, *What the Publisher Can Teach the Patient: Intellectual Property and Privacy in an Era of Trusted Privication*, Stanford Law Review 52, 2000, p. 1203。

〔2〕 参见梅夏英:《数据的法律属性及其民法定位》,载《中国社会科学》2016年第9期。

〔3〕 例如,开放文件(OpenDocument)格式,这一格式被《促进结构化信息标准组织》(Organization for the Advancement of Structured Information Standards)认为是全球领先的文件标准,2005年被认定为国际标准。See OpenDocument Format, http://opendocumentformat.org/ 2018-12-08.

〔4〕 See Rajiv Shah and Jay P. Kesan, *Lost in Translation: Interoperability Issues for Open Standards*, https://law.depaul.edu/about/centers-and-institutes/center-for-intellectual-property-law-and-information-technology/programs/Documents/ipsc_2011/papers/KesanJ_Paper.pdf, 2018-12-08.

数据控制者必须完全确认用户的身份,当数据控制者对用户的身份存疑时,其可以对用户的身份提出进一步验证的请求。[1]这一点专门规定表明,第29工作组其实意识到了数据携带权可能给用户带来的数据泄露风险,只是第29工作组相信通过有关验证机制,可以确保用户身份的真实性。[2]

此外,数据携带权的权利边界还可能同时面临过窄或过宽的困境,从而使数据携带权失去意义或可能侵犯其他合法权益。

一方面,当把数据携带权界定为只是"数据主体提供的与数据主体有关的个人数据",[3]这将导致很多数据不能被纳入数据携带权的范围,如个人在云服务器上储存的和个人无关的视频文件,在电商平台上留下的用户评论。在很多情况下,其实个人更在意的是此类数据的自由下载与移植,如个人可能希望将此类视频文件从网易云传输到百度云,将对某个产品的差评从京东转移到淘宝。[4]第29工作组对于数据携带权的解释虽然认为不宜将个人数据作过窄解释,[5]但也无法涵盖此类显然不是个人数据的数据类型。

另一方面,数据携带权的行使又可能过宽,侵害其他企业或个人的合法权益。除了像反对意见所说,个人数据的移植可能侵犯企业的商业秘密或数据库权益,个人数据的转移还可能会侵犯他人的利益。例如,

---

〔1〕 See Guidelines on the right to data portability 2017, https://iapp.org/media/pdf/resource_center/WP29-2017-04-data-portability-guidance.pdf, pp. 13 - 14, 2018 - 09 - 18.

〔2〕 从风险的角度来看,第29工作组的这种自信存在一定的疑问,毕竟面对海量的用户,企业或网站不可能对用户的身份逐一的人工验证,而且即使人工验证,也很难保证用户身份的真实性。

〔3〕 就"数据主体提供"这一界定而言,第29工作组将其限定为两类数据,一类是数据主体主动提供的数据,如邮寄地址、用户名、年龄等;另一类则是由数据对象通过使用服务或设备提供的观测数据,如个人的搜索历史、交通数据和位置数据等。但第29工作组也指出,此类数据不应当包括"推断数据"和"派生数据",即通过后续分析而得到的数据。例如,关于用户健康状况评估结果的数据、银行征信管理系统中出于风控目的而创设的用户数据、网站为用户所创设的用户画像数据。See Guidelines on the right to data portability 2017, https://iapp.org/media/pdf/resource_center/WP29-2017-04-data-portability-guidance.pdf, 2018 - 10 - 22, pp. 9 - 11.

〔4〕 对于数据携带权与用户评论移植的讨论,See Vikas Kathuria and Jessica C. Lai, *User Review Portability: Why and How?* https://ssrn.com/abstract=3203344, 2018 - 10 - 28。

〔5〕 See Guidelines on the right to data portability 2017, https://iapp.org/media/pdf/resource_center/WP29-2017-04-data-portability-guidance.pdf, 2018 - 10 - 28, p. 9.

在社交网络的场景中，当个人把数据成批量地从一种社交场景转移到另一种社交场景，这就可能导致个人数据所涉及的第三人数据被不恰当地获取与使用。[1]我们知道，2018 年发生了举世瞩目的脸书数据泄露事件。在此案中，剑桥分析公司通过一款应用程序收集了 30 万用户的信息，并通过授权从而获得这 30 万人的朋友圈，从中获得了 5000 万人的信息。此案虽然涉及的是剑桥分析公司对于这 5000 万人信息在没有获得授权情况下的非法使用，没有涉及数据携带权，但这一案件所隐含的数据携带权的困境却非常明显。如果用户首先行使数据携带权，下载其“结构化的、普遍使用和机器可读”的信息，然后再将这些数据授权给剑桥公司使用，此时剑桥分析公司完全可以声称此类数据是合法获得的。但是，此种情况下很多用户的信息也可能面临被不正当收集与使用的威胁。

数据携带权上升为一种基本权利之所以存在问题，这和基本权利的一般原理与数据携带权的特殊性有关系。权利的赋予常常会影响其他相关主体的某些权利。借用卫斯理·霍费尔德的权利分析框架，当某种权利赋予主体一种特权或自由类型的权利时，这时对方就无权对此种权利进行对抗；当某种权利赋予主体一种权利主张（claim）类型的权利时，这时他者就有责任履行相关义务。[2]而在数据携带权问题上，这种权利所附加给数据控制者的义务比一般权利赋予相对方的责任更大，对其他权利造成的影响也更大。就其附加给数据控制者的义务来说，它不仅要求数据控制者提供数据获取与移植的便利，而且要求数据控制者提供高难度的技术支持。而就其他受其影响的权利来说，数据携带权不仅可能会影响数据安全，而且可能打破他人对数据隐私的合理期待。可以想见，当这种附加的义务超过了现实可能性，受到影响的其他权利过多时，此时数据携带权就难以上升为一种基本权利。

总之，作为一种权利，数据携带权面临着很大的争议和问题，这种新型权利可能有利于保护用户的数据权益，但也可能难以落地或带来新的风险。此外，这种新型的权利还可能因为场景不同而面临过宽或过窄的

---

〔1〕 See Stephan Weiss, *Privacy Threat Model for Data Portability in Social Network Applications*, International Journal of Information Management 29, 2009, pp. 249 - 254.

〔2〕 See Wesley Hohfeld, *Some Fundamental Legal Conceptions as Applied in Legal Reasoning*, Yale Law Journal 23, 1913, p. 16.

困境。如此种种,都表明数据携带权尚未具备成为一种成熟型权利的条件。数据携带权或许更接近于一种理想或目标,而且这种权利也需要在不同的场景中加以限定,以保证这种权利的行使不会侵犯其他合法利益。

三、数据携带权对竞争影响的双面性

关于数据携带权的另一争论关乎它对市场竞争的影响。[1]数据携带权的支持意见认为,数据携带权可以对抗锁定效应,促进市场竞争;而反对意见则认为数据携带权虽然可能对抗锁定效应,但消除锁定效应并不一定符合竞争法的原理,甚至可能促进不正当竞争。

支持意见在某些场景下可以成立,尤其可能会对当前的互联网竞争具有一定的促进作用。在互联网竞争中,先行者往往占据优势,[2]网络效应会导致赢者通吃,[3]领先一点即会导致大幅领先,[4]互联网的这种竞争性质导致了大型网络平台与超大型网络平台的出现。对于这些平台,用户往往对其具有很强的依赖性,即使有同类的平台或产品出现,用户也常常不会使用后发产品。其中重要的原因之一就在于,用户往往难以将个人数据转移到新的平台或产品上面。网络平台对于个人数据的这种锁定使后发互联网企业常常难以进行有效的竞争。在这一背景下,如果用户对于个人数据的获取与移植可以成为一种权利,那么锁定效应就有可能被打破,个人数据就可以实现更为有效的流动。

个人数据的自由流通与共享也可能为市场提供数据这一公共基础设施。对于这一点,无论是数据携带权的支持意见还是反对意见都没有提及。但毋庸置疑的是,数据具有很强的公共性价值与流通性价值,很

---

〔1〕 数据隐私的竞争法内涵,参见戴昕:《数据隐私问题的维度扩展与议题转换:法律经济学视角》,载《交大法学》2019 年第 1 期;韩伟:《数字经济中的隐私保护与支配地位滥用》,载《中国社会科学院研究生院学报》2020 年第 1 期。

〔2〕 See Mark A. Lemley and David McGowan, *Legal Implications of Network Economic Effects*, California Law Review 86, 1998, p. 495.

〔3〕 See Mark A. Lemley and David McGowan, *Legal Implications of Network Economic Effects*, California Law Review 86, 1998, p. 483.

〔4〕 See Mark A. Lemley and David McGowan, *Legal Implications of Network Economic Effects*, California Law Review 86, 1998, p. 505.

多学者都指出了数据流通的重要意义。[1]即使是对于个人数据权利最为强调的欧盟《条例》，也强调不能限制欧盟内部个人数据的自由流动。[2]对于市场的平等竞争与良性竞争而言，如果个人数据能够实现合理地流通与共享，那么数据的公共性价值将能得到最大体现，市场当中的主体都能平等地享受到数据这一公共基础设施所带来的价值。

但支持意见也只能在有限的场景下成立，反对意见所指出的很多理由都具有很强的说服力。

首先，正如反对意见所指出，数据携带权会给中小企业带来更高的合规压力，从而在一定程度上阻碍市场竞争与创新。如同上文所述，企业要满足用户对于数据携带权的期待并不容易，编写能够实现数据携带权的“导出－导入模块”，这是一个很高的技术要求。对于谷歌、脸书这些大企业而言，实现此类技术要求可能不算什么。但对于中小企业而言，此类合规要求可能会带来极大的压力。面对数据携带权等新型权利所带来的合规要求，欧洲的中小企业不得不花费不少的费用。从竞争的角度来看，数据携带权所施加的普遍性责任无疑对中小企业更为不利。

其次，就锁定效应而言，数据携带权虽然有助于用户更为便利地将数据从大企业迁徙到其他小企业或初创企业，但数据携带权也可能促进用户更为便利地将数据从小企业迁徙到大企业。例如，当某家小型超市为消费者提供用户卡并通过这种卡收集用户信息，当某家大型超市发现这家小型超市对自身形成挑战时，这家大型超市就可能希望吸引这家小型商店的用户，获取这些用户的各类消费信息。如果数据携带权成为一种强制性的要求，那么这家大型超市只要出台优惠政策，规定只要用户提供用户卡数据就可以获得折扣优惠，这家大型超市就可以很容易地获取这些用户的信息。[3]由此我们可以发现，数据携带权可能有助于打破

---

〔1〕参见周汉华：《探索激励相容的个人数据治理之道——中国个人信息保护法的立法方向》，载《法学研究》2018 年第 2 期；高富平：《个人信息保护：从个人控制到社会控制》，载《法学研究》2018 年第 3 期；梅夏英：《在分享和控制之间——数据保护的私法局限和公共秩序构建》，载《中外法学》2019 年第 4 期；丁晓东：《数据到底属于谁？——从网络爬虫看平台数据权属与数据保护》，载《华东政法大学学报》2019 年第 5 期。

〔2〕参见《条例》第 1(3)条。

〔3〕See Inge Graef, Martin Husovec and Nadezhda Purtova, *Data Portability and Data Control: Lessons for an Emerging Concept in EU Law*, https://ssrn.com/abstract=3071875, 2018-10-16, p.16.

数据垄断,但也完全有可能加剧数据垄断。

从竞争法的角度进行分析,可以发现数据携带权所造成的这种效应与竞争法的一般原理并不吻合。为了鼓励创新和竞争,竞争法一般不会要求市场中的创新者共享其财产,或者帮助竞争对手轻易获取另一方的财产。[1] 相反,竞争法一般更为强调对创新者的财产权保护,以此来补偿创新者所承受的风险,激励企业进行更多的风险投资。在数据携带权的问题上,数据携带权如果上升为一种基本权利,那么这种权利不但可能对企业的财产性权益造成威胁,而且也可能影响企业在合同法上的权利。

当然,企业是否拥有对数据的财产性权利,这是一个复杂的问题。有的研究者主张企业对于数据的财产性权利。[2]但也有理论指出,当企业数据涉及个人数据时,此时个人对于自身的数据权利优先于企业,因为个人数据权利是一种人格性权,不能被让渡于企业。[3]还有的理论则指出,当个人数据在平台上对公众开放时,此时数据就位于公共领域,数据不属于任何人。[4]我们这里不必深究企业数据权属问题的细节,需要指出的是,如果将数据携带权上升为一种具有优先性的基本权利,那么企业不但无法通过财产权框架而对其数据资产进行合理保护,甚至也无法通过合同法的方式约束用户或另一企业。在数据的财产性属性越来越强的今天,这样一种制度安排至少存在一定的问题。因为即使各国对于数据库的财产性保护或对集合性的数据资产权利存在质疑,[5]各国

〔1〕 正如汉德法官所说:“为了促进竞争,成功的竞争者不应当受到谴责”,See United States v. Aluminum Co. of Am., 148 F.2d 416, 430 (2nd Cir.,1945)。

〔2〕 参见龙卫球:《数据新型财产权构建及其体系研究》,载《政法论坛》2017 年第 4 期;龙卫球:《再论企业数据保护的财产权化路径》,载《东方法学》2018 年第 3 期。

〔3〕 参见姚佳:《企业数据的利用准则》,载《清华法学》2019 年第 3 期。

〔4〕 例如在 HiQ 诉领英案中,法院认为,一旦平台接入互联网,就意味着平台数据具有了公共属性,不为任何私人或企业所有。作为此案 HiQ 公司的顾问,哈佛大学的劳伦斯·却伯(Laurence Tribe)教授指出,数据与信息的访问权是一种言论自由的权利,受到美国宪法第一修正案的保护。根据这种观点,数据的本质其实是一种言论,而言论的本质就是流通与共享,具有公共属性。See HiQ Labs, Inc. v. LinkedIn Corp., No. 17-16783(2017).

〔5〕 简要来说,美国的数据库保护只涉及数据库中的原创性汇编的要素,对数据库中的事实部分或不具有原创性汇编的数据库,法律不加以保护。而与美国做法不同的是,欧洲除了对数据库的原创性汇编部分进行保护之外,也为数据库的特殊权利(sui generis rights)提供保护。根据这一特殊权利保护的规定,当“创造数据库需要足够的人力、技术和财政资源”时,数据库就受到法律保护。一旦数据库被创造出来,他人就不得使用或复制数据库的全部数据或大部分数据。

的法律一般也会承认双方约定合同的法律效力,通过合同法为企业数据提供保护。[1]

如果考虑到数据携带权可能对商业秘密的影响,那么数据携带权对于竞争的负面影响可能更大。很多企业所收集的个人数据是不公开数据,并非平台数据或公开数据。对于此类数据,当其满足一定的要件时,就可以受到商业秘密的保护。一般认为,商业秘密保护与不正当竞争是一种相辅相成的关系,对商业秘密的非法获取常常被认为是一种不正当竞争,对商业秘密的保护也常常通过反不正当竞争来实现。[2]如果一方企业可以通过用户数据携带权而轻易获取另一企业的商业秘密,那么这就等于在法律上承认,未经对方许可获取商业秘密,这并不属于不正当竞争。这种推论显然不符合人们对于商业秘密保护与不正当竞争的一般认知。

最后,用户黏性的降低与数据流通的加快,这本身对于竞争是好是坏,也难以进行简单判断。互联网的先行者效应、赢者通吃效应、倾覆效应固然会导致数据垄断,数据流通也因此会有利于打破用户黏性,增强市场竞争活力。但另外,在网络与信息科技领域,市场中的竞争往往更为激烈,熊彼特所谓的"创造性毁灭"往往会接踵而至,往往会是一个企业占据主导,接着另一个企业很快替代前者。[3]在这种背景下,网络与科技企业增加自身的用户黏性,也不一定会妨碍竞争,而削弱用户黏性也不一定就有利于市场的良性竞争。

总之,从竞争效应的角度分析,可以发现数据携带权是一把"双刃剑",如果运用得当,这种权利有可能在某些场景下促进市场良性竞争,但如果运用不当或不加考虑地将其作为一种基本权利对待,那么这种权利不仅无法促进竞争,而且还可能促进短期探底竞争与不正当竞争。

---

〔1〕 See Miriam Marcowitz-Bitton, *A New Outlook on the Economic Dimension of the Database Protection Debate*, social science electronic publishing 47, 2011, p. 158.

〔2〕 See Yuval Feldman, *The Behavioral Foundations of Trade Secrets: Tangibility, Authorship, and Legality*, Journal of Empirical Legal Studies 3, 2006, p. 197.

〔3〕 See Spencer Weber Waller, *Antitrust and Social Networking*, The North Carolina Law Review 90, 2012, p. 1800.

四、中国的数据携带权：企业与政府

对数据携带权的原理分析已经表明，数据携带权尚不具备成为一种基本权利的条件，在可能促进市场良性竞争的情形下，更可能会造成市场的恶性竞争。因此，中国未来的个人信息立法首先不应照搬欧盟《条例》中的数据携带权，不应将数据携带权上升为一种具有普遍效力的基本权利。

但是，如同上文的分析所指出的，数据携带权所服务的目的具有很强的正当性。如果在具体场景下应用恰当，数据携带权将为用户提供便利，促进数据的快捷流转与合理使用，此外，这一权利如果在具体的场景下运用恰当，还可能促进市场良性竞争，防止数据的锁定效应。因此，将数据携带权视为一种柔性权利或追求目标，在具体场景中赋予个体以数据携带权，这可以促进用户福利和市场与社会的公共利益。[1]这一部分中以中国语境下企业与公共部门的数据问题为例，分析在何种场景下应当赋予个体数据携带的权利。

1. 企业数据中的数据携带权

首先，在我国语境下，对于企业数据中所包含的个人数据，个人是否可以较为方便快捷地获取个人数据以及相关数据。对于这样一种强化版的"访问权"，应当将其赋予个体，要求企业在技术可行的情形下赋予个人下载个人数据与相关数据的权利。例如，各类电子公告板系统、博客、云盘和社交媒体应当提供下载选项，而且即使是非个人数据，但如果是个人所提供，也应当允许个人进行下载。当然，如同前文所言，这种下载必须在验证个人身份和保证数据安全的前提下进行，企业所提供的下载选项不应增加个人相关数据被泄露的风险。

其次，对于个人在不同企业之间转移或移植个人数据的权利，应当慎重分析，视具体情况而定。对此，我们可以以两个典型案例进行分析。

第一个案例是微博与今日头条之间关于用户生成内容是否可以在用户授权前提下被网络爬虫的争议。2017 年 8 月 10 日，微博发布公告

---

〔1〕 参见汪庆华：《汪庆华：用户对数据授权的优先级高于平台》，载搜狐网：https://www.sohu.com/a/311920282_255783，最后访问日期：2019 年 11 月 8 日。

称,“某第三方新闻平台在微博毫不知情、并未授权的情况下直接从微博抓取自媒体账号的内容”,[1]微博这里所称的第三方平台即今日头条的产品“微头条”,因为“微头条”通过获取用户的授权而绕开微博的授权,直接利用网络爬虫手段获取用户的微博内容。[2]在这一案例中,对于今日头条的行为是否合法,可以从多个不同角度进行思考,如今日头条是否违反了不正当竞争,是否侵犯了微博的知识产权。[3]但用户是否具有数据携带权,将对案件的性质起到重要的影响作用。

具体来说,如果赋予个人以数据携带权,那么今日头条的行为将很可能属于合法行为,因为即使没有微博的授权,今日头条也可以根据个人的数据携带权而转移数据。事实上,根据数据携带权的要求,微博本身应当配合今日头条而进行数据的转移,当今日头条与个人签订排他性的数据协议时,或者限制用户的数据携带权时,此类协议就可能涉嫌违法或无效。[4]相反,如果个人不具有数据携带权,仅仅以合同法或反不正当竞争法来看待用户、微博、今日头条三者的关系,那么今日头条的行为就存在违法的风险。

对于这一难题,本章的初步判断是,对于具有商业性质的知名认证用户,一般不宜赋予他们以数据携带权,因为这些用户具备了和微博等

---

〔1〕 参见《谁的用户:微博欲诉今日头条非法抓取内容》,载新浪网:http://finance.sina.com.cn/roll/2017-08-15/doc-ifyixcaw4855222.shtml,最后访问日期:2018年11月8日。

〔2〕 在进入头条号作者页面后,头条社区官方就会弹出一则邀请授权开通微博内容源的内测通知。通知显示,开通此功能后,头条号平台将提供技术能力,帮助用户将微博等平台发布的内容定期自动发表到今日头条旗下的社交媒体产品——微头条上。头条号作者只需点击授权同步页面就将直接进入绑定环节,如果之前这个账户绑定过微博,那么整个过程甚至不需要你再去登录微博账号寻找授权。闫浩:《微博暴怒封掉今日头条内容抓取接口,第一场遭遇战正式打响》,载36kr:https://36kr.com/p/5087518,最后访问日期:2018年11月10日。

〔3〕 参见李妙玲、岳庆荣:《我国用户生成内容的版权侵权问题治理模式研究》,载《新世纪图书馆》2015年第5期;刘珊、黄琴:《网络用户生成内容版权侵权自治模式的法治化探索》,载《中国出版》2018年第12期。

〔4〕 2017年,微博曾经发布了一则引起广泛争议的使用协议,被认为将用户发布内容的版权界定为归属微博。此后,微博对此进行了澄清,并且修改了用户使用协议。在修改后的微博使用协议中,微博仍然坚持获取用户生产内容必须获得微博的同意:“用户对自身拥有完全著作权等知识产权的内容可以合法使用,但是所有未经用户和微博平台共同同意,擅自直接抓取用户已经在微博平台上发布的内容的行为均属于不正当竞争。微博为维护自身权益,将采取各种手段避免遭受不正当竞争的影响。”参见《使用协议引争议,你发的微博到底属于谁?》,载凤凰网:http://tech.ifeng.com/a/20170918/44688326_0.shtml,最后访问日期:2018年11月15日。

企业进行平等协商的能力，他们甚至常常配备律师和顾问。在这样的背景下，知名认证用户和微博之间的协议应当被视为是有效的商业合同。[1]而且，对于微博和今日头条而言，知名认证用户所发的内容更具有直接的商业价值或财产属性，根据竞争法的一般原理，一般不应当允许市场竞争主体获取对方财产的权利。

而对于非知名认证用户的普通用户，应更多地考虑赋予他们以数据携带权，原因有三：其一，这些用户并不具备和微博等企业进行平等协商的能力。面对微博的排他性协议，用户个人很难有真实的选择权，用户和微博之间的关系更多的类似于数据主体与数据控制者之间的关系，需要对数据主体进行赋权和倾斜保护。其二，此类数据属于公开数据，因此即使赋予用户以数据携带权，也不会影响用户的隐私期待。其三，即使赋予用户以数据携带权，也不会导致微博用户的整体迁徙，对微博的数据权利产生整体性的影响。基于这三点理由，在技术允许的情形下赋予用户以数据携带权，这符合数据保护的基本原理，数据携带权不仅可以为用户带来更为便捷的体验，而且有利于微博与今日头条的良性竞争。数据携带权将促使微博和今日头条不断改善自身的产品设计，以产品设计来留住普通用户。[2]

第二个案例则是2019年年初爆发并引起社会极大关注的字节跳动所属的抖音、多闪与腾讯所属产品微信之间的数据争议。在这次争议中，腾讯公司指责抖音违反诚信原则超范围和违规使用源于微信等软件上的用户头像、昵称等数据，并擅自将腾讯提供给抖音的微信账号授权登录服务提供给多闪使用。[3]而字节跳动公司则反过来指责微信关闭对抖音与多闪的"开放平台"（OpenAPI）接口，并且指出"用户的头像、

---

〔1〕 例外情形是具有公益性的个人数据或用户生产内容，如知名认证用户发的公益广告或公益信息，对于此类信息应当允许数据携带权的充分行使，以促进此类信息的流通和共享。

〔2〕 相较而言，平台对于知名认证用户的争夺常常通过支付高额报酬的方式进行。

〔3〕 以上为第一点指控，腾讯还指出了其他三点指控，"2. 抖音违反开放平台用户协议、商业道德以及相关法律，将源于微信/QQ开放平台的微信/QQ头像、昵称等数据提供给多闪使用；3 更为严重的是，在用户仅注册了抖音、未注册多闪的情况下，多闪仍然非法从抖音获取了用户的微信/QQ头像和昵称；4 我们认为，用户个人信息的获取和使用必须遵循'合法、正当、必要'原则和三重授权原则。抖音和多闪的上述行为，严重侵犯了开放平台共享数据的安全，更直接侵犯了用户合法权益"。参见《多闪用户被禁用微信昵称与头像——腾讯：偷换概念的无稽之谈》，载搜狐网：http://www.sohu.com/a/302422680_561670，最后访问日期：2019年4月3日。

昵称的权益理应归属于用户。不是腾讯授权我们使用用户的头像、昵称，而是用户授权我们使用他们的头像昵称”。[1]对于这个案例，如何理解与运用数据携带权，无疑会对争议的走向产生重要影响。

从用户的数据权利出发，个人无疑拥有对头像、昵称的控制权，而且在不同平台之间转移头像与平台，这从技术上并不难实现，成本也接近于零。从这个角度出发，字节跳动公司的声明完全正确，用户头像与昵称并不属于某个公司。甚至可以说，用户头像与昵称不属于任何人，如果此类头像与昵称可以通过公共途径获取的话，那么用户头像与昵称就成为公共数据，任何人都可以获取。

但在此案中，较为复杂的是用户头像与昵称背后的数据。双方的争议虽然开始聚焦于用户头像与昵称，但深究之下，其实双方企业在乎的都是用户的关系链数据：哪个用户与哪个用户是朋友或可能是朋友。腾讯介意的是此类数据被字节跳动公司获取，而字节跳动公司想要获取的也正是此类数据。孤零零的用户头像与昵称，其实对双方企业都没有实质性意义。

从关系链数据出发，可以发现赋予用户头像、昵称以数据携带权，首先会面临前文所提到的隐私期待问题。当用户将自己的头像与昵称从微信移转到字节跳动旗下的抖音与多闪，此时字节跳动公司就可能利用自身的算法与相关技术来推算用户之间的关系，并且向用户推荐可能认识的好友。因此，这里有必要考虑隐私期待问题，即一个理性用户在此类场景下的合理隐私期待是否会面临严重威胁。就这一点来说，我们可以再次看到积极性的数据携带权与相对消极的隐私期待之间的紧张。

此外，在此案中赋予用户以数据携带权，也需要考虑商业秘密保护。对于社交平台企业而言，关系链数据是企业的核心资产，具有重要的商业价值，而且属于企业采取了技术与措施进行重点保护的数据，因此这类关系链数据完全符合商业秘密的条件。因此，赋予用户以数据携带权，不应当影响企业对商业秘密的保护，尤其不应影响企业在合作关系中通过合同法对商业秘密进行保护。[2]

---

〔1〕 参见《多闪发声明：不认同腾讯主张，昵称、头像相关权益应归属用户》，载搜狐网：http://m.sohu.com/a/302808039_118792，最后访问日期：2019 年 4 月 3 日。

〔2〕 对于社交网络中数据资本配置的深入研究，参见包晓丽、熊丙万：《通讯录数据中的社会关系资本——数据要素产权配置的研究范式》，载《中国法律评论》2020 年第 2 期。

综合上文的分析,特别是两个案例的辨析,我国的数据携带权应当按如下方式进行应用。首先,在技术可行与成本较低的情形中,企业应当满足个人下载其数据与实现移转数据的愿望。其次,数据携带权应当考虑隐私期待或企业的商业秘密等合法数据权益。在不涉及其他用户隐私期待与企业合法权益的前提下,企业与平台就应当努力落实数据携带权;但在影响用户隐私期待或企业合法权益保护的情形下,应当对这一权利的行使保持谨慎。

2. 公共数据中的数据携带权

对于公共部门所收集和储存的个人数据,我国对数据携带权的运用则应该更为积极。对于这一点,本章的判断与欧盟的《条例》其实刚好相反。关于个人对公共部门的数据携带权,《条例》进行了限定性的规定,“对于控制者为了公共利益,或者为了行使其被授权的官方权威而进行的必要处理,这种权利不适用”。[1]这一规定意味着,当对个人数据的处理是为了法律需要,或者为了公共利益的执行任务需要,个人将无法行使数据携带权。

对于这样一种限定,《条例》重述或第 29 工作组的指南没有给出过多的解释,而仅仅声称这是“其本身的性质”决定的。[2]或许欧盟认为,数据携带权所附加的责任过重,当数据收集者或控制者为了合规需要或为了行使公共职责,就不应对其再附加责任了。[3]

如果将数据携带权视为一种刚性的权利,本章同意《条例》对于数据携带权在公共部门领域的豁免。但如果如同本章所倡导的,将数据携带权视为一种柔性的权利或追求的目标,那么数据携带权将可以促进我国政府与事业单位打破部门藩篱与单位隔阂,消除数据孤岛,促进数据的共享与便民化服务。

对于数据孤岛给民众带来的困扰,可能很多人都有过感同身受的体验。无论是入学申请、入职申请还是办理证件,只要与公共部门打交道,都会感受到重复填写各种表单的烦扰。而具体的政府部门与事业单位也常常感到无奈,因为对于数据的收集与核验是其职责所在。造成这种

---

〔1〕《条例》第 20(3)条。

〔2〕《条例》重述第 68 条。

〔3〕 See Guidelines on the right to data portability 2017, https://iapp.org/media/pdf/resource_center/WP29-2017-04-data-portability-guidance.pdf, 2018-06-18, p.8.

困境的部分原因是，政府与事业单位之间的数据可携带性非常弱，亟须通过加强不同政府部门与事业单位之间的互操作性来加强政府的数据共享能力。

对于这种数据孤岛造成的困扰，目前我国政府推行的解决方案是通过自上而下的改革来推动。[1] 例如，浙江的“最多跑一次”改革，就是通过政府强力推动来实现浙江地区政府内部的各种数据共享，以此来提高政府的办事效率，改善百姓在与政府打交道过程中的体验。[2]

赋予公民以针对政府与事业单位的数据携带权，以自下而上的方式来推动政府改革，也是一条打破数据孤岛的重要途径。毕竟，很多时候普通百姓对于数据孤岛的感受最为深切，最有动力去提起申诉。如果能将普通个体的申诉请求与政府自上而下的改革决心结合起来，将能够更为有利地破除某些部门与事业单位的惰性，促进数据共享更为合理和有效的实现。如果能够成立跨部门的、层级较高的数据共享联合工作部门或小组，受理个体所提出的合理的数据携带权请求，那么此种联动机制将可能推动政府进行不断的改革，推动公共数据的共享与个体数据的便携性。在理想的情形下，公民在一个部门所填的申请表，应该可以根据个人的请求而无障碍地移植到另一个部门。如果此种目标能够实现，那么个人数据将变得像一卡通那样便于携带，真正造福于民众。

五、结论：合理预期下的数据携带权

作为一种新型权利，数据携带权在欧盟问世后，引起了全世界的关注。通过对数据携带权的分析，本章指出，数据携带权虽然非常值得追求，但也面临争议。一方面，数据携带权可能难以实现，因为其实现需要现实中不同企业与系统之间的互操作性。此外，这种新型的权利也可能面临侵害其他合法权益的困境，甚至可能给用户的数据隐私带来新的风险。另一方面，从竞争的视角来看，数据携带权也不一定有利于市场的

---

〔1〕 政府数据开放也表明了此类努力，参见何渊：《政府数据开放的整体法律框架》，载《行政法学研究》2017 年第 6 期。

〔2〕 参见《今年浙江要这么干！打破信息孤岛实现数据共享推进“最多跑一次”改革工作要点出炉》，载浙江政务服务网：http://huzcx.zjzwfw.gov.cn/art/2018/4/16/art_1220331_17373872.html，最后访问日期：2018 年 11 月 26 日。

良性竞争。数据携带权有助于消解网络平台与企业的锁定效应，但这种权利也可能给中小企业带来更多负担，可能促使个人数据从中小企业转移到大型企业。因此，数据携带权也完全可能加剧社会的恶性竞争。

基于这些分析，本章认为，数据携带权尚未具备成为一种成熟型权利的条件，不应当将其上升为类似数据访问权的数据权利，而应当将其视为一种"柔性权利"或目标。[1]对于这样一种目标，不应要求所有的数据控制者都承担无差别的责任。相反，应当根据不同的主体与不同的场景要求数据控制者满足个体获取与转移数据的请求；同时，应当预防数据携带权所可能带来的不正当竞争与恶性竞争，应当结合用户与企业的合法权益确定是否以及在何种程度上赋予个体以移转个人数据的权利。

从数据携带权的权利属性与竞争效应出发，可以从立法层面与案例层面分析数据携带权在我国的应用。

在我国语境下借鉴与运用数据携带权，首先，需要避免在未来的个人信息立法中照搬照抄欧洲的数据携带权。在某种程度上，数据携带权代表了欧盟强化个人数据控制权的立法思路。但上文的分析已经表明，强化个体数据控制权面临很多问题。积极性的数据控制权与携带权不仅可能与隐私期待存在紧张，也可能与其他主体的相关权益存在冲突。在这个意义上，我国未来的"个人信息保护法"或许应当更多地强调场景化保护与数据权利合理预期的进路，通过场景化界定与数据权利合理预期来指导"个人信息保护法"的制定，确立个人信息权利或个人数据权利的边界。

其次，数据携带权在我国的应用需要结合具体场景，赋予企业与公共部门不同类型与程度的数据携带权。针对企业，个人拥有个人数据访问权，但应当注意以风险防范的立场限定数据访问权的边界；同时，数据携带权应当考虑用户的隐私期待与企业的合法数据权益，避免引起市场不正当竞争。而针对公共部门，数据携带权虽然不能直接适用，但却可以充分利用这一权利来推动政府打破数据孤岛，实现数据共享。

---

〔1〕 类似的审慎立场，参见邢会强：《论数据可携权在我国的引入——以开放银行为视角》，载《政法论丛》2020年第2期。

第十章　用户画像、个性化推荐与个人信息权利

随着网络技术与信息技术的高速发展,用户画像与个性化推荐已经越来越普遍。在商业领域,越来越多的企业开始收集个人的浏览记录、购买记录、交易方式等信息,依据这些信息来分析用户行为,对网络用户进行用户画像和精准营销。如果说早期的互联网是“人找信息”,那么随着用户画像与个性化推荐的普遍化,如今的互联网开始越来越多地迈向“信息找人”的阶段。

网络经济中普遍存在的用户画像与个性化推荐促进了互联网经济的发展,在很多情形下,用户画像与个性化推荐使商家可以更为精准地投放广告,避免了无效广告;同时,用户画像与个性化推荐也使消费者可以获取更为有效的商品信息,可以更为快捷有效地获取自己希望购买产品的信息。例如,电商网站常常根据消费者的消费记录推荐相关产品,很多消费者常常能在这些推荐的产品中找到自己希望购买的商品。

网络经济的用户画像与个性化推荐也对用户相关权益的保护提出了挑战。很多专家指出,个人消费行为信息属于个人信息的范畴,在未经个体明确同意与授权的情形下,对于此类个人信息的收集与利用侵犯了用户的相关隐私权益。

在国外,对于用户画像与个性化推荐也存在争议。在美国,对于网络用户的消费行为信息是否属于个人信息,一直存在不同的观点。在有的企业看来,用户的消费习惯信息不属于个人信息,因为不能根据此类信息来识别特定的个体。而且,企业在收集了此类信息后,一般会将此类信息进行匿名化处理。但在其他人看来,此类信息属于个人信息,因为此类信息本身就是对个人的识别,而且结合其他信息,此类信息甚至可以经常定位到具体的个体。

欧洲对于用户画像的法律定位与规制更为明确。欧洲对于个人信息的界定范围较为宽泛，而且相关法律直接将用户画像纳入其法律规制的范围，如根据《条例》第4(4)条的规定，“为了评估自然人的某些条件而对个人数据进行的任何自动化处理，特别是为了评估自然人的工作表现、经济状况、健康、个人偏好、兴趣、可靠性、行为方式、位置或行踪而进行的处理”都属于用户画像，都受《条例》的管辖。[1]但如何解释《条例》中的相关条款，以及如何从原理层面分析这些条款，仍然有待进一步讨论。

本章对于反对用户画像和个性化推荐中的权利进行探讨。通过对技术的介绍与对相关理论问题的探讨，指出用户画像与个性化推荐中的用户匿名行为信息应当纳入个人信息保护法的规制范畴，应当赋予消费者充分的知情权和拒绝权。但另外，应当将此类信息视为一种特殊种类的个人信息，根据此类信息可能带来的风险要求企业承担相应的治理责任，避免施加过多的企业责任和赋予消费者过多类型的信息权利。过多的企业责任与过多的信息权利不但可能给企业造成不合理的负担，而且可能不利于个人信息保护，也不利于企业为用户提供更好的服务。

本章在第一部分介绍当前信息技术条件下网站如何收集与追踪个人信息。在第二部分，本章分析了全球主要经济体，即中国、美国与欧洲，如何从法律上看待用户画像与个性化推荐。第三部分介绍了对用户画像与个性化推荐进行规制的支持意见与反对意见，并对支持意见与反对意见进行了思辨。第四部分借鉴两位信息隐私法权威学者的理论，从原理层面反思了个人信息概念，指出应当将匿名化用户信息作为单独的一类信息加以规制。第五部分在前面几部分分析的基础上，对信息收集、数据融合与用户画像、信息利用与个性化推荐的法律规制框架进行反思。第六部分对本章进行了总结。

一、行为信息收集：技术与法律问题

在展开对用户画像与个性化推荐的法律分析之前，有必要首先对网

---

〔1〕 参见《一般数据保护条例》，丁晓东译，载中国宪治网：http://www.calaw.cn/article/default.asp?id=12864，最后访问日期：2018年9月23日。

站如何收集个人信息与个人信息的技术进行简单介绍。在企业对个人信息的收集中,通过网站来收集个人信息是极为重要的一种途径。了解网站收集个人信息的途径,这将为思考用户画像、个性化推荐与个人信息保护问题打好基础,保证相关理论探讨更具有现实关切。

1. 网站收集个人信息的技术

就网站获取用户信息的方式来说,其首选是要求用户进行注册,通过用户的注册、登录来创建用户数据库,标记所有的用户。通过此种方式,网站可以很好地对用户的个人信息进行管理,如网站常常会生成一个含有唯一标示符的信息,并通过这个信息将用户的所有行为关联起来。例如,用户浏览的网站、点击的行为、购买的商品等,网站可以对这些信息进行收集与追踪,并对个体进行用户画像与精准营销。

但一般来说,以用户名的方式来收集用户的信息比较适用于需要登录才能实现完整服务的网站或软件(如一些社交和购物软件)。对于很多没有形成完整闭环的网站或软件(如搜索引擎类网站和新闻类网站),用户常常不会主动注册和登陆,也因此网站就很难使用用户登录的方式对个体进行信息的收集与追踪。此外,即使一些形成闭环的网站,用户也可能仅仅行使浏览功能,此时网站也无法经由用户登录而收集信息。

但网络用户常常会有这样的体验,即使我们没有注册或登陆某个网站,网站也常常可以对我们实现个性化推荐或营销。当我们在某个电商网站上搜索和浏览了某些产品后,在“你可能感兴趣”的一栏中就会出现和我们之前搜索与浏览记录相关的产品。此类个性化推荐和营销之所以成为可能,是因为网站具备了很多技术手段,可以实现对非注册用户的追踪与管理。综合而言,比较常用的技术包括了如下几种:

(1)HTTP Cookie。

网站跟踪和收集用户信息的最常用方式是 HTTP Cookie 或 Cookie 技术。Cookie 技术之所以被广泛应用,最主要的原因是因为 Cookie 技术可以帮助服务器知道用户上一次的操作是什么,从而帮助交互式 Web 应用程序的功能实现。例如,当用户在某个页面上将购买的商品放入了购物车,然后点击结算页面跳入下一个网页,此时如果没有 Cookie 技术,服务器就不知道用户放入购物车的物品是什么。但在 Cookie 技术的帮助下,这种难题就解决了。在用户开启 Cookie 的情况下,网站可以在用户计算机上设置一个跟踪的 Cookie,以某个特定的标记来识别某台计算机(如 1234abcd),这样,当用户进入到结算页面,网站也可以知道用户此前放入购物车的商品是什么。[1]

由于 Cookie 技术可以在用户计算机上设置文件,维持用户与网站的对话,网站也因此获得了收集与追踪用户行为信息的机会。只要用户开启 Cookie,并且没有删除浏览器中保持的 Cookie ID,网站就可以持续性地访问 Cookie 并获取保存在 Cookie 中的信息。当然,一旦用户关闭 Cookie,网站就无法通过 Cookie 技术来为用户提供服务/收集 Cookie 信息;当用户删除浏览器中的 Cookie ID 时,网站也无法访问之前 Cookie 中所保存的信息。

当然,这里必须注意的是,对于 Cookie 的利用常常并不来自同一个网站。[2] 从用户的角度来说,用户往往会误以为网站都是单一构成的,某个网站都是由同一家网络公司所提供的。但事实上,网站常常由不同的网络公司提供。例如,一家新闻类的网站,其天气预报的内容可能是由某天气预报网站提供的,其广告可能是由某家网络广告商提供的。在收集与追踪用户的信息时,不仅是用户访问的网站,而且包括天气预报网站与网络广告商都可能访问用户电脑中的 Cookie 文件,收集 Cookie 中的信息,并对用户进行画像。[3]

(2)Flash Cookie。

HTTP Cookie 或普通 Cookie 技术可以实现网站对登录 ID、使用偏好、习惯的收集,但一旦用户行使网页浏览器中的“删除历史记录”时,网站就无法持续地追踪用户。此外,对于网络用户没有访问过的网站,此类网站也不可能通过 HTTP Cookie 技术收集用户信息。要在以上情形中仍然实现对用户信息的收集与追踪,需要借用 Flash Cookie 技术。

---

〔1〕 具体实现方式 Cookie 是由服务器端生成(webserver 或者 cgi),反馈给用户的浏览器,用户浏览器会将 Cookie 的 key/value 保存到某个目录下的文本文件内,下次请求同一网站时就发送该 Cookie 给服务器(前提是浏览器设置为启用 Cookie)。

〔2〕 参见 Güneş Acar (et. al.), Facebook Tracking Through Social Plug-ins, https://securehomes.esat.kuleuven.be/-gacar/fb_tracking/fb_plugins.pdf,最后访问日期:2018 年 9 月 25 日。

〔3〕 参见 Interactive Advertising Bureau, *A Guide to Online Behavioral Advertising*, https://www.iabuk.net/sites/default/files/publication-download/OnlineBehaviouralAdvertisingHandbook_5455.pdf,最后访问日期:2018 年 9 月 25 日。

所谓“Flash Cookie”,技术上又可以称为“本地共享对象”(local shared objects),是由 Adobe Flash 开发人员使用用户的计算机上存储数据的文件。[1] 开发者可以使用 Flash Cookie 存储用户的各种偏好信息。相比起普通 Cookie 技术,Flash Cookie 技术的存储空间更大,[2] 储存时间更长,[3] 储存位置对于普通人更难发现。[4]

Flash Cookie 的这些技术特征使其在追踪与收集用户信息方面更具有优势。在普通 HTTP Cookie 技术中,用户可以通过删除他们的 Cookie 来避免网站跟踪其信息,一旦用户删除其 Cookie,服务器就将假定下一次的访问用户为新用户,如会将用户标示从 1234abcd 更换为 4321dcba。但在使用 Flash Cookie 的情形下,即使用户删除了其历史浏览记录,或者即使用户改用了不同的浏览器来访问网站,被访问的网站将仍然可以追踪和收集个人信息。

(3) Ever Cookie。

Ever Cookie 技术是另一种追踪与收集用户信息的技术。正如其名字所表明的,这种技术可以更多地对 Cookie 进行储存,而且相比起普通 HTTP Cookie 与 Flash Cookie,这种技术将使得网络用户更难删除其 Cookie,可以使网站更准确地辨识用户,对用户进行更为持续、稳定与准确的画像。

从技术手段来看,Ever Cookie 的手段主要在于尽可能地在用户电脑里进行备份,利用不同的储存机制来不断自我复制 Cookie,以及在副

---

[1] See Ashkan Soltani (et. al.), *Flash Cookies and Privacy*, http://ssrn.com/abstract=1446862,最后访问日期:2018 年 9 月 28 日。

[2] Cookie 仅允许存储 4KB,而 Flash Cookie 则允许存储 100KB。此外,Flash Cookie 还可以自行调整存储空间大小。

[3] Cookie 有消亡期,它会在一段时间后自动消失;而 Flash Cookie 如果没有主动删除,则会永久保持在用户电脑上。

[4] 用户并不需要 Cookie 的位置即可删除 Cookie,可以有很多方式和软件对其进行一次性删除,所有浏览器本身都内置了这一功能。而 Flash Cookie 则是存储在 C:\Documents and Settings\用户名\Application Data\Macromedia\Flash Player 文件夹下。其中#sharedobjects 文件夹用于存储 Flash Cookie,macromedia.com 存储 Flash Cookie 的全局设置。对此一般用户很难知晓。

本丢失或到期后确保 Cookie 可以重新复活。[1] 这样,即使用户删除了其历史浏览记录,甚至删除了储存在电脑某个文件夹中的 Cookie 文件,网站也仍然可以在其他文件里发现 Cookie 的备份。通过 Ever Cookie 技术,可以让网站所标示的个人 Cookie ID 具有更高的稳定性和可识别性,排除算法本身随机性的影响。

基于 Ever Cookie 的此种特征,Ever Cookie 也被有的专家称为"僵尸 Cookie"(Zombie Cookie)。[2] 因为一旦使用 Ever Cookie 技术来追踪和收集用户的信息,用户就很难通过对 Cookie 的删除来防止自己的信息被收集。

(4)Fingerprinting。

最后一类收集与追踪用户信息的方法是通过交叉比对关键信息验证来识别计算机。就像在现实社会中人们可以通过指纹来识别特殊的个体一样,服务器在传输过程中可以利用传输的关键信息来识别某台计算机。[3] 例如,某个网站可以识别用户使用的浏览器类型,用户使用的字体,以及网站在计算机上安装的插件。这些信息可能都不是唯一的,但是结合起来,它们可能可以识别唯一的个体。[4]

与以上几种 Cookie 技术不同的是,Fingerprinting 技术不直接在用户的电脑上储存文件。也因此,用户往往更难发现基于 Fingerprinting 技术的信息收集与追踪,也更能采取措施来避免此类信息收集与追踪。为了避免 Fingerprinting 技术对相关信息的收集与追踪,人们必须禁用网站的关键功能,如 JavaScript 和 Adobe 的 Flash。

---

〔1〕 具体来说,Ever Cookie 在创建 Cookie 时会使用如下存储机制:标准 HTTP Cookie;Local Shared Objects(Flash Cookie);Silverlight Isolated Storage;以自动生成、强制缓存的 PNG 像素图片的 RGB 值形式保存 Cookie,使用 HTML5 Canvas 标签读取像素图片(Cookie);在浏览器历史记录中存储 Cookie;在 HTTP ETag 中存储 Cookie;在浏览器缓存中存储 Cookie;window. name 缓存;Internet Explorer user Data;HTML5 Session Storage;HTML5 Local Storage;HTML5 Global Storage;HTML5 Database Storage(SQLite)。

〔2〕 See Christian Olsen, *Supercookies: What You Need to Know About the Web's Latest Tracking Devic* (*Mashable*), http://mashable.com/2011/09/02/supercookies-internet-privacy,最后访问日期:2018 年 9 月 28 日。

〔3〕 See Gunes Acar (et. al.). FPDetective: Dusting the Web for Fingerprinters, 2013 *ACM Conference on Computer and Communications Security*, Berlin, Germany, November 2013.

〔4〕 See Peter Eckersley, *How Unique Is Your Web Browser?*, Lecture Notes Ccomputer SCI. 6205, 2010.

2. 法律争议

在介绍了网站收集用户匿名信息的技术后,一个首要的问题是,网站对于个人信息的各种收集与追踪技术合法吗?需要受到法律的规制吗?无疑,一般认为 HTTP Cookie 技术是合法的,是实现用户与网站对话的必要技术,但诸如 Flash Cookie、Ever Cookie 与 Fingerprinting 这类收集用户匿名信息的技术呢?是否应当对其进行禁用?或者在允许其使用的情形下,是否应当对其进行一定程度的法律规制?

除了收集阶段,此类信息的汇聚也存在法律争议。当网站通过各种技术手段收集到此类信息后,它们就会在数据管理平台对此类信息进行同源化处理和分析,通过海量的数据实现信息的汇合,最终形成关联到具体用户或识别码的用户画像。[1]对于此类数据融合,法律是否应当完全予以允许,还是应当对其施加一定的规制?

另外,信息利用阶段也具有法律争议。当网站利用消费者匿名信息和用户画像进行个性化推荐,此类个性化推荐是否应当受到法律的某种规制?在这一过程中,需要注意的是,互联网企业所进行的个性化推荐可能是用户访问平台的推荐,也可能是第三方平台进行的推荐。当用户登录某个网站或手机 App,这个网站或 App 上可能就有一个广告位,可能很多互联网商家都会参与这个广告位的竞拍,利用这个广告位和网站的用户画像来进行个性化推荐。因此,当用户在淘宝或京东上浏览过某类商品,然后再登录抖音或知乎时,淘宝或京东就有可能购得这个广告位,对用户进行个性化推荐。[2]

要回答和解释这些问题,需要对其中最为核心的问题进行思考:用户的匿名行为信息是否属于个人信息?法律对于用户画像与个性化推荐应当采取何种立场?法律如何从个人信息保护的角度对待此类问题,将在很大程度上决定上述问题的答案。同样,如果法律对于用户画像与个性化推荐已经明确立场,那么上述法律争议也会有更为明确的答案。

---

〔1〕 专业数据管理平台的出现,意味着各个网络服务提供者所收集的信息可以实现数据融合。

〔2〕 此类跨平台的个性化推送往往伴随着对个人设备信息(如硬件型号、操作系统版本、设备配置、唯一设备标识符、国际移动设备身份码 IMEI、网络设备硬件地址 MAC、广告标识符 IDFA 等)的收集,对个人设备信息的收集使互联网商家能够在用户跨平台的情形中仍然能够追踪客户。

二、中美欧比较法下的用户画像研究

从比较法的视野出发，可以发现网站利用消费者行为信息进行用户画像与个性化推荐，全球不同国家和地区采取不同的规制方式。对于匿名化的消费者行为信息是否属于个人信息，不同规制机构、专家与学者也给出了不同的观点。

1. 中国

我国目前对于网络用户画像和个性化推荐并没有直接的法律规定。对于网站使用 Cookie 等技术收集用户的行为信息，并且利用此类信息为个体进行个性化推荐，我国的法律并没有明确禁止。2018 年通过的《电子商务法》第 18 条规定："电子商务经营者根据消费者的兴趣爱好、消费习惯等特征向其提供商品或者服务的搜索结果的，应当同时向该消费者提供不针对其个人特征的选项，尊重和平等保护消费者合法权益……"但这一规定并未直接规定网站收集与处理个人消费行为信息是否合法，而且对于这一规定应当如何进行解读，也还存在很大的争议。

事实上，从以往的司法判决来看，网站收集与利用消费者的行为信息大体上受到了法院判决的支持。2013 年，在朱某诉百度公司隐私权纠纷案中，朱某起诉百度公司，认为其在百度公司搜索"减肥""丰胸"等关键词后，会在浏览相应的网页时出现诸如"减肥""丰胸""人工流产"等广告，因此百度公司对于其消费行为信息的收集和利用侵犯了其隐私权。对于这个案件，一审法院支持了朱某的主张。[1] 但二审法院认为，百度公司收集的是不能识别用户个人身份的信息，此类数据不符合"个人信息"的可识别性要求。而且，相关网页只是对特定的用户进行推送，并没有公开用户的消费行为及其偏好，因此并没有打扰用户的安宁或对用户产生实质性损害。[2]

从个人信息的界定来看，我国的现行法律也并未完全明确消费者的行为数据是否属于个人信息。2016 年通过的《网络安全法》第 76 条第 5 项规定："个人信息，是指以电子或者其他方式记录的能够单独或者与

〔1〕 江苏省南京市鼓楼区人民法院(2013)鼓民初字第 3031 号民事判决书。

〔2〕 江苏省南京市中级人民法院(2014)宁民终字第 5028 号民事判决书。

其他信息结合识别自然人个人身份的各种信息,包括但不限于自然人的姓名、出生日期、身份证件号码、个人生物识别信息、住址、电话号码等。”从这一条的规定来看,似乎可以将用户的消费行为信息界定为个人信息,因为结合其他信息,此类信息很可能可以识别个体。但该法第42条第1款又规定:“网络运营者不得泄露、篡改、毁损其收集的个人信息;未经被收集者同意,不得向他人提供个人信息。但是,经过处理无法识别特定个人且不能复原的除外。”对于匿名化的消费者行为信息,这条规定又似乎希望将与其他可直接识别的个人信息进行区别对待。

在技术标准层面,一些技术标准似乎采取了较为宽泛的个人信息定义,将消费者的行为信息也纳入个人信息的范畴。例如,《信息安全技术　个人信息安全规范》规定,个人信息是指“以电子或者其他方式记录的能够单独或者与其他信息结合识别特定自然人身份或者反映特定自然人活动情况的各种信息,如姓名、出生日期、身份证件号码、个人生物识别信息、住址、通信联系方式、通信记录和内容、账号密码、财产信息、征信信息、行踪轨迹、住宿信息、健康生理信息、交易信息等”。根据这一定义,除了能够通过具体信息“识别”个人,“关联”也可以成为个人信息的范畴。“由特定自然人在其活动中产生的信息(如个人位置信息、个人通话记录、个人浏览记录)”也应当被视为个人信息。〔1〕

2. 美国

长期以来,美国没有个人信息保护的统一立法,也没有联邦层面对网站利用消费者行为进行用户画像与个性化推荐的法律规制。但自从20世纪90年代以来,美国的监管机构美国联邦贸易委员会(Federal Trade Commission,FTC)开始逐渐关注信息隐私的问题。1998年,联邦贸易委员会发布了一份报告,对商业网站披露用户隐私的做法进行了全面审查,并制定了FTC版本的“公平信息实践原则”(Fair Information Practices Principles)。〔2〕根据这一原则,在收集个人信息时,“网站需要向消费者提供关于其信息实践的清晰和明显的通知,包括他们收集什么信息、他们如何收集信息(直接或通过非显而易见的方式,如Cookie)、

---

〔1〕 GB/T 35273－2017《信息安全技术　个人信息安全规范》,附录A。

〔2〕 公平信息实践原则早在20世纪六七十年代就已经提出,而且奠定了现代信息隐私法的基本框架。参见丁晓东:《论个人信息法律保护的思想渊源与基本原理》,载《现代法学》2019年第3期。

他们如何使用它、他们如何向消费者提供选择、可访问性与安全性,他们是否向其他实体披露收集的信息,以及其他实体是否正在通过网站收集信息”。[1]

在公平信息实践原则的指引下,联邦贸易委员会采取了基于透明性的监管原则,即当网站违反隐私政策而收集个人信息,或者网站对个人信息收集不透明的情形下,联邦贸易委员会可以要求网站遵守信息收集透明的要求。例如 2009 年,联邦贸易委员会调查了零售商 Sears 公司。联邦贸易委员会认为,尽管零售商 Sears 公司已经向用户提供了一个隐私政策协议,但 Sears 公司没有充分披露其对付费客户的跟踪程度,没有告知其网站程序可能会跟踪和记录客户的浏览记录和习惯,因此已经构成了对消费者的欺骗。[2]联邦贸易委员会要求,Sears 公司在其隐私政策协议中清晰地描述网站软件“将监视、记录或传输的数据类型”。[3] 2010 年,联邦贸易委员会又对 EchoMetrix 公司进行了调查。在 EchoMetrix 公司所设计的一款“家长控制”软件中,EchoMetrix 公司对儿童电脑活动的数据进行了偷偷地跟踪,并将此类数据传输给了营销人员。[4]联邦贸易委员会认为,此类对于儿童信息的追踪与披露是不透明的,没有获取消费者的同意。[5]

在 2010 年 12 月的一份报告中,联邦贸易委员会又提出了新的消费者数据隐私监管框架,主张设立一个统一和全面的“不跟踪”(do not track)机制。[6]根据该机制,当网站追踪和收集消费者的行为信息时,应当为消费者提供“统一和全面的消费者选择机制”,赋予消费者以拒绝用户画像与个性化推荐的权利。具体来说,应当在“消费者的浏览器上

---

[1] See FTC, *Privacy Online: A Report to Congress* 7 (1998), http://www.ftc.gov/sites/default/files/documents/public_events/exploring-privacy-roundtable-series/priv-23a_0.pdf,最后访问日期:2018 年 10 月 8 日。

[2] See Sears Holdings Mgmt. Corp., F.T.C. Docket No. C-4264 (Aug. 31, 2009).

[3] Decision and Order at IA, Sears Holdings Mgmt. Corp., F.T.C. Docket No. C-4264 (Aug. 31, 2009).

[4] See FTC v. EchoMetrix, Inc., No. CV10-5516 (E.D.N.Y. Nov. 30, 2010).

[5] See FTC v. EchoMetrix, Inc., No. CV10-5516 (E.D.N.Y. Nov. 30, 2010), pp. 16-18.

[6] See FTC, *Protecting Consumer Privacy in an Era of Rapid Change: A Proposed Framework for Businesses and Policymakers* (Dec. 1, 2010), http://www.ftc.gov/os/2010/12/101201privacyreport.pdf,最后访问日期:2018 年 10 月 8 日。

放置持久性的 Cookie 设置，并将该设置传送至消费者所访问的网站，以明确地确定消费者是否希望被跟踪或收到个性化的广告”。[1]联邦贸易委员会认为，“不跟踪”机制将优于现有的基于浏览器的 Cookie 设置，因为它“更清晰、更容易找到和更有效”，而且它直接将选择退出的机制设置在被访问的网站上。[2]

但需要注意的是，联邦贸易委员会的监管建议并未上升为立法。联邦贸易委员会曾经在 2011 年左右在国会听证，建议采取更严格的措施以规制未经授权的用户画像与个性化推荐，包括主张采取“不跟踪”机制。[3]但国会并未采纳贸易委员会的主张。此外，国会提出的一些法案虽然都主张对用户画像和个性化推荐进行监管，但最终也都未能成为法律。例如，“2011 年禁止在线跟踪我法案”（Do Not Track Me Online Act of 2011）要求在线广告商和网站允许用户拒绝跟踪他们的在线活动，[4]“2011 年克里/麦凯恩商业隐私法案”（Kerry/McCain Commercial Privacy Bill of Rights Act of 2011）也专门对用户画像或在线定向广告行为做出了规定。[5]由于种种原因，这两个提案都未能成为正式法律。

在支持对网络用户画像与个性化推荐进行规制之外，也有反对的声音。有的观点认为，消费者的行为数据并不属于个人信息，因为此类数据并不包括消费者的姓名、身份证件号码或类似的可识别信息。因此，对于此类信息的收集并不需要遵守信息隐私法或数据隐私法的基本法律框架。此外，还有的观点认为，只要网站在其隐私政策里告知了消费者存在对消费者行为数据的追踪与收集，那么此类行为就是合法与合理

---

〔1〕 FTC, *Protecting Consumer Privacy in an Era of Rapid Change*: *A Proposed Framework for Businesses and Policymakers*, p. 66.

〔2〕 FTC, *Protecting Consumer Privacy in an Era of Rapid Change*: *A Proposed Framework for Businesses and Policymakers*, p. 67.

〔3〕 See Shelton and Clinton J. McCord, *How to Respond to Recent Developments in Consumer Information Regulation*, http://www. wildman. com/bulletin/3232011/，最后访问日期：2018 年 11 月 8 日。

〔4〕 See Rep. Jackie Speier（D-CA）, Do Not Track Me Online Act of 2011，最后访问日期：2018 年 11 月 8 日。

〔5〕 See Sen. John Kerry（D-MA）, Cosponsor Sen. John McCain（R-AZ）, Commercial Privacy Bill of Rights Act of 2011, http://kerry. senate. gov/work/issues/issue/? id = 74638d00 - 002c - 4f5e - 9709 - 1cb51c6759e6&CFID = 86949172&CFTOKEN = 10485539，最后访问日期：2018 年 11 月 8 日。

的。在某些广告业的从业者看来，网络追踪行为与用户画像行为“并不侵犯任何人的隐私，因为出售的数据并不按姓名识别人，而且追踪行为已经在隐私政策中进行了告知”。[1]

3. 欧盟

欧盟对于网络用户画像与个性化的规制要明确很多。自2009年起，《电子隐私指令》（E-Privacy Directive）就对Cookie的使用做出了详细的规定。该指令规定，凡是在用户的电脑上储存信息，或者访问用户电脑上的信息，无论此类数据是否属于个人数据，都必须获得用户的同意。[2]例外的情形只有为了传输数据所必要，或者为了用户提出服务所必要。而且，专门负责对欧洲数据隐私提出建议的29号工作小组指出，用户的同意必须是明确同意，[3]不能是默认同意。[4]2017年，欧盟又提出以《电子隐私条例》（E-Privacy Regulation）替代《电子隐私指令》，[5]但对于使用Cookie等技术获取信息，《电子隐私条例》延续了之前的规制立场，只是在某些方面做出了调整。[6]

此外，《条例》也规定了用户画像与个性化推荐的限制。《条例》第21(1)条规定，当处理数据主体的数据时，“包括根据这些条款而进行的用户画像，数据主体应当有权随时反对”。[7]第21(2)条和第21(3)条进一步规定：“当因为直接营销目的而处理个人数据，数据主体有权随

---

〔1〕 Julia Angwin and Tom McGinty, *Sites Feed Personal Details to New Tracking Industry*, http://online.wsj.com/article/SB10001424052748703977004575393173432219064.html，最后访问日期：2018年11月9日。

〔2〕 Privacy and Electronic Communications Directive 2009/136/EC, article 5(3).

〔3〕 See Article 29 Working Party, Opinion 15/2011 on the Definition of Consent (WP 187), pp. 32－35, https://www.pdpjournals.com/docs/88081.pdf，最后访问日期：2018年11月11日。

〔4〕 对此也存在争议。See Eleni Kosta, *Peeking into the Cookie Jar: The European Approach towards the Regulation of Cookies*, International Journal of Law and Information Technology 21, 2013, p. 17.

〔5〕 See *Regulation on Privacy and Electronic Communications*, https://ec.europa.eu/digital-single-market/en/news/proposal-regulation-privacy-and-electronic-communications，最后访问日期：2018年12月8日。

〔6〕《电子隐私条例》对于Cookies的规定要更简洁，而且要求Cookies获取用户同意的方式应当更便捷。See Regulation on Privacy and Electronic Communications, article 10.

〔7〕 例外情形是：“除非控制者证明，相比数据主体的利益、权利和自由，具有压倒性的正当理由需要进行处理，或者处理是为了提起、行使或辩护法律性主张。”参见《条例》第21(1)条。

时反对为了此类营销而处理相关个人数据,包括反对和此类直接营销相关的用户画像”;“当数据主体反对为了直接营销目的而处理,将不能为了此类目的而处理个人数据”。[1]根据《条例》第21条的规定,也可以比较明确地确定网站收集与处理个人的行为信息属于法律调整的范围,网站的此类活动必须明确获得用户的同意,而且应当保证用户随时反对和拒绝网站对其进行画像与个性化推荐。

就个人信息的界定来看,欧盟1995年制定的《数据保护指令》(以下简称《指令》)指出,个人数据指的是“任何已识别或可识别的自然人(‘数据主体’)相关的信息,一个可识别的自然人是一个能够被直接或间接识别的个体,特别是通过诸如身份编号或个体的身体性、生理性、精神性、经济性、文化性或社会性身份而可以直接识别或间接识别”。[2]对于这一定义,欧盟法院(The Court of Justice of the European Union)曾经依据《指令》明确做出解释,指出没有姓名的信息也可以构成个人数据。[3]而第29号工作小组在其对个人数据的解释中,也明确采取了对个人信息进行扩张性解释的立场,将可能识别个人的消费行为数据也纳入了个人数据的范畴。[4]

《条例》替代了《指令》。但就个人数据的范围而言,其范围反而比之前的《指令》更广了。《条例》除了延续《指令》的定义,还把“姓名、身份编号、地址数据、网上标识”等数据明确列为个人数据的范畴。[5]而且,《条例》条文的详述明确指出,只要采取“所有可能合理使用的手段来直接或间接挑出”个体,此类个体就属于可识别的个体。即使某些数据被匿名化处理,但“只要通过额外的信息可以追踪到个体,此类数据

---

〔1〕《条例》第21(4)条进一步规定了用户的知情权:“至晚在和数据主体所进行的第一次沟通中,第21(1)条和第21(2)条所规定的权利应当让数据主体明确知晓,且应当与其他信息区分开来,清晰地告知数据主体。”参见《条例》第21(4)条。

〔2〕The Data Protection Directive 95/46, 2(a).

〔3〕See Case C-101/01, Lindqvist, EU:C:2003:596, par 27, Case C-92/09 and C-93/09, Volker und Markus Schecke and Eifert, EU:C:2010:662; Case C-468/10 and C 469/10, ASNEF, EU:C:2011:777, para. 27.

〔4〕第29号工作小组曾经以四项关键词来界定某项信息是否属于个人信息:第一,任何信息;第二,相关;第三,已识别或可识别;第四,自然人。See Article 29 Working Party, Opinion 4/2007 on the Concept of Personal Data' (WP 136), https://www.clinicalstudydatarequest.com/Documents/Privacy-European-guidance.pdf,最后访问日期:2018年12月9日。

〔5〕《条例》第4(1)条。

就可以被视为一个可识别自然人的信息”。[1]由此可见，在欧洲，基本的共识是匿名化的用户消费者数据应当属于个人信息。[2]

三、匿名化行为信息性质的法律争议

对于法律是否应当规制用户画像与个性化推荐，是否应当将用户的匿名行为信息纳入个人信息的范畴，支持者和反对者各自提出了若干理由。[3]

1. 支持理由

支持者的理由归纳起来有如下几点：

第一，用户行为信息本身就是识别个体的方式，通过行为来筛选个体，这本身就是一种“识别”。根据这种观点，当网站对个体进行用户画像，向个体推送广告，其活动本身就是一种筛选或识别个体的活动。传统对于识别的定义往往将识别等同于联系到个体的姓名或地址，但事实上，姓名本身只是识别的方式之一。在网络社会，姓名甚至不是最有效的识别方式，相比起姓名，通过 Cookie 等技术收集的用户行为信息更容易“识别”个体，更能对个体产生影响。[4]

第二，很多研究和实例表明，在大数据时代，人们常常可以轻易地通过用户匿名化的行为信息识别个体的姓名。例如，《纽约时报》曾经通过美国在线（American on Line，AOL）网站所公布的匿名搜索记录很快

---

〔1〕《条例》重述（recital）第 23 条。

〔2〕See Ronald Leenes, *Do they know me? Deconstructing Identifiability*, University of Ottawa Law and Technology Journa 4(1 –2)1 (2008), p. 135; Paul De Hert and Serge Gutwirth, *Regulating Profiling in a Democratic Constitutional State*, in Mireille Hildebrandt and Serge Gutwirth (eds.), Profiling the European Citizen, (Dordrecht: Springer, 2008), pp. 272 –293.

〔3〕本部分对于支持者与反对者的理由综述受到了有关文献的启发。See Frederik J. Zuiderveen Borgesius, *Singling Out People Without Knowing Their Names-Behavioural Targeting, Pseudonymous Data, and the New Data Protection Regulation*, Computer Law & Security Review 32, 2016.

〔4〕See Brian Lesser, *How to Use Data to Deliver the Right Ad to the Right Person at the Right Time*, http://adage.com/article/digitalnext/data-deliver-ad-person-time/235734/，最后访问日期：2018 年 12 月 19 日。

识别了具体的个体。[1]正如乔治城大学法学院的保罗·欧姆(Paul Ohm)教授在其著名的《未兑现的承诺》一文中所指出,匿名化是一种神话,随着大数据时代的到来,传统匿名化的手段已经基本失败,技术专家可以轻易地实现匿名化个人信息的再识别(Re-identify)或者去匿名化(De-anonymize)。[2]欧姆教授除了引用美国在线的案例,还引用了其他案例来说明匿名化的信息如何被重新识别,[3]以及在原理上为何匿名化不可能完全实现。[4]

第三,支持者认为,个人信息保护的要义不一定是侵犯传统意义上的隐私,个人数据保护法的另一重要功能还在于规制风险,[5]而网站大规模收集与汇集消费者行为信息所隐含的许多风险与信息是否匿名无关。很多研究者指出,即使消费者的行为信息属于没有姓名的匿名信息,但此类信息一旦泄露,还是可能给公民个体带来很多风险。[6]例如,某些非法网站可能会利用此类信息来对个体进行诈骗,或者利用此类信息来销售违法产品。

第四,支持者还指出,未经用户同意与法律规制的用户画像与个性化推荐还可能导致"寒蝉效应"。[7]很多研究指出,当用户发现自己的信息有可能在不知情的情况下被收集,那么用户就可能放弃搜索与查询相

---

〔1〕 See Michael Barbarom and Tom Zeller, *A Face Is Exposed for AOL Searcher No. 4417749*, http://www.nytimes.com/2006/08/09/technology/09aol.html,最后访问日期:2018年12月19日。

〔2〕 See Paul Ohm, *Broken Promises of Privacy*, UCLA L. Rev. 57, 2010, p.1701.

〔3〕 另两个案件分别是马塞诸塞州的"团体保险委员会(GIC)"案和"Netflix 奖励撞库再识别"案。See Paul Ohm, *Broken Promises of Privacy*, UCLA L. Rev. 57, 2010, pp.1719－1722.

〔4〕 See Paul Ohm, *Broken Promises of Privacy*, UCLA L. Rev. 57, 2010, pp.1723－1727.

〔5〕 从风险角度解读个人信息保护,参见丁晓东:《什么是数据权利?——从欧洲〈一般数据保护条例〉看数据隐私的保护》,载《华东政法大学学报》2018年第4期。

〔6〕 See Solon Barocas and Helen Nissenbaum, *Big Data's End Run around Anonymity and Consent*, in Julia Lane (et. al.) (eds.), Privacy, Big Data, and the Public Good: Frameworks for Engagement, London: Cambridge University Press, 2014, pp.44－75.

〔7〕 See Aleecia McDonald and Lorrie F. Cranor, *Beliefs and Behaviors: Internet Users' Understanding of Behavioral Advertising*, https://www.researchgate.net/publication/228237033_Beliefs_and_Behaviors_Internet_Users'_Understanding_of_Behavioral_Advertising,最后访问日期:2018年12月19日。

关信息。用户可能会感到自己对自身信息如何被收集与利用丧失了控制与预期，对网络产生不信任情绪。因此，支持者认为，即使网站的某些行为不像传统隐私侵权那样侵犯了用户的安宁或独处，但这些行为也应当受到法律的约束。[1]

2. 反对理由

反对者的理由归纳起来有以下几点：

第一，如果个人信息保护法或相关法律将匿名化的行为信息也视为个人信息加以规制，那么企业和其他数据控制者将丧失匿名化的动力。既然匿名化的数据也将受到同等的法律约束，那么数据控制者可能会从减小成本的角度考虑放弃匿名化的努力。[2]

第二，有的反对者认为，将匿名化的行为信息纳入个人信息范围，对用户画像与个性化推荐进行法律规制，此种做法将妨碍社会的创新与网络经济的发展。这种观点认为，网站对用户行为信息的收集将可以为消费者提供更好的服务，也可以使网站与广告公司进行更为有效的营销，减少商家与消费者之间的信息不对称。[3]因此，用户画像与个性化推荐本质上是一种基于算法的正常商业活动。[4]

第三，有的反对者认为，如果将消费者的行为信息也纳入个人信息范围，这会导致个人信息的范围会变得非常宽泛，可能任何信息都有可能变为个人信息。[5]而一旦个人信息的范围界定得如此宽泛，就可能会导致对真正需要保护的个人信息保护不足。毕竟，无论是企业还是公共机构，其保护个人信息的能力都是有限的，而且这些机构也都有对个人

---

〔1〕 See Ryan Calo, *The Boundaries of Privacy Harm*, Indiana Law Journal 86, 2011, p. 1131.

〔2〕 See Leslie Stevens, *The Proposed Data Protection Regulation and Its Potential Impact on Social Sciences Research in the UK*, European Data Protection Law Review 97, 2015.

〔3〕 See Nick Stringer, *IAB UK: Could Pseudonymous Data be the Compromise Where the Privacy Battle is Settled?* http://www.exchangewire.com/blog/2013/03/14/iab-uk-could-pseudonymous-data-be-the-compromise-where-the-privacy-battle-is-settled，最后访问日期：2018 年 12 月 29 日。

〔4〕 See Michal S. Gal & Niva Elkin-Koren, *Algorithmic Consumers*, Harv. J. of Law & Technology 30, 2017.

〔5〕 联邦贸易委员会也承认，可识别的个人信息与不可识别的个人信息的界限变得越来越模糊。See FTC, *Protecting Consumer Privacy in an Era of Rapid Change: A Proposed Framework for Businesses and Policymakers*, Social Science Electronic Publishing, pp. 18 – 19.

信息进行利用的需求。不加区分地将各类信息都视为个人信息,可能会导致企业或公共机构对真正需要保护的个人信息保护不足。

3. 支持与反对理由的再思考

考察支持者与反对者的理由,可以发现支持者的有些观点有相当说服力。支持者正确地指出,消费者的匿名化行为信息既可以挑出或筛选出不具有姓名的个体,也可以帮助某些主体识别出个人的姓名等可识别性信息。无论是从风险控制、满足消费者预期、消除"寒蝉效应"还是保护消费者的角度,都有必要采取一定的法律措施,对网站收集与利用用户的匿名化行为数据和对消费者进行用户画像的行为进行法律规制。

但有些反对意见也有很强的说服力。第二点反对意见正确地指出,对用户匿名行为信息的合理利用将有效地促进商业活动。毕竟,所有的商业活动都依赖于信息的自由流通与有效利用。从消费者的角度来看,个性化推荐可以帮助消费者更快地获取自己想要的产品,节省信息搜寻成本。从商家的角度来看,个性化推荐可以帮助企业更有效地利用企业资源,避免企业资源的浪费。对于中小企业而言,这尤其重要。在互联网经济中,个性化推荐可以帮助小企业的产品有效地为消费者所知晓。如果没有个性化推荐,那么互联网平台的流量就可能长期为少数大型企业所占据,消费者所能接触到的广告或推荐就可能永远是一些大企业的产品。从这个角度来看,互联网经济对于用户匿名行为的合理使用其实可以真正地惠及商家和顾客。互联网企业对于用户匿名行为信息的不合理使用当然会引起消费者的不信任,最终损害互联网经济,但法律对于这种不信任的规制应当是促进信任,而非因噎废食地禁止用户画像与个性化推荐。

此外,对第三点的异议也值得重视。[1]将用户的匿名行为信息都纳入个人信息的范畴,这固然有利于进一步保护用户权益,但这种扩张性解释却可能导致所有信息都变为个人信息的困境。而一旦个人信息的概念界定过宽,则不仅不利于某些信息的合理收集与使用,而且也可能导致个人信息保护相关资源分配不均的情形,导致真正需要保护的某些

---

〔1〕 对第三点理由的反对意见,See Frederik J. Zuiderveen Borgesius, *Singling Out People Without Knowing Their Names-Behavioural Targeting*, *Pseudonymous Data*, *and the New Data Protection Regulation*, Computer Law & Security Review 32, 2016, pp. 38 -39。

个人信息得不到充分的保护。在当前个人信息保护面临严峻挑战的背景下，这一点尤其突出。无论是在我国还是在欧美，个人信息保护都面临着执法力量不足、新技术新挑战层出不穷的问题，在这种背景下，如果将用户画像的法律规制等同于个人信息保护，将用户匿名行为信息视为一般的个人信息保护问题，就有可能导致监管的重心出现偏差。

四、个人信息2.0：个人信息概念反思

用户画像与匿名化的用户行为信息之所以成为争议点，这与个人信息的概念有关。全球的信息隐私法或数据隐私法的框架都以个人信息为核心，当某类信息属于个人信息时，对其的收集与处理就受法律的保护；相反，当某类信息不属于个人信息时，对其的收集与处理就不受法律保护。[1]但现实表明，个人信息与非个人信息的界限并非如想象的那样清晰，同时，这个二元划分的框架存在一定的问题。

就个人信息与非个人信息的界分来说，个人信息的范围常常会随着时代与科技的变化而变化。在信息隐私法发展之初的20世纪六七十年代，个人信息的范围曾经相对确定。在那个时期，政府或企业主要收集的是个人的档案类信息，即个人的姓名、肖像、地址等能够直接识别个人的信息。对于公民个人的行为信息，如个人在商场中的购物习惯、消费偏好，政府或企业并没有大规模收集，也并未将它们纳入个人信息的范畴。但随着时代的变迁、网络与信息技术的发展，对于公民行为信息的收集变得越来越多，越来越普遍，和公民个体相关的公开信息也越来越多。而悖论的是，信息越多，成为个人信息的信息种类也越多。因为信息越多，就越可能通过信息的分析与交叉比对而识别具体个人。有的学者甚至认为，随着整个社会的信息以指数级别的速度增长，未来可能所有或大部分信息都会变成个人信息，很多之前被认为与个人无关的信

---

〔1〕 一个非常典型的例子是欧盟对于个人信息与非个人信息的立法。对于个人信息，欧盟形成了以《条例》为代表的法律规制，但对于非个人信息，欧盟则形成了以《非个人数据自由流动框架条例》为代表的法律规制。前者以严格保护为基本原则，后者则以自由流动为基本原则。参见姚佳：《〈非个人数据自由流动条例〉能振兴欧洲数字经济吗？》，载搜狐网：http://www.sohu.com/a/329568872_257489，最后访问日期：2019年1月2日。

息,都可能和其他信息建立相关性,指向一个特定的个体。[1]

在这种背景下,以个人信息/非个人信息的二元划分来设计相关法律与制度,就可能存在问题。就像上文的反对意见与支持意见所指出的,一旦此类个人信息被列入个人信息,就可能导致企业匿名化信息动力不足、不能合理利用个人信息、法律保护资源分配不合理等问题,而一旦此类信息不被列入个人信息,又可能导致个人信息保护力度不够、用户知情权丧失、"寒蝉效应"等问题。

在本章看来,较为合理的解决方案是隐私法权威学者保罗·施瓦茨(Paul Schwartz)与丹尼尔·索洛夫(Daniel Solove)所提出的"个人信息2.0"的概念。在《个人信息问题:隐私与新的可识别个人信息概念》一文中,[2]两位学者首先指出了个人信息与非个人信息边界的模糊化,指出个人信息的范围常常会随着科技的变化而变化,因为场景变化而变化,因而以个人信息为基础保护公民的相关隐私权益,常常会面临上文所提到的种种问题。[3]但二位学者同时指出,如果彻底放弃个人信息的概念,完全通过成本-收益与风险预防的进路来保护个人信息,又可能造成整个信息隐私法框架的重构,无论是监管机构还是个人信息的收集者与处理者,可能都会面临无所适从的困境。[4]二位学者提出,替代方案是设计一个"个人可识别信息2.0"的分类,并根据这种新的分类适用不同的规则。

具体来说,二位学者认为可以将可识别个人信息分为三类:已识别个人的信息(identified information)、可识别个人的信息(identifiable information)、不可识别个人的信息(non-identifiable information)。已识别个人的信息是指已经确定能从人群中识别出某个人的信息;可识别个人的信息是指可能根据这些信息或结合其他信息而识别某个人的信息;

---

[1] See Nadezhda and Purtova, *The Law of Everything. Broad Concept of Personal Data and Future of EU Data Protection Law*, Law, Innovation and Technology 10, 2018, pp. 1-42.

[2] See Paul Schwartz and Dan Solove, *The PII Problem: Privacy and a New Concept of Personally Identifiable Information*, New York University Law Review 86, 2011, p. 1814.

[3] See Paul Schwartz and Dan Solove, *The PII Problem: Privacy and a New Concept of Personally Identifiable Information*, New York University Law Review 86, 2011, pp. 1836-1848.

[4] See Paul Schwartz and Dan Solove, *The PII Problem: Privacy and a New Concept of Personally Identifiable Information*, New York University Law Review 86, 2011, pp. 1865-1870.

不可识别的信息则是不可能识别到某个人的信息。[1]二位学者认为，对于已识别个人的信息，应当要求信息的收集者与处理者严格遵守相关信息隐私法所规定的一系列责任，不允许有例外；而对于可识别个人信息，则应当根据可识别个人信息可能带来的风险，对信息收集者与处理者施加不同程度的责任。[2]

以信息隐私法的基石“公平信息实践”（Fair Information Practices）为例，二位学者认为，如果相关信息属于已识别个人信息，那么个体应当有一系列完整的信息权利，信息收集者与处理者应当承担一系列责任：第一，个人信息使用限制；第二，个人信息收集限制；第三，个人信息披露限制；第四，个人信息质量原则；第五，个人的被通知权、访问权和更正权；第六，透明性；第七，个人信息安全保护。[3]但如果相关信息属于可识别的个人信息，那么信息收集者与处理者应当承担公平信息实践中的部分责任，如第四点的保障个人信息质量安全的责任、第六点的透明性责任和第七点的个人信息安全保护责任。而对于有的责任，如第五点中用户的被通知权、访问权与更正权，则不应当作为信息收集者与处理者的责任。

对于责任要求，二位学者给出的理由是，个人可识别信息，首先，可能给个人带来风险，因此，对个人可识别信息的收集与使用不能放任自流，必须要求信息的收集者与处理者承担个人信息质量保证与个人信息安全保护的责任。个人可识别信息的收集者与处理者应当评估被收集信息的潜在风险，建立起一套“跟踪—审查”的模型，对信息收集、储存、处理与流转建立全流程跟踪与保障的机制。[4]其次，二位学者指出，透明性的责任有利于加强消费者、信息收集者与处理者的个人信息保护意

---

〔1〕 See Paul Schwartz and Dan Solove, *The PII Problem: Privacy and a New Concept of Personally Identifiable Information*, New York University Law Review 86, 2011, p. 1877.

〔2〕 See Paul Schwartz and Dan Solove, *The PII Problem: Privacy and a New Concept of Personally Identifiable Information*, New York University Law Review 86, 2011, p. 1880.

〔3〕 See Daniel J. Solove & Paul M. Schwartz, *Information Privacy Law*, 3d ed., (Wolters Kluwer, 2009), p. 907.

〔4〕 See Paul Schwartz and Dan Solove, *The PII Problem: Privacy and a New Concept of Personally Identifiable Information*, New York University Law Review 86, 2011, p. 1883.

识，同时赋予消费者以一定的选择权。[1]

对于豁免的责任，二位学者给出的理由是，赋予个体以被通知权、访问权、更正权等权利首先会造成用户隐私泄露的风险。为了保障个体的此类权利，信息的收集者与处理者必须在个人与相关信息之间建立直接联系，以确保个体能够行使此类权利。但悖论的是，这种直接联系反而会造成个体被直接识别，从而对个体的信息隐私造成直接威胁。此外，由于此类信息并不能直接识别个体，为了满足此类权利要求，信息的收集者与处理者也需要付出较大的成本与努力，这与此类信息可能带来的风险并不相称。[2]

总之，施瓦茨与索洛夫给出了较为中道的解决方案。这一解决方案既没有采取美国较为狭隘的个人信息定义，将匿名化的行为信息等排除在个人信息的范围之外，也没有采取欧洲较为宽泛的个人信息定义，将匿名化的行为信息和其他已识别个人的信息同等对待。施瓦茨与索洛夫将可识别个人信息视为一个单独类型的个人信息种类，并且提出了区别于已识别个人信息的特殊规制方式。

五、用户匿名化行为信息的规制框架

通过比较法的分析、对正反意见的思辨和个人信息概念的反思，现在可以对本章第一部分所提出的技术合法性问题进行分析。在用户匿名行为信息的收集阶段、融合阶段与利用阶段，法律应当根据不同技术所涉及的不同风险采取不同的规制进路。

在信息收集阶段，应当要求信息收集符合透明性要求。信息的收集应当符合消费者和用户的合理预期，应当给予消费者以拒绝信息收集的权利，避免秘密和不合理的收集。[3]这是因为，尽管用户的匿名行为信息不能直接定位或识别具体个人，但此类信息的收集、聚合与利用仍然

---

〔1〕 See Paul Schwartz and Dan Solove, *The PII Problem*: *Privacy and a New Concept of Personally Identifiable Information*, New York University Law Review 86, 2011, p. 1882.

〔2〕 See Paul Schwartz and Dan Solove, *The PII Problem*: *Privacy and a New Concept of Personally Identifiable Information*, New York University Law Review 86, 2011, pp. 1814 – 1880.

〔3〕 类似的观点，参见朱芸阳：《定向广告中个人信息的法律保护研究——兼评〈Cookie隐私第一案〉两审判决》，载《社会科学》2016 年第 1 期。

可能给人带来相应的风险。在这种前提下,在信息收集阶段保障消费者的知情权与选择权,仍然有其必要性。毕竟,消费者的知情权与选择权不仅可以为消费者提供一定程度的警示与选择自由,而且也可以减少消费者被冒犯的可能,帮助互联网企业赢得消费者更多的信任。

具体就本章在第一部分所提到的信息收集方式而言,利用 HTTP Cookie 进行的信息收集应当被允许,因为一般的网站浏览器都提供了 HTTP Cookie 的删除选项,而且 HTTP Cookie 技术也已经为广大消费者所熟知,符合一般消费者的合理预期。这里可能需要注意的是,如果是第三方平台利用 HTTP Cookie 技术收集用户行为信息,此时用户访问的相关网站应该在网站隐私政策中进行明确的告知,确保消费者意识到,存在第三方收集用户消费行为信息。

而对于利用 Flash Cookie、Ever Cookie、Fingerprint 技术收集用户行为信息,则应当要求互联网企业对用户进行更为明确的告知,并且只有在用户明确选择同意加入的前提下,这几种技术才能被法律允许。〔1〕这是因为,Flash Cookie 和 Ever Cookie、Fingerprint 技术使用户很难或无法拒绝网站对其信息的收集,即使用户删除了网站浏览器自带的 HTTP Cookie,网站也仍然可以继续收集其用户行为信息。Fingerprint 技术虽然未在用户电脑中隐藏或不断复制 Cookie,但由于其比对功能也很容易通过关键信息的比对来识别特定电脑,因此也应当保持透明性,应当获得用户的明确授权。这里尤其需要强调的是 Ever Cookie 技术,由于 Ever Cookie 技术在一定程度上剥夺了用户的删除权,而且具有非常隐蔽的性质,因此更应当获取用户明确无误的同意。除非获取用户明确无误的同意,否则不应当允许企业运用此种技术来收集用户匿名行为信息。〔2〕

在用户匿名行为信息的融合汇聚阶段,应当从总体上允许企业利用其合法收集到的信息与数据进行用户画像。毕竟,信息与数据的融合与利用是互联网与大数据的本质所在,允许此类用户行为信息与数据的融合与"化学反应",这可以给商家和消费者带来双赢。在这一阶段所需要的问题是,数据的融合汇聚应当注意防范相应的风险,进行数据融合

---

〔1〕 参见万方:《隐私政策中的告知同意原则及其异化》,载《法律科学》(西北政法大学学报)2019 年第 2 期。

〔2〕 技术并非中立,在个人信息保护中,技术设计应当符合信息伦理,参见郑志峰:《通过设计的个人信息保护》,载《华东政法大学学报》2018 年第 6 期。

的数据管理平台应当承担数据的安全保障义务。[1]因为此类数据一旦泄露或被不法分子利用,就可能造成重大社会负面效应。

最后在信息利用阶段,对于用户匿名行为信息的利用应当遵循上文提到的风险规制原则,即根据用户匿名行为信息的潜在风险不同向信息处理者施加不同的责任,要求企业对相关算法承担责任。[2]相关网站可以利用用户的消费偏好与习惯进行个性化推荐,但不应利用敏感类信息进行个性化推荐。在前文提到的朱某案中,虽然此案终审判决认定百度的个性化推荐合法,但随着网络安全法的生效以及个人信息保护法的起草,未来应当禁止利用此类敏感信息进行用户画像与个性化推荐。不同于其他匿名行为信息,此类敏感类的匿名行为信息可能给个体带来很多困扰。因此即使个人授权网站收集其所有行为信息,也应当限制网站对此类敏感信息进行个性化推送。[3]

总之,用户画像与个性化推荐的法律规制框架可以借鉴与适当沿用个人信息法律保护的框架。法律应当将用户匿名行为信息纳入个人信息的范围,但应当将此类信息视为一个单独的类别,将其视为可识别的个人信息。法律应当对于此类信息采取基于标准的规制方式,对其进行风险评估。当收集与处理此类信息隐含较高风险时,应当对其进行较为严格的法律规制,要求互联网企业遵循个人信息保护的相关责任。而当收集与处理此类信息的风险较低时,则应当对其进行相对宽松的法律规制,要求信息的收集者与处理者承担部分责任。

六、结论:迈向治理责任与信息伦理

用户画像与个性化推荐是伴随互联网经济发展而兴起的重要商业

---

〔1〕 关于网络平台的安全保障义务,参见梅夏英、杨晓娜:《网络服务提供者信息安全保障义务的公共性基础》,载《烟台大学学报》(哲学社会科学版)2014 年第 6 期。

〔2〕 相关研究,参见沈伟伟:《算法透明原则的迷思——算法规制理论的批判》,载《环球法律评论》2019 年第 6 期;张凌寒:《风险防范下算法的监管路径研究》,载《交大法学》2018 年第 4 期。

〔3〕 毕竟,个人并不一定能够对自己的隐私利益做出合理的判断。See Daniel Solove, *Privacy Self-Management and the Consent Dilemma*, Harv. L. Rev 26, 2013, p. 1880; 丁晓东:《个人信息私法保护的困境与出路》,载《法学研究》2018 年第 6 期。

模式，在这一过程中，新的技术问题与法律问题层出不穷。尤其是通过个人信息保护的视角来看待用户画像与个性化推荐问题，可以发现互联网企业对于用户匿名行为信息的收集、融合与利用存在很多争议。何种技术应当被允许？法律应当采取何种框架应对相应问题？这需要同时从技术与法律两个方向进行深入分析。

本章认为，应对用户画像与个性化推荐提出的挑战，应当对现有的法律规制框架进行反思。法律既不能直接将匿名化的用户行为信息视为非个人信息，也不能将此类信息等同于可直接识别的个人信息而加以对待。对于用户画像与个性化推荐，应当在赋予消费者以知情权和拒绝权的同时，更多要求企业承担相应的治理责任与信息伦理，真正保证用户画像与个性化推荐是为了为消费者提供更好的服务，符合消费者在具体场景中的合理预期与信息的合理利用。从这种规制框架出发，[1]既可以对现有的各种技术问题进行分析与反思，也可以为未来新出现的技术手段与新问题提供理论框架与规制基础。

---

〔1〕 从个人信息保护的责任模式来说，这意味着应当要求企业承担更多的治理责任与信托责任。参见周汉华：《探索激励相容的个人数据治理之道——中国个人信息保护法的立法方向》，载《法学研究》2018 年第 2 期；Jack M. Balkin , *Information Fiduciaries and the First Amendment*, U. C. Davis L. Rev 49, 2016, p. 1183。

结语 个人信息保护的三个特征与对法律制度的挑战

在浩瀚的法学研究中,个人信息保护只是一个很小的议题,但这一个很小的议题却引起了法学研究者的极大兴趣,从民商法学者到宪法行政法学者,从社会法经济法学者到刑法学者,从知识产权学者到法理学学者,几乎每个部门法与理论法学领域都有学者涉足这一领域。是什么原因导致了众多学者产生了对这样一个小问题的大兴趣?从一般的法律制度与法学研究出发,个人信息保护又体现了什么样的独特问题?

本书的研究在一定意义给出了初步答案。对个人信息保护进行全面研究与归纳,我们至少可以发现个人信息保护的三个特征:

第一,个人信息保护具有较为明显的外部性特征。个人信息保护不仅仅涉及信息主体与收集者或处理者,而且会对不特定的第三者或社会产生影响。一方面,合理的个人信息保护可以防止很多信息相关的系统性风险。例如,某个企业在获取个人同意的情形下收集个人敏感信息,但这家企业未尽到合理保护义务,使个人信息进入公共流通领域,则个人就可能面临不特定的威胁。就此而言,合理的个人信息保护类似防止环境污染,具有正外部性。另一方面,不恰当的个人信息保护会妨害信息的社会性价值。在传统法律框架中,法律对于信息不但不以专有权的方式加以保护,反而鼓励信息的自由流通与共享,如通过言论自由的方式保护个人信息的合理收集与利用。其主要原因就在于信息具有非稀缺性与公共属性,对信息的合理收集与利用不但不会减少信息本身的价值,而且有利于减少信息不对称。就此而言,如果简单将个人信息隔绝起来,那么个人信息保护就会产生负外部性,不仅妨碍信息主体与信息收集者和处理者之间的互惠合作,而且妨碍国家、社会与市场对数据的合理使用。

第二,个人信息保护处理的是不平等主体之间的关系。个人信息保护与传统的侵权隐私保护具有密切联系,但从法律制度的框架上来说,其区别也非常明显。导致这种区别的一个重要原因在于,个人信息保护的法律制度处理的是法律拟制为不平等主体之间的信息关系,而传统侵权隐私处理的是法律拟制为平等主体之间的关系。正是假设了信息处理者与个人之间的不平等关系,法律赋予了个人以知情选择权、访问权、更正权、删除权、携带权等一系列信息权利。从法律制度上来看,此类权利类似于消费者保护法与劳动法等法律部门中所赋予消费者与劳动者的一系列权利,意在通过赋予弱势群体以一系列权利来矫正信息处理者与个人之间的不平等关系。

第三,个人信息保护处理的是持续性的信息关系。个人信息保护的法律框架源自"公平信息实践",这一法律框架除了矫正信息处理者与个人之间的不平等之外,另一最大的特征在于努力建立信息处理者与个人之间的良性互动关系。在信息处理者与个人之间,二者的互动关系并不是一次性的,而是一种持续性的信息关系。也正是因为这一原因,近年来越来越多的学者与专家开始倡导以信义法的框架保护个人信息。相对合同法的框架,信义法的框架更多建立在持续性的关系之上,而非单次性的关系之上。在这个意义上,个人信息保护所要处理的关系更接近于婚姻法、劳动法等法律部门。在婚姻法、劳动法等法律部门中,其法律所要处理的关系也更类似于社群主义或关系型契约中的关系,更强调双方的信任而非单次的交易。

从制度设计与制度效果来看,个人信息保护的三个特征都对法律制度提出了全面的挑战。首先,法律必须平衡个人信息的私人属性与公共属性,法律如何既能保护个人信息的相关权益,又能确保国家、市场和他人对个人信息的合理利用,需要法律制度的重新设计。其次,面对不平等法律关系中的个人信息赋权,法律制度也需要面对一系列难题:如个人可能没有能力合理行使此类权利;寻租者可能对这一权利进行搭便车甚至寻租;信息处理者可能无法合理收集与利用信息。最后,面对持续性的信息关系,个人信息保护法律制度如何保证个人与信息处理者的合理自治,同时促使二者的信任与双赢,而非对抗与双输,也需要超越传统法律框架,对法律制度进行重新想象。

从个人信息保护的三个特征出发,就可以发现个人信息保护所提出的挑战并非个人信息保护问题所独有。相反,这些挑战对法律制度具有普遍性的意义,值得每个部门法与理论法学认真对待。与个人信息保护一样,其他很多法律部门与领域也需要处理大量具有外部性、不平等性与持续性特征的法律关系,也亟须法学研究的深化与法律制度的创新。在这个意义上,深化个人信息保护法的研究,不仅对于未来个人信息保护制度的理解与适用具有重要意义,而且也能为一般法律问题的学术与制度建构提供借鉴。

附录1　欧盟《一般数据保护条例》

丁晓东　译

第一章　一般条款

第1条　主要事项与目标

1. 本条例制定关于处理个人数据中对自然人进行保护的规则,以及个人数据自由流动的规则。

2. 本条例保护自然人的基本权利与自由,特别是自然人享有的个人数据保护的权利。

3. 不能以保护处理个人数据中的相关自然人为由,对欧盟内部个人数据的自由流动进行限制或禁止。

第2条　适用范围

1. 本条例适用于对个人数据进行全部或部分性的个人数据处理,那些使用自动化方式来建立档案系统，或期望建立档案系统一部分的个人数据处理除外。

2. 本条例不适用以下情形：

(a)欧盟法管辖之外的活动中所进行的个人数据处理；

(b)欧盟成员国为履行《欧盟基本条约》(TEU)第2章第5款所规定的活动而进行的个人数据处理；

(c)自然人在纯粹个人或家庭活动中所进行的个人数据处理；

(d)有权机构为了预防、调查、侦查或起诉犯罪，为了进行犯罪惩罚，包括为了保证公共安全和预防对公共安全的威胁而进行的个人数据处理。

3. 欧盟机构、实体、办事处和规制机构所进行的个人数据处理，适用(EC)第45/2001条例。根据本条例第98条，(EC)第45/2001条例和其他适用于此类个人数据处理的欧盟法案应当进行调整，以符合本条例的原则和规则。

4. 本条例不影响2000/31/EC指令的适用，特别是2000/31/EC指令第12条至第15条所规定的中间服务商的责任规则的适用。

第3条　地域范围

1. 本条例适用于在欧盟内部设立的数据控制者或处理者对个人数据的处理，无论其数据处理是否位于欧盟内部。

2. 本条例适用于如下相关活动中的个人数据处理，即使数据控制者或处理者不在欧盟设立：

(a)为欧盟内的数据主体提供商品或服务——无论此项商品是否要求数据主体支付对价；或

(b)对发生在欧洲范围内的数据主体的活动进行监控。

3. 本条例适用于在欧盟之外设立，但基于国际公法成员国的法律对其有管辖权的个人数据处理。

第4条　定　　义

就本条例而言：

(1)“个人数据”指的是任何已识别或可识别的自然人(“数据主体”)相关的信息；一个可识别的自然人是一个能够被直接或间接识别

的个体，特别是通过诸如姓名、身份编号、地址数据、网上标识或者自然人所特有的一项或多项的身体性、生理性、遗传性、精神性、经济性、文化性或社会性身份而识别个体。

(2)“处理”指的是任何一项或多项对个人数据或一系列个人数据的操作，无论是否通过自动化的方式，如收集、记录、组织、构造、存储、调整、更改、检索、咨询、使用、通过传输而公开、散布或其他方式对他人公开、排列或组合、限制、删除或销毁而公开。

(3)“限制处理”指的是在未来限制对于储存的个人数据进行处理。

(4)“用户画像”指的是为了评估自然人的某些条件而对个人数据进行的任何自动化处理，特别是为了评估自然人的工作表现、经济状况、健康、个人偏好、兴趣、可靠性、行为方式、位置或行踪而进行的处理。

(5)“假名化”指的是在采取某种方式对个人数据进行处理后，如果没有额外的信息就不能识别数据主体的处理方式。此类额外信息应当单独保存，并且已有技术与组织方式确保个人数据不能关联到某个已识别或可识别的自然人。

(6)“档案系统”指的是根据某种特定标准——无论这种标准是去中心化的、分散的、功能性的或是基于地理而设置的——而可以访问的个人数据的结构化集合。

(7)“控制者”指的是那些决定——无论是单独决定还是共同决定——个人数据处理目的与方式的自然人或法人、公共机构、规制机构或其他实体；如果此类处理的方式是由欧盟或成员国的法律决定的，那么对控制者的定义或确定控制者的标准应当由欧盟或成员国的法律来规定。

(8)“处理者”指的是为了数据控制者而处理个人数据的自然人或法人、公共机构、规制机构或其他实体。

(9)“接收者”指的是接收数据的自然人、法人、公共机构、规制机构或另一实体，无论其是否为第三方。然而，公共机构基于欧盟或成员国法律的某项特定调查框架而接收个人数据，则不应当被视为接收者；公共机构对此类数据的处理，应当根据处理目的遵循可适用的数据保护规则。

(10)“第三方”指的是除了数据主体、控制者、处理者、控制者或处理者直接授权其处理个人数据之外的自然人或法人、公共机构、规制机构或组织。

(11)数据主体的“同意”指的是数据主体通过一个声明,或者通过某项清晰的确信行动而自由作出的、充分知悉的、不含混的、表明同意对其相关个人数据进行处理的意愿。

(12)“个人数据泄露”指的是侵犯安全保障导致传输、储存与处理中的个人数据被意外或非法损毁、丢失、更改或未经同意而公开、或可访问传输、储存与处理中的个人数据。

(13)“基因数据”指的是和自然人的遗传性或获得性基因特征相关的个人数据,这些数据可以提供自然人生理或健康的独特信息,尤其是通过对自然人生物性样本进行分析而可以得出的独特信息。

(14)“生物性识别数据”指的是基于特别技术处理自然人的相关身体、生理或行为特征而得出的个人数据,这种个人数据能够识别或确定自然人的独特标识,如脸部形象或指纹数据。

(15)“和健康相关的数据”指的是那些和自然人的身体或精神健康相关的、显示其个人健康状况信息的个人数据,包括和卫生保健服务相关的服务。

(16)“主要营业机构”指的是:

(a)如果控制者在不止一个成员国内具有多处营业机构,那么其在欧盟的管理中心所在地是主要营业机构,除非个人数据处理的目的与方式是由控制者的另一个机构决定的,并且这一机构有权实施此决定,在这种情况下,做出此类决定的机构应当被认为是主要营业机构;

(b)如果处理者在不止一个成员国内具有多处机构,那么其在欧盟的管理中心所在地是主要营业机构。如果处理者在欧盟没有管理中心,那么在处理者需要遵守本条例所规定的特殊责任的前提下,其在欧盟的主要处理活动发生地的机构应当被视为主要营业机构。

(17)“代表”指的是控制者或处理者根据第27条在欧盟书面委任,代表控制者或处理者承担本条例所规定的相应责任的自然人或法人。

(18)“经济主体”的含义是采用任意法律形式进行经济活动的自然人或法人,包括经常进行经济活动的合伙企业或协会;

(19)“企业集团”的含义是一个控股企业和被控股企业;

(20)“有约束力的公司规则”指的是在某成员国内设立的控制者

或处理者,为了在企业集团内部或进行联合经济活动的经济主体内部将个人数据转移或多次转移给位于第三国或多个第三国的控制者或处理者,所遵循的个人数据保护政策。

(21)“监管机构”指的是成员国根据第51条而设立的独立性公共机构。

(22)“相关监管机构”指的是基于如下原因而和个人数据处理相关的监管机构:

(a)控制者或处理者是在某监管机构所在的成员国的境内所设立的;

(b)数据处理对居住在某监管机构所在地成员国的数据主体具有实质性影响;或者

(c)该监管机构已经收到一项申诉。

(23)“跨境处理”指的是以下两项中的任意一项:

(a)个人数据处理发生在一个控制者或处理者在多个成员国所设立的多个营业机构内;或者

(b)个人数据处理是在欧盟内的控制者或处理者的单一营业机构内进行的,但其对不止一国的数据主体具有实质性影响。

(24)“相关和合理的异议”指的是对是否存在违反本条例的情形,或者某项和控制者或处理者相关的初步设想是否符合本条例的异议——已有证据表明,这种初步设想的决定会对数据主体的基本权利和自由,以及在某些情形下对欧盟的个人数据的自由流通会带来风险。

(25)“信息社会服务”指的是欧洲议会和欧盟理事会的(EU)2015/1535指令在第1(1)条(b)点所定义的服务。

(26)“国际组织”指的是依照国际公法或根据两个或多个国家协议所设立的组织及其下属机构。

第二章 原　　则

第5条　和处理个人数据相关的原则

1.对于个人数据,应遵循下列规定:

(a)对涉及数据主体的个人数据,应当以合法的、合理的和透明的方式进行处理(“合法性、合理性和透明性”);

(b)个人数据的收集应当遵循具体的、清晰的和正当的目的,对个人数据的处理不应当和此类目的不相容；根据第89(1)条、因为公共利益、科学或历史研究或统计目的而进一步处理数据，不应当视为和初始目的不相容(“目的限制”)；

(c)个人数据的处理应当是为了实现数据处理目的而适当的、相关的和必要的(“数据最小化”)；

(d)个人数据应当是准确的，如有必要，必须及时更新；必须采取所有步骤，保证为了实现某项目的而处理的不准确的个人数据被擦除或及时更正(“准确性”)；

(e)对于能够识别数据主体的个人数据，其保存方式应当不长于为了实现个人数据处理目的所必要的期限；超过此期限的数据处理只有在如下情况下才能被允许：为了实现公共利益、科学或历史研究目的或统计目的，为了保障数据主体的权利和自由，并采取了本条例第89(1)条所规定的合理技术与组织措施。(“限期储存”)；

(f)个人数据的处理应当通过合理的技术或组织手段，保障个人数据的合理安全，包括防御未授权或非法的处理，防御意外损失、销毁或损害。(“完整性与保密性”)。

2. 控制者有责任遵守以上第1段，并且有责任对此提供证明。(“可问责性”)。

第6条　处理的合法性

1. 只有满足至少如下一项条件时，处理才是合法的，且处理的合法性只限于满足条件内的处理：

(a)数据主体已经同意基于一项或多项目的而对其个人数据进行处理；

(b)处理对于完成某项数据主体所参与的契约是必要的，或者在签订契约前基于数据主体的请求而进行的处理；

(c)处理对于控制者是某项法律职责的主体履行其职责是必要的；

(d)处理对于保护数据主体或另一个自然人的核心利益所必要的；

(e)处理是数据控制者为了公共利益或基于官方权威而履行某项任务而进行的；

(f)处理对于控制者或第三方所追求的正当利益是必要的，这排除需要通过个人数据保护以实现数据主体的优先性利益或基本权利与自由,特别是儿童的优先性利益或基本权利与自由。

第1段(f)点不适用公共机构在履行其任务时的处理。

2. 对于第1段(c)点和(e)点所规定的处理,成员国可以维持或新制定更多具体条款,以适应本条例规则的适用,成员国为了确保合法与合理处理,可以制定更为明确的规定,包括第9章所规定的其他特定的处理情形。

3. 第1段(c)点和(e)点所规定的处理的基准应当通过如下法律进行规定:

(a)欧盟法;或者

(b)控制者所属的成员国的法律。

处理的目的应当在此法律基准上进行确定,而对于第1段(e)所规定的处理,处理的目的应当是控制者为了公共利益或基于官方权威而履行某项任务。此法律基准可以包含如下特定条款,以适应对本条例规则的适用:对控制者处理的合法性进行监控的一般条件;可以被处理的数据类型;相关数据主体;个人数据公开的目的,以及其可能被公开给的对象;目的限定;储存期限;包括第9章所规定的其他特定的处理情形在内的处理操作和处理程序。欧盟或成员国的法律应当满足公共利益的目标,且应当与实现正当目的成比例。

4. 当处理的目的并非建立在个人数据收集时数据主体所同意的基础上,或者不是根据欧盟或成员国的法律基础上为了保护23(1)条所提到的目的而采取民主社会中的必要与恰当措施时,控制者为了确定为另一目的而进行的处理是否与其初始收集的目的相容,应当考虑包括但不限于如下的因素:

(a)个人数据收集时的目的与计划进一步处理的目的之间的所有关联性;

(b)个人数据收集时的语境,特别是数据主体与控制者之间的关系;

(c)个人数据的性质,特别是某些特定类型的个人数据是否符合第9条的规定,或者和刑事定罪和刑事违法相关的个人数据时是否符合第10条;

(d)数据主体所计划的进一步处理的可能结果;

(e)是否具有加密与匿名化措施等恰当保护措施。

第 7 条　同意的条件

1. 当处理是建立在同意基础上的,控制者需要能证明,数据主体已经同意对其个人数据进行处理。

2. 如果数据主体的同意是在涉及其他事项的书面声明的情形下作出的,请求获得同意应当完全区别于其他事项,并且应当以一种容易理解的形式,使用清晰和平白的语言。任何违反本条例的声明都不具有约束力。

3. 数据主体应当有权随时撤回其同意。在撤回之前,对于基于同意的处理,其合法性不受影响。在数据主体表达同意之前,数据主体应当被告知这点。撤回同意应当和表达同意一样简单。

4. 分析同意是否是自由作出的,应当最大限度地考虑的一点是:对契约的履行——包括履行条款所规定的服务——是否要求同意履行契约所不必要的个人数据处理。

第 8 条　信息社会服务中适用儿童同意的条件

1. 在第 6(1)条(a)点适用的情形下,对于为儿童直接提供信息社会服务的请求,当儿童年满 16 周岁,对儿童个人数据的处理是合法的。当儿童不满 16 周岁,只有当对儿童具有父母监护责任的主体同意或授权,此类处理才是合法的。

2. 对于年满 13 周岁的情形,成员国的法律可以降低年龄要求。

3. 控制者应当采取合理的努力,结合技术可行性,确保此类情形中对儿童具有父母监护责任的主体已经授权或同意。

第 1 段不应影响成员国的一般合同法,如关于儿童的合同有效性、形成与效力的规则。

第 9 条　对特殊类型个人数据的处理

1. 对于那些显示种族或民族背景、政治观念、宗教或哲学信仰或工会成员的个人数据、基因数据、为了特定识别自然人的生物性识别数据,以及和自然人健康、个人性生活或性取向相关的数据,应当禁止处理。

2. 如果具有如下条件之一,第 1 段将不适用:

(a)数据主体明确同意基于一个或多个特定目的而授权处理其个

人数据，但依照欧盟或成员国的法律规定，数据主体无权解除第1段中所规定的禁令的除外；

(b)处理对于控制者履行责任以及行使其特定权利是必要的，或者对于在雇佣、社会安全与社会保障法领域采取符合欧盟或成员国法律或集体协议的措施以保护数据主体的根本权利和利益是必要的；

(c)数据主体因为身体原因或法律原因而无法表达同意，但处理对于保护数据主体或另一自然人的核心利益却是必要的；

(d)基金、协会或其他具有政治、哲学、宗教或工会目的的非营利机构的正当性活动中所进行的处理，并且已经采取了恰当的保护措施；或者处理目的仅仅和机构成员、之前成员或具有经常联系的人相关，并且个人数据在未经数据主体同意前不对实体外的人公开；

(e)对数据主体已经明显公开的相关个人数据的处理；

(f)当处理对于提起、行使或辩护法律性主张必要时，或者法院在其所有的司法活动中所进行的处理；

(g)处理对实现实质性的公共利益必要的，建立在欧盟或成员国的法律基准之上、对实现目标是相称的，尊重数据保护权的核心要素，并且为数据主体的基本权利和利益提供合适和特定的保护措施；

(h)处理对于预防性医学或临床医学目的是必要的，或者对于评估雇员的工作能力、医疗诊断、提供——基于欧盟或成员国法律，或遵循和健康职业机构签订的契约并遵循第3段所规定的情形与保障措施——健康或社会保健或治疗或管理健康或社会保健体系是必要的；

(i)在公共健康领域，处理是为了实现公共利益所必要的。例如，在欧盟或成员国内已经为保障数据主体的权利与自由而采取合适与特定措施的法律基础上，处理对于预防严重的跨境健康威胁是必要的，或者为了保障医疗质量和安全、医疗产品或医疗设备的高质量和安全是必要的；或者

(j)处理对于实现符合第89(1)条公共利益、科学或历史研究目的或统计目的是必要的，处理采取了与其期望目的所相称的处理，尊重数据保护权的核心要素，并且对数据主体的基本权利与利益采取了合适与特定的措施。

3. 根据欧盟或成员国的有权机构所制定的法律或规则而具有保守职业性秘密责任的职业主体，或者根据欧盟或成员国的有权机构所制定

的法律或规则而具有保守秘密责任的自然人,可以为了第 2 段(h)点所规定的目的而处理第 1 段所规定的个人数据。

4. 对于基因数据、生物性识别数据或健康相关数据的处理,成员国可以维持原有规定,或者作出新的规定,包括对处理基因数据、生物性识别数据或健康相关数据进行限定。

第 10 条　处理涉及犯罪定罪与违法的个人数据

处理和犯罪定罪与违法相关的个人数据,或处理第 6(1)条规定的与安全措施相关的个人数据,只有如下情形才能被允许:当个人数据处理为官方机构所控制,或者当欧盟或成员国的法律授权进行处理,并且采取了恰当的措施保障数据主体的权利与自由。任何犯罪定罪的全面性登记只能由官方机构进行。

第 11 条　不需要识别的处理

1. 如果控制者处理个人数据的目的不需要或不再需要控制者对数据主体进行识别,控制者就不再具有为了遵循本条例而维持、获取或处理额外信息以识别数据主体的责任。

2. 对于第 1 段所规定的情形,如果控制者能够证明其不适合识别数据主体,如有可能,数据控制者应当告知数据主体。在此类情形下,除非数据主体为了行使第 15 条至第 20 条所规定的权利,需要提供额外信息而使对其识别变得可能,第 15 条至第 20 条将不应适用。

第三章　数据主体的权利

第一部分　透明性与模式

第 12 条　为了行使数据主体权利的透明信息、交流与模式

1. 对于和个人信息处理相关的第 13 条和第 14 条规定的所有信息或者第 15 条至第 22 条以及第 34 条所规定的所有交流,控制者应当以一种简洁、透明、易懂和容易获取的形式,以清晰和平白的语言来提供;对于针对儿童的所有信息,尤其应当如此。信息应当以书面形式或其他形式提供,包括在合适的情况下通过电子方式提供。在数据主体的请求下,如果数据主体的身份可以为其他方法所证明,控制者可以口头提供信息。

2. 控制者应当对数据主体行使第 15 条至第 22 条的权利而提供帮助。对于第 11(2)条所规定的情形,当数据主体请求其行使第 15 条至第 22 条的权利,控制者不应拒绝,除非控制者能够证明其并不适宜识别数据主体。

3. 在数据主体根据第 15 条至第 22 条的规定提出请求后,控制者应当提供信息,不应无故拖延,在任何情形下应当在收到请求后 1 个月内提供信息。在必要的情形下,考虑到请求的复杂性和多样性,这个期限可以再延长 2 个月。如果有此类延长,控制者应当在收到请求的 1 个月内将此类延长以及延长原因告知数据主体。当数据主体以电子形式做出请求,在可行的情况下,对信息的提供也应当以电子形式提供,除非数据主体有不同请求。

4. 如果数据主体做出请求而控制者没有采取行动,控制者应当及时告知数据主体,在收到请求后 1 个月内告知数据主体没有采取行动的原因以及向监管机构申诉和寻求司法救济的可能性。

5. 第 13 条和第 12 条所规定的信息以及所有第 15 条至第 22 条和第 34 条所规定的所有交流与行为都应当是免费的。当数据主体的请求明显是毫无根据的或过分的时候,特别是当请求是重复性的时候,控制者可以:

(a)结合提供信息、交流或相应行动的行政花费,收取一定的合理费用;或者

(b)拒绝对请求作出行动。

控制者有责任证明数据主体的请求明显是毫无根据的或过分的。

6. 在不影响第 11 条的前提下,控制者可以对第 15 条至第 21 条中提出要求的自然人的身份有合理怀疑,要求数据主体提供必要的额外信息以确认数据主体的身份。

7. 根据第 13 条和第 14 条提供给数据主体的信息可以和标准化的图标一起提供,以便于数据主体以一种一目了然的、易懂的和清晰的方式对计划的数据处理有全盘理解。当图标以电子化的方式提供,它们必须是机器可读的。

8. 对于确定图标所提供的信息以及提供标准化图标的程序,欧

盟理事会将有权根据第 92 条制定授权行动。

第二部分　信息与对个人数据的访问

第 13 条　收集数据主体个人数据时应当提供的信息

1. 当收集和数据主体相关的个人数据时,控制者应当为数据主体提供如下信息:

(a)控制者的身份与详细联系方式,以及如果适用的话,控制者的代表;

(b)数据保护官的详细联系方式,如果适用的话;

(c)处理将要涉及的个人数据的目的,以及处理的法律基础;

(d)当处理是基于(f)点或第 6(1)条的时候,控制者或第三方的正当利益;

(e)个人数据的接收者或者接收者的类型,如果有的话;

(f)如果适用的话,控制者期望将数据转移到第三国或国际组织的事实、欧盟委员会作出或未作出充分决定的事实,或者在第 46 条或第 47 条或者第 49(1)条的第二小段所规定的转移情形中,所采取的适当保障措施的参考资料、获取它们备份的方式,或者在哪里可以获取它们。

2. 除了第 1 段所规定的信息,控制者应当在获取个人数据时为数据主体提供确保合理与透明处理所必要的进一步信息:

(a)个人数据将被储存的期限,以及确定此期限的标准;

(b)数据主体所拥有的权利:可以要求控制者提供对个人数据的访问、更正或擦除,或者限制或反对相关处理的权利,数据携带权;

(c)当处理是根据第 6(1)条或第 9(2)条的(a)点而进行的,数据主体拥有可以随时撤回——这种撤回不会影响撤回之前根据同意而进行处理的合法性——同意的权利;

(d)向监管机构进行申诉的权利;

(e)提供个人数据是一项制定法还是合同法的要求,是否对于缔结一项契约是必要的,数据主体是否有责任提供个人数据,以及没有提供此类数据可能会造成的后果;

(f)存在自动化的决策,包括第 22(1)和(4)条所规定的用户画像,以及在此类情形下,对于相关逻辑、包括此类处理对于数据主体的预期后果的有效信息。

3. 当控制者因为与收集个人信息时不一致的目的进一步处理个人信息,控制者应当在进一步处理之前向数据主体提供此类目的的信息,以及提供第2段所规定的相关进一步信息。

4. 在数据主体已经拥有信息的情况下,第1~3段不应当适用。

第14条　当个人数据还没有从数据主体那里收集,应当提供的信息

1. 当个人数据还没有从数据主体那里收集,控制者应当向数据主体提供如下信息:

(a)控制者的身份与详细联系方式,以及如果适用的话,控制者的代表;

(b)如果适用的话,数据保护官的详细联系方式;

(c)处理将要涉及的个人数据的目的,以及处理的法律基础;

(d)相关个人数据的类型;

(e)个人数据的接收者或者接收者的类型,如果有的话;

(f)如果适用的话,控制者期望将数据转移到第三国或国际组织、欧盟委员会作出或未作出的充足保护的认定,或者,在第46条或第47条或者第49(1)条的第二小段所规定的转移情形中,所采取的适当保障措施的参考资料、获取它们备份的方式,或者在哪里可以获取它们。

2. 除了第1段所规定的信息,控制者应当向数据主体提供如下确保涉及数据主体的处理是合理与透明的必要信息:

(a)个人数据将被储存的期限,或者如果不可能的话,用来确定此期限的标准;

(b)当处理是根据第6(1)条(f)点而进行的,控制者或第三方所追求的正当利益;

(c)数据主体存在如下权利,可以要求控制者提供对个人数据的访问、更正或擦除,或者限制或反对相关处理,数据携带权;

(d)当处理是根据第6(1)条或第9(2)条的(a)点而进行的,数据主体拥有可以随时撤回——这种撤回不会影响撤回之前根据同意

而进行处理的合法性——同意的权利；

(e)向监管机构进行申诉的权利；

(f)个人数据的来源，以及如果适用的话，其来源是否为可公开访问的资源；

(g)存在自动化的决策，包括第22(1)和(4)条所规定的用户画像，以及在此类情形下，对于相关逻辑、包括此类处理对于数据主体的预期后果的有效信息。

3. 控制者应当按如下方式提供第1段和第2段所规定的信息：

(a)应当在获得个人数据后的一段合理期限内提供信息，如果考虑到个人数据处理的特定情形，应当至少在1个月以内；

(b)如果个人数据是被用来和数据主体进行沟通的，最晚应当在其和数据主体进行第一次沟通时提供信息；

(c)如果个人数据将计划披露给另一个接收者，那么最晚应当在个人数据被第一次披露时提供信息。

4. 当控制者因为与收集个人信息时不一致的目的进一步处理个人信息，控制者应当在进一步处理之前向数据主体提供此类目的的信息，以及提供第2段所规定的相关进一步信息。

5. 在如下情形中，第1～4段不适用：

(a)数据主体已经拥有信息；

(b)此类信息的提供是不可能的，或者说需要付出某种不相称的工作，在如下情形中尤其不适用：为了实现公共利益、科学或历史研究目的或统计目的，为了保障数据主体的权利和自由，并采取了本条例第89(1)条所规定的合理技术与组织措施；或者本条第1段所规定的责任会严重妨碍实现处理的目标。在此类情形中，控制者应当采取恰当的措施保护数据主体的权利与自由与正当利益，包括使信息可以公开获取；

(c)欧盟或成员国为控制者特别制定了获取或公开信息的法律，并且已经对保护数据主体的正当利益制定了恰当的措施；

(d)当个人数据必须保密，必须遵守欧盟或成员国法律所规定的职业秘密责任，包括制定法上的保守秘密责任。

第 15 条　数据主体的访问权

1. 数据主体应当有权从控制者那里得知,关于其个人数据是否正在被处理,如果正在被处理的话,其应当有权访问个人数据和获知如下信息:

(a)处理的目的;

(b)相关个人数据的类型;

(c)个人数据已经被或将被披露给接收者或接收者的类型,特别是当接收者属于第三国或国际组织时;

(d)在可能的情形下,个人数据将被储存的预期期限,或者如果不可能的话,确定此期限的标准;

(e)数据主体要求控制者纠正或擦除个人数据、限制或反对对数据主体相关的个人数据进行处理的权利;

(f)向监管机构进行申诉的权利;

(g)当个人数据不是从数据主体那里收集的,关于来源的任何信息;

(h)存在自动化的决策,包括第 22(1)和(4)条所规定的数据分析,以及在此类情形下,对于相关逻辑、包括此类处理对于数据主体的预期后果的有效信息。

2. 当个人数据被转移到第三国或一个国际组织,数据主体应当有权获知和转移相关的符合第 46 条的恰当的保障措施。

3. 控制者应当对进行处理的个人数据提供一份备份。对于任何数据主体所要求的额外备份,控制者可以根据管理花费而收取合理的费用。当数据主体通过电子方式而请求,且除非数据主体有其他请求,信息应当以通常使用的电子形式提供。

4. 获取第 3 段中所规定的备份的权利不应当对他人的权利与自由产生负面影响。

第三部分　更正与擦除

第 16 条　更　正　权

数据主体应当有权从控制者那里及时得知对与其相关的不正确

信息的更正。在考虑处理目的的前提下，数据主体应当有权完善不充分的个人数据，包括通过提供额外声明的方式来进行完善。

第17条　擦除权（“被遗忘权”）

1. 数据主体有权要求控制者擦除关于其个人数据的权利，当具有如下情形之一时，控制者有责任及时擦除个人数据：

(a) 个人数据对于实现其被收集或处理的相关目的不再必要；

(b) 处理是根据第6(1)条(a)点，或者第9(2)条(a)点而进行的，并且没有处理的其他法律根据，数据主体撤回在此类处理中的同意；

(c) 数据主体反对根据第21(1)条进行的处理，并且没有压倒性的正当理由可以进行处理，或者数据主体反对根据第21(2)条进行的处理；

(d) 已经存在非法的个人数据处理；

(e) 为了履行欧盟或成员国法律为控制者所设定的法律责任，个人数据需要被擦除；

(f) 已经收集了第8(1)条所规定的和提供信息社会服务相关的个人数据。

2. 当控制者已经公开个人数据，并且负有第1段所规定的擦除个人数据的责任，控制者应当考虑可行技术与执行成本，采取包括技术措施在内的合理措施告知正在处理个人数据的控制者们，数据主体已经要求他们擦除那些和个人数据相关的链接、备份或复制。

3. 当处理对于如下目的是必要的，第1段和第2段将不适用：

(a) 为了行使表达自由和信息自由的权利；

(b) 控制者执行或者为了执行基于公共利益的某项任务，或者基于被授予的官方权威而履行某项任务，欧盟或成员国的法律要求进行处理，以便履行其法律职责；

(c) 为了实现公共健康领域符合第9(2)条(h)和(i)点以及第9(3)条的公共利益而进行的处理；

(d) 如果第1段所提到权利会受到严重影响，或者会彻底阻碍实现第89(1)条的公共利益目的、科学或历史研究目的或统计目的；

或者

(e)为了提起、行使或辩护法律性主张。

第18条　限制处理权

1. 当存在如下情形之一时,数据主体有权要求控制者对处理进行限制:

(a)数据主体对个人数据的准确性有争议,并给予控制者以一定的期限以核实个人数据的准确;

(b)处理是非法的,并且数据主体反对擦除个人数据,要求对使用其个人数据进行限制;

(c)控制者不再需要个人数据以实现其处理的目的,但数据主体为了提起、行使或辩护法律性主张而要求个人数据;

(d)数据主体根据第21(1)条的规定而反对处理,因其需要确定控制者的正当理由是否优先于数据主体的正当理由。

2. 当处理受第1段的规定所限制,除了储存的情形,此类个人数据只有在如下情形中才能进行处理:获取了数据主体的同意,或者为了提起、行使或辩护法律性主张,或者为了保护另一个自然人或法人的权利,或者为了欧盟或某个成员国的重要公共利益。

3. 那些根据第1段规定已经获取了对处理进行限制的数据主体,在限制被解除前,控制者应当告知数据主体。

第19条　关于更正或擦除或限制处理中的通知责任

对于所有根据第16条、第17(1)条、第18条而限制或擦除个人数据,或限制处理个人数据,控制者都应当将其告知个人数据已经被披露给每个接收者——除非此类告知是不可能的,或者需要付出不相称的工作。如果数据主体提出要求,控制者应当将关于接收者的情形告知数据主体。

第20条　数据携带权

1. 当存在如下情形时,数据主体有权获得其提供给控制者的相关个人数据,且其获得个人数据应当是经过整理的、普遍使用的和机

器可读的,数据主体有权无障碍地将此类数据从其提供的控制者那里传输给另一个控制者:

(a)处理是建立在第6(1)条(a)点或第9(2)条(a)点所规定的同意,或者第6(1)条所规定的合同的基础上的;

(b)处理是通过自动化方式的。

2. 在行使第1段所规定的携带权时,如果技术可行,数据主体应当有权将个人数据直接从一个控制者传输到另一个控制者。

3. 行使第1段所规定的权利,不能影响第17条的规定。对于控制者为了公共利益,或者为了行使其被授权的官方权威而进行的必要处理,这种权利不适用。

4. 第1段所规定的权利不能对他人的权利或自由产生负面影响。

第四部分　反对的权利和自动化的个人决策

第21条　反　对　权

1. 对于根据第6(1)条(e)或(f)点而进行的关乎数据主体的数据处理,包括根据这些条款而进行的用户画像,数据主体应当有权随时反对。控制者应当不再处理个人数据,除非控制者证明,相比数据主体的利益、权利和自由,具有压倒性的正当理由需要进行处理,或者处理是为了提起、行使或辩护法律性主张。

2. 当因为直接营销目的而处理个人数据,数据主体有权随时反对为了此类营销而处理相关个人数据,包括反对和此类直接营销相关的用户画像。

3. 当数据主体反对为了直接营销目的而处理,将不能为了此类目的而处理个人数据。

4. 至晚在和数据主体所进行的第一次沟通中,第1段和第2段所规定的权利应当让数据主体明确知晓,且应当与其他信息区分开来,清晰地告知数据主体。

5. 在适用信息社会服务的语境中,尽管存在2002/58/EC指令的规定,数据主体仍可以使用技术性条件、通过自动化方式行使反对权。

6. 当个人数据是为了第89(1)条所规定的科学目的或历史研究目的或统计目的,数据主体基于其特定情形应当有权反对对关乎其个人的数据进行处理,除非处理对于为了实现公共利益的某项任务是必要的。

第22条　自动化的个人决策,包括用户画像

1. 数据主体应当有权反对完全受制于自动化处理——包括用户画像——来对其做出对数据主体产生法律影响或类似严重影响的决策。

2. 当决策存在如下情形时,第1段不适用:

(a)当决策对于数据主体与数据控制者的合同签订或合同履行是必要的;

(b)当决策是欧盟或成员国的法律所授权的,控制者是决策的主体,并且已经制定了恰当的措施保证数据主体的权利、自由与正当利益;或者

(c)当决策建立在数据主体的明确同意基础之上。

3. 在第2段所规定的(a)和(c)点的情形中,数据控制者应当采取适当措施保障数据主体的权利、自由、正当利益,以及数据主体对控制者进行人工干涉,以便表达其观点和对决策进行异议的基本权利。

4. 第2段所规定的决策的基础不适用于第9(1)条所规定的特定类型的个人数据,除非符合第9(2)条(a)点或(g)点的规定,并且已经采取了保护数据主体权利、自由与正当利益的措施。

第五部分　限　　制

第23条　限　　制

1. 在控制者或处理者是主体的情形中,欧盟或成员国的法律可以通过立法手段限制第12条~第22条、第34条以及第5条所赋予的责任范围与权利范围,只要其法律条款和第12条~第22条所赋予的责任与权利相对应。如果此类限制尊重基本权利与自由的核心要素,并且此类限制是实现如下民主社会中的目的所必要和成比例

的措施,那么此类限制应当被允许:

(a)国家安全;

(b)国防;

(c)公共安全;

(d)预防、调查、侦查、起诉刑事违法进行或者执行刑法,包括保障公共安全和预防对公共安全的威胁;

(e)其他欧盟或某个成员国的重要一般公共利益,特别是欧盟或某个成员国的经济或金融利益,包括财政、预算、税收事项、公共健康和社会安全;

(f)司法独立和司法诉讼的保护;

(g)为了规制性职业而预防、调查、保护和起诉违反伦理的行为;

(h)和行使(a)(b)(c)(d)(e)(f)(g)点中所规定的官方权威相联系的某项监控、调查或规制功能;

(i)保护数据主体或其他人的权利和自由;

(j)实施民事法律主张。

2. 需要特别注意的是,至少在涉及如下情形时,任何第 1 段所规定的立法措施都应当包含特定条款规定:

(a)处理的目的或处理的类型;

(b)个人数据的类型;

(c)施加限制的范围;

(d)防止滥用或非法性访问或转移的措施;

(e)控制者的具体情况或控制者类型的具体情况;

(f)在考虑了处理的性质、范围和目的或处理类型之后所制定的储存期限和可适用的保障措施;

(g)数据主体的权利和自由所面临的风险;以及

(h)数据主体获知限制的权利,除非这种权利可能会影响实现限制的目的。

第四章　控制者和处理者

第一部分　一般性责任

第 24 条　控制者的责任

1. 在考虑了处理的性质、范围、语境与目的,以及考虑了处理对自然人权利与自由所带来的不同概率和程度的风险后，控制者应当采取恰当的技术与组织措施，保证处理符合本条例规定的，并且能够证明处理符合本条例规定。必要时，这些措施应当被审查。

2. 第1段所规定的措施，当和处理活动成比例时，应当包括控制者所采用的合适的数据保护政策。

3. 遵守第40条所规定的已生效的行为准则，或遵守第42条规定的已生效的认证机制，这可以被用以证明控制者责任的合规性。

第25条　通过设计的数据保护和默认的数据保护

1. 在考虑了最新水平、实施成本、处理的性质、处理的范围、处理的语境与目的，以及处理给自然人权利与自由带来的伤害可能性与严重性之后，控制者应当在决定处理方式和决定处理时采取合适的技术与组织措施，并且在处理中整合必要的保障措施，以便符合本条例的要求和保护数据主体的权利。例如，控制者可以采取匿名化，一种设计用来实施数据保护原则——比如数据最小化原则——的措施。

2. 控制者有责任采取适当的技术与组织措施，以保障在默认情况下，只有某个特定处理目的所必要的个人数据被处理。这种责任适用于收集的个人数据的数量、处理的限度，储存的期限以及可访问性。尤其需要注意的是，此类措施必须确保，在默认情况下，如果没有个体介入，个人数据不能为不特定数量的自然人所访问。

3. 根据第42条的某种已生效的认证机制，可以被用来证明本条第1段和第2段所规定的合规要求。

第26条　共同控制者

1. 当两个或更多控制者联合确定处理的目的与方法，它们就是共同控制者。它们应当以一种透明的方式确定遵守本条例责任的相应责任，尤其当其涉及行使数据主体个人权利，以及涉及控制者为数据主体——根据他们的合约安排——提供第13条和第14条所规定的信息的相应责任，除非欧盟或成员国的法律已经对控制者施加了相应责任。

2. 第 1 段所规定的合约安排应当恰当地反映相对于数据主体的共同控制者的相应角色和相互关系。数据主体应当可以知晓安排的实质。

3. 无论第 1 段所规定的合约安排的条款如何，数据主体都可以向任一控制者主张其本条例所赋予的权利。

第 27 条　不在欧盟所设立的控制者或处理者的代表

1. 在第 3(2)条适用的情形下，控制者或处理者应当以书面形式在欧盟委任一名代表。

2. 此项责任不应当适用于：

(a)除了第 9(1)条所规定的特定类型数据的大规模处理，或者第 10 条所规定的和刑事定罪或违法相关的个人数据处理之外的偶尔性处理，以及考虑到处理的性质、语境、范围和目的，不太可能对自然人的权利与自由带来风险的处理；或者

(b)公共机构或实体。

3. 为数据主体提供相关商品或服务，或者监控数据主体的行为，数据主体的所在国之一应当设立代表。

4. 为了确保对本条例的遵守，对于所有涉及处理的事项，控制者或处理者应当做出强制性规定，确保其代表能在控制者或处理者之外收到信息，或者替代控制者或处理者收到信息，对于监管机构和数据主体所要求的事项尤其如此。

5. 控制者或处理者委任代表，不能影响控制者或处理者进行的法律行动。

第 28 条　处　理　者

1. 处理者代表控制者进行处理，控制者只能选用有充分保证的、可采取合适技术与组织措施的、其处理方式符合本条例要求并且保障数据主体权利的处理者。

2. 如果没有控制者之前的特别授权或一般书面授权，处理者不应聘用另一个处理者。在具有一般书面授权的情形下，对于涉及补充或替换其他处理者的变动，处理者都应当告知控制者，以便使控制

者有机会反对此类变化。

3. 处理者的处理应当受某类合同或其他欧盟法与成员国法的约束，这类合同或法律应当规定处理者相对于控制者的责任、主体事项、处理期限、处理性质与目的、个人数据的类型、数据主体的类型以及控制者的责任与权利的。此类合同或法律尤其应当对如下情形做出规定：

(a) 只有在收到控制者的书面指示时才可以处理个人数据，在涉及将个人数据转移到第三国或某个国际组织的事项中亦是如此，除非欧盟法或成员国法对处理者有要求；在这种情形下，处理者应当在处理之前将法律要求告知控制者，除非告知会影响重要的公共利益；

(b) 对于被授权处理个人数据的人，确保其履行保密义务或法律上的适当保密责任；

(c) 采取第 32 条所要求的所有措施；

(d) 尊重第 2 段和第 4 段规定的聘用另一个处理者的条件；

(e) 结合处理的性质，在可能的情形下，通过合适的技术与组织手段帮助控制者履行其责任，以便使数据主体能够行使其第三章所规定的权利；

(f) 结合处理的性质和处理者所能得到的信息，帮助控制者履行第 32 条至第 36 条所规定的责任；

(g) 基于控制者的选择，在提供和处理相关的服务结束后，将个人数据删除或返还给控制者，并且删除已有备份，除非欧盟或成员国的法律要求储存个人数据；

(h) 给控制者提供所有能够证明其已经遵循本条款规定责任的信息，以及有利于控制者或控制者委任的审计员进行审计和核查的信息。

关于第 1 段(h)点，如果处理者认为某项指示违反了本条例或其他欧盟或成员国的数据保护条款，其应当立即告知控制者。

4. 当处理者代表控制者为了进行特定的处理活动而应聘另一处理者，第 3 段所规定的控制者和处理者之间的合同或其他法律条款所规定的数据保护责任应当通过合同或欧盟或成员国的法律条款而同等适用于另一处理者，尤其是应当采取充分的保障措施、恰当的技术与组织手段以满足本条例的要求。当另一个处理者无法完成其数据保护职责时，对其责任，处理者应当完全承担。

5. 处理者遵守第 40 条所规定的已生效的行为准则，或者遵守第 42 条所规定的已生效的验证机制，这可以被作为证据之一，证明处理者已经采取了本条款第 1 段和第 4 段所规定的充分保障。

6. 在不影响控制者和处理者之间的单独合同的前提下，第 3 段和第 4 段所规定的合同或法律条款可以全部或部分运用本条第 7 段和第 8 段所规定的格式合同条款，包括它们何时属于根据第 42 条和第 43 条规定的赋予控制者或处理者的验证机制。

7. 欧盟委员会可以对于本条第 3 段和第 4 段所规定的事项，根据第 93(2)条所规定的检查程序而制定格式合同条款。

8. 监管机构可以对本条第 3 段和第 4 段所规定的事项，根据第 63 条所规定的一致性机制而制定格式合同条款。

9. 第 3 段和第 4 段所规定的合同或法律条款必须是书面的，包括以电子形式做出的书面记录。

10. 在不影响第 82 条～第 84 条的情形下，如果某个处理者因为确定处理目的与方法而违反了本条例，处理者应当在此次处理中被视为控制者。

第 29 条　代表控制者或处理者进行的处理

有权访问个人数据的处理者、任何代表控制者或处理者的个人，除非获得控制者的同意，不应当处理这些数据。欧盟或成员国法律要求进行处理的除外。

第 30 条　处理活动的记录

1. 每个控制者——以及如果有的话——每个控制者的代表，都应当保持其所负责的处理活动的记录。这种记录应当包含所有如下信息：

(a)控制者以及——如果有的话——共同控制者、控制者的代表、数据保护官的姓名、详细联系方式；

(b)处理的目的；

(c)对数据主体的类型以及个人数据的类型的描述;

(d)个人数据已经被披露或将被披露的接收者——包括位于第三国或国际组织的接收者——的类型;

(e)如果适用的话,将个人数据转移到第三国或国际组织的记录,包括识别此第三国或国际组织的记录,以及在第49(1)条第二分段所提到转移的情形中,对适当保障措施的记录;

(f)如果适用的话,擦除不同种数据类型的预计期限;

(g)如果适用的话,对第32(1)条所规定的技术性与组织性安全措施的一般性描述。

2. 每个处理者以及——如果适用的话——处理者的代表对于以控制者名义进行的处理都应当保存一份记录,包含如下信息:

(a)处理者或处理者们的名字和详细联系方式、处理者所代表的每个控制者以及——如果有的话——控制者或处理者的代表、数据保护官;

(b)代表每个控制者进行处理的类型;

(c)如果适用的话,将个人数据转移到第三国或国际组织的记录,包括识别此第三国或国际组织的记录,以及在第49(1)条第二分段所提到转移的情形中,对适当保障措施的记录;

(d)如果有的话,对第32(1)条所规定的技术性和组织性安全措施的一般性描述。

3. 第1段和第2段所规定的记录应当是书面的,包括以电子形式作出的书面记录。

4. 基于监管机构的要求,控制者或处理者以及——在有的情况下——控制者或处理者的代表,应当提供可获取的记录。

5. 第1和2段所规定的责任不适用于雇员少于250人的经济主体或组织,除非其进行的处理不是偶尔性的,而且可能会给数据主体的权利与自由带来风险,或者其处理包含了第9(1)条规定的特定种类的数据或第10条规定的和刑事犯罪和违法相关的个人数据。

第31条　和监管机构的合作

在监管机构的要求下,控制者和处理者以及——在适用的情况下——它们的代表应当在履行其任务时和监管机构合作。

第二部分　个人数据的安全

第 32 条　处理的安全

1. 在考虑了最新水平、实施成本、处理的性质、处理的范围、处理的语境与目的之后，以及处理给自然人权利与自由带来的伤害可能性与严重性之后，控制者和处理者应当采取包括但不限于如下的适当技术与组织措施，以便保证和风险相称的安全水平：

(a)个人数据的匿名化和加密；

(b)保持处理系统与服务的保密性、公正性、有效性以及重新恢复的能力；

(c)在遭受物理性或技术性事件的情形中，有能力恢复对个人数据的获取与访问；

(d)具有为保证处理安全而常规性地测试、评估与评价技术性与组织性手段有效性的流程。

2. 在评估合适的安全级别的时候，应当特别考虑处理所带来的风险，特别是在个人数据传输、储存或处理过程中的意外或非法销毁、丢失、篡改、未经授权的披露或访问。

3. 遵守第 40 条所规定的已生效的行为准则，或者遵守第 42 条所规定的已生效的验证机制，这可以被作为证据之一，证明已经遵守了本条款第 1 段的要求。

4. 控制者和处理者应当采取措施确保，除非接到控制者的指示，任何有权访问个人数据的处理者或任何代表控制者和处理者的自然人都不会进行处理，除非欧盟或成员国法律要求进行处理。

第 33 条　向监管机构报告对个人数据的泄露

1. 在个人数据泄露的情形中，如果可行，控制者在知悉后应当及时——至迟在 72 小时内——将个人数据泄露告知第 55 条所规定的有权监管机构，除非个人数据泄露对于自然人的权利与自由不太可能会带来风险。对于不能在 72 小时以内告知监管机构的情形，应当提供延迟告知的原因。

2. 处理者在获知个人数据泄露后，应当及时告知控制者。

3. 第1段所规定的告知应当至少包括：

(a) 描述个人数据泄露的性质，在可能的情形下，描述包括相关数据主体的类型和大致数量，以及涉及个人数据的类型与大致数量；

(b) 告知数据保护官的姓名与详细联系方式，或者可以获取更多信息的其他联系方式；

(c) 描述个人数据泄露的可能后果；

(d) 描述控制者应对个人数据泄露已经采用或计划采用的措施，包括——如果合适的话——减少负面影响的措施。

4. 在不可能同时提供信息的情形下，可以分阶段地及时提供信息。

5. 控制者应当记录所有对个人数据的泄露，包括泄露个人数据相关的事实、影响与已经采取的救济行动。这种记录应当使监管机构验证控制者是否遵守了本条例。

第34条　向数据主体传达个人数据泄露

1. 当个人数据泄露很可能给自然人的权利与自由带来高风险时，控制者应当及时向数据主体传达对个人数据的泄露。

2. 本条第1段所规定的向数据主体传达，应当以清晰和平白的语言传达个人数据泄露的性质，并且应当至少包括第33(3)条(b)(c)(d)点所提供的信息与建议。

3. 当满足如下情形之一时，向第1段所规定的数据主体告知将不是必需的：

(a) 控制者已经采取合适的技术与组织保证措施，并且那些措施已经应用于那些被个人数据泄露所影响的个人数据，特别是已经应用那些使未被授权访问的个人无法辨识个人数据的措施，如加密；

(b) 控制者已经采取后续措施，保证第1段所规定的给数据主体的权利与自由带来的高风险不再有实现的可能；

(c) 告知将需要付出不相称的努力，在此类案件中，应当有替代性的公共性沟通或类似措施，数据主体应当以一种同样有效的方式被告知。

4. 如果数据主体仍然没有将个人数据泄露告知数据主体，监管机构在考虑了个人数据泄露所可能带来的高风险可能性后，可以要求数据主体告知，或者可以认为符合第 3 段所规定的情形。

第三部分　数据保护影响评估与提前咨询

第 35 条　数据保护影响评估

1. 当某种类型的处理——特别是适用新技术进行的处理——很可能会对自然人的权利与自由带来高风险，在考虑了处理的性质、范围、语境与目的后，控制者应当在处理之前评估计划的处理进程对个人数据保护的影响。某一次评估可以对带来高风险的一系列类似的处理进程进行评估。

2. 如果控制者已经委任数据保护官，当其进行数据保护影响评估时，控制者应当向数据保护官进行咨询。

3. 在如下情形中，第 1 段所规定的数据保护影响评估是尤其必需的：

(a) 对与自然人相关的个人因素进行系统性与全面性的评价，此类评价建立在自动化处理——包括用户画像——基础上的，并且其决策对自然人产生法律影响或类似重大影响；

(b) 以大规模处理的方式处理第 9(1) 条所规定的特定类型的数据，或者和第 10 条规定的定罪与违法相关的个人数据；或者

(c) 以大规模的方式系统性地监控某个公众可以访问的空间。

4. 监管机构应当建立并公开一个列表，列明符合第 1 段所要求的数据保护影响评估的处理操作的类型。监管机构应当将此类列表告知第 68 条所提到欧盟数据保护委员会。

5. 监管机构还可以建立一个公开性的列表，列明符合不需要进行数据保护影响评估的处理操作的类型。监管机构应当将此类列表告知欧盟数据保护委员会。

6. 在设置第 4 段与第 5 段所规定的列表之前，当此类列表涉及为数据主体提供商品或服务，或者涉及对多个成员国行为的监管，或者可能实质性地影响欧盟内部个人数据的自由流动，有职权的监管机构应当首先适用第 63 条所规定的一致性机制。

7. 评估应当至少包括：

(a)对计划的处理操作和处理目的的系统性描述，以及——如果适用的话——对控制者所追求的正当利益的描述；

(b)对和目的相关的处理操作的必要性与相称性进行分析；

(c)对第1段所规定的给数据主体的权利与自由带来的风险的评估；

(d)结合数据主体和其他相关个人的权利与正当利益，采取的计划性风险应对措施，包括保障个人数据保护和证明遵循本条例的安全保障、安全措施和机制。

8. 评估相关控制者或处理者的处理操作的影响时，特别是评估数据保护影响时，应当合理考虑其对第40条所规定的已生效的行为准则的遵守。

9. 在合适的情形下，如果其不影响保护商业或公共利益或处理操作的安全性，控制者应当咨询数据主体或数据主体代表对于其预期处理的观点。

10. 当基于第6(1)条(c)或(e)点而进行的处理符合欧盟或成员国为控制者制定涉及处理操作的法律，并且在制定其法律基准时已经进行了作为一般性影响评估一部分的数据保护影响评估时，第1段至第7段不应当适用，除非成员国认为，有必要在处理活动前进行此类评估。

11. 必要时，控制者应当进行核查，评估处理是否符合数据保护影响评估，至少当处理操作所带来的风险存在变化时，应进行核查。

第36条　提前咨询

1. 当第35条所规定的数据保护影响评估表明，如果控制者不采取措施，处理会带来高风险，那么控制者应当在处理之前咨询监管机构。

2. 当监管机构认为，第1段所规定的预期的处理将违反本条例，特别是当控制者无法识别或减小风险，监管机构应当在收到咨询请求的八个星期以内向控制者以及——在适用的情况下——处理者提供书面建议，并且可以使用第58条所规定的权力。考虑到预期处理的复杂性，这种期限可以延长6个星期。监管机构应当在收到咨询请求的1个月内向控制者以及——在适用的情况下——处理告知延期以及延期的原因。监管机构可以延长期限，直到其获取了咨询所要求的信息。

3. 当咨询第1段所规定的监管机构时，控制者应当向监管机构提供如下信息：

(a) 在适用的情形下，涉及处理——特别是当处理是在一群企业内部进行的——的控制者、共同控制者和处理者的相应责任；

(b) 预期处理的目的与方法；

(c) 为了保障数据主体权利与自由所采取的符合本条例的方法与措施；

(d) 在适用的情形下，数据保护官的详细联系方式；

(e) 第35条所规定的数据保护影响评估；以及

(f) 监管机构要求的所有其他信息。

4. 成员国在起草相关立法草案以获得国会通过时，或者根据此类立法措施制定处理相关的规制措施时，应当咨询监管机构。

5. 虽然有第1段的规定，但在和控制者履行实现公共利益任务相关的处理中，包括和社会保障与公共健康相关的处理中，成员国法律可以要求控制者在其处理相关的事项中咨询监管机构并且提前获取监管机构的授权。

第四部分　数据保护官

第37条　数据保护官的委任

1. 在如下任一情形中，控制者和处理者应当委任数据保护官：

(a) 处理是公共机构或公共实体进行操作的，法庭在履行其司法职能时除外；

(b) 控制者或处理者的核心处理活动天然性地需要大规模性地对数据主体进行常规和系统性的监控；或者

(c) 控制者或处理者的核心活动包含了第9条规定的对某种特殊类型数据的大规模处理和第10条规定的对定罪和违法相关的个

人数据的处理。

2. 如果一组企业的每一个机构都能很容易联系数据保护官，这一组企业就可以任命一个单独的数据保护官。

3. 当控制者或处理者是一个公共机构或公共实体，基于它们的组织结构和规模，多个此类公共机构或实体可以共同委任一个数据保护官。

4. 除了第 1 段所规定的情形，在欧盟或成员国法律要求的情形下，控制者或处理者，或代表某类控制者或处理者的协会和其他实体可以委任一名数据保护官。对于此类协会，或代表控制者或处理者的其他实体的活动，数据保护官有权代表他们进行活动。

5. 数据保护官的委任必须基于其专业性的素质，其需要具有数据保护法律与实践的专业知识，以及完成第 39 条所规定的任务的能力。

6. 数据保护官应当是控制者或处理者或基于服务合同而完成任务的一名职员。

7. 控制者或处理者应当发布数据保护官的联系细节，并向监管机构进行报告。

第 38 条　数据保护官的职位

1. 控制者和处理者应当确保，在所有与个人数据保护相关的事项中，数据保护官都应当以一种恰当和及时的方式介入。

2. 控制者和处理者应当支持数据保护官履行第 39 条所规定的责任，应当提供其履行此类责任、访问个人数据、进行处理操作，以及维持其专业性知识的必要资源。

3. 控制者和处理者应当确保个人数据保护官不会收到任何关于履行此类责任的指示。个人数据保护官不能因为完成其任务而被控制者或处理者解雇。其可以直接向控制者或处理者的最高管理层进行报告。

4. 数据主体可以在所有和处理其个人数据相关的事项中，以及行使本条例所赋予的权利相关的事项中联系数据保护官。

5. 数据保护官在完成其任务时，应当遵守欧盟或成员国的法律，负有保密义务。

6. 数据保护官可以完成其他任务或责任,控制者或处理者应当保证任何此类任务和责任不会导致利益冲突。

第 39 条　数据保护官的任务

1. 数据保护官应当至少具有如下任务:

(a)对控制者或处理者,以及那些履行本条例和欧盟其他成员国数据保护条款所规定的处理责任的雇员进行告知,提供建议;

(b)确保遵守本条例、其他欧盟或成员国数据保护条款、和个人数据保护相关的控制者或处理者的政策,包括分配处理操作中以及相关审计中的责任、增强意识以及培训职员;

(c)如果有要求,应当对数据保护影响评估以及根据第 35 条对其实施进行监管的事项提供建议;

(d)和监管机构进行合作;

(e)在与处理相关的事项中,包括第 36 条所规定的提前咨询中,以及——在适用的情况下——在其他所有相关事项的咨询中,充当监管机构的联系人。

2. 数据保护官在履行其任务时,应当结合处理的性质、范围、语境与目的,合理地考虑处理操作所伴随的风险。

第五部分　行为准则与认证

第 40 条　行 为 准 则

1. 在考虑不同处理部门的特征以及微型、小型以及中型经济主体的特定需求之后,成员国、监管机构以及欧盟数据保护委员会与欧盟委员会应当鼓励起草促进本条例合理适用的行为准则。

2. 协会以及其他代表某类控制者或处理者的实体为了对适用本规则进行细化,可以起草行为准则。或修正或延长此类准则。例如,它们可以起草涉及如下事项的准则:

(a)合理与透明的处理;

(b)在特定情境下控制者所追求的正当利益;

(c)对个人数据的收集;

(d)对个人数据进行匿名化处置；

(e)提供给公众与数据主体的信息；

(f)数据主体权利的行使；

(g)提供给儿童和保护儿童的信息，以及为了获取儿童监护人同意所采取的形式；

(h)第24条和第25条所规定的措施与程序，以及为了保障第32条所规定的处理安全所采取的措施；

(i)向监管机构通报个人数据泄露，以及将此类个人数据泄露告知数据主体；

(j)将个人数据转移到第三国或国际组织；或者

(k)不影响第77条和第99条所规定的数据主体权利的庭外诉讼性活动，以及为了解决控制者与数据主体在处理相关事项中争议的纠纷解决程序。

3. 控制者或处理者除了受本条例约束之外，对于根据第3条不受本条例约束的情形，为了保证在第46(2)条(e)点所规定的将个人数据转移到第三国或国际组织的框架中提供合适的安全措施，也可以受本条第5段所规定的已生效的行为准则约束，或者受本条第9段规定的具有一般性效力的行为准则所约束。为了提供此类合适的安全措施，包括和数据主体权利相关的安全措施，此类控制者或处理者应当通过合同或其他具有法律强制力的措施制定有约束力和可执行的承诺。

4. 在不影响第55条或第56条所规定的有权监管机构的任务与权利的前提下，本条第2段所规定的行为准则应当包括使第41(1)条所规定的实体能履行其监管任务的有效措施，保证负责实施行为准则的控制者或处理者遵循其条款的规定。

5. 本条第2段所规定的计划起草、修改行为准则或延长现有准则的协会或其他实体，应当将准则草案、修正案或延期提议提交给符合第55条的有权监管机构。监管机构应当提供一份意见书，表明草案、修正案或延期提议是否符合本条例的规定，如果监管机构认定已经采取了足够和适当的安全保障，其应当批准草案、修正案或延期提议。

6. 当准则草案、或修正案或延期提议是根据第 5 段的规定而被批准的,并且行为准则不涉及多个成员国的处理活动,监管机构应当进行登记并发表准则。

7. 当行为准则的草案涉及多个国家的处理活动,第 55 条所规定的有权监管机构应当在批准准则草案、修订或延期之前将其按照第 63 条规定的程序提交给欧盟数据保护委员会,并应提供一份意见书,表明准则草案、修正案或延期是否遵循了本条例,或者——在第 3 段所规定的情形中——是否提供了恰当的安全措施。

8. 当第 7 段中规定的意见书确认了准则草案、修正案或延期遵循了本条例,或者——在第 3 段所规定的情形中——提供了恰当的安全措施,欧盟数据保护委员会应当将意见书提交给欧盟委员会。

9. 欧盟委员会应当通过制定实施法案确定,根据第 8 段规定而提交的已生效的行为准则、修正案或延期是否在欧盟具有一般效力。此类法案的制定应当符合第 94(2)条所规定的核查程序。

10. 对于已经被认定符合第 9 段中所规定的具有一般有效性的已生效准则,欧盟委员会应当保证其具有适当的公开性。

11. 欧盟数据保护委员会应当核查所有登记的已生效行为准则、修正案以及延期,并且应当以恰当的方式使公众能够获取。

第 41 条　对已生效行为准则的监控

1. 在不影响第 57 条和第 58 条规定的有权监管机构的任务与权利的前提下,对根据第 40 条制定的行为准则的合规性监管可以交给如下实体:在准则所规定事项方面具有合适程度的专业性,并且其合规性监管权力已经被有权监管机构认证的实体。

2. 第 1 段所规定的实体,当存在如下条件时,可以被委任为有权监管是否遵守行为准则的机构:

(a)已经证明在准则所规定事项方面具有独立性与专业性,满足有权监管机构的要求;

(b)已经确立了相关程序,可以通过程序评估相关控制者和处理者适用准则的资质,监控其对准则条款的遵守,以及间歇性地评估其操作;

(c)已经设立程序和体系,解决关于违反准则,或关于控制者或处理者已经实施、或正在实施准则的方式的申诉,并且已使此类程序与体系对数据主体和公众透明化;并且

(d)已经表明其符合有权监管机构的要求,其任务和职责不存在利益冲突的情形。

3. 有权监管机构应当按照第63条所规定的一致性机制,将认证第1段中所规定的实体的标准草案提交给欧盟数据保护委员会。

4. 当控制者或处理者违反准则,第1段所规定的实体在不影响有权监管机构的任务和权利、第八章条款的前提下,应当在适当安全措施的保障下采取合适的行动,包括准则中中止或剔除相关控制者或处理者。实体应当将此类行动以及行动的理由告知有权监管机构。

5. 如果第1段所规定的实体不符合或不再符合认证的条件,或者其行为违反了本条例,有权监管机构应当撤回对其的认证。

6. 本条不适用于公共机构和公共实体所进行的处理。

第42条　认　　证

1. 成员国、监管机构、欧盟数据保护委员会和欧盟委员会应当鼓励——尤其是在欧盟层面——建立数据保护认证机制、数据保护印章和标记,以证明控制者和处理者的处理操作符合本条例。对此应当考虑微型、小型以及中型经济主体的特定需求。

2. 控制者或处理者除了受本条例约束之外,也可以设立符合本条第5段的数据保护认证机制、印章或标记,以便证明,对于根据第3条不受本条例约束的情形,已经对第46(2)条(f)点所规定的将个人数据转移到第三国或国际组织的情形采取了合适的安全措施。为了提供此类合适的安全措施,包括和数据主体权利相关的安全措施,此类控制者或处理者应当通过合同或其他具有法律强制力的措施制定有约束力和可执行的承诺。

3. 认证应当是自愿的,而且可以通过透明程序而获得。

4. 根据本条而进行的认证,不能减轻控制者或处理者遵循本条例的责任,而且也不对第55条或第56条所规定的有权监管机构的

任务和权利产生影响。

5. 符合本条的认证应当为第 43 条所规定的认证机构所批准,应当建立在第 58(3)条的有权监管机构或第 63 条的欧盟数据保护委员会所批准的标准之上。当标准被欧盟数据保护委员会所批准,这可以产生一个通用性认证——欧盟数据保护印章。

6. 那些将其处理提交认证机制的控制者或处理者,应当将进行认证程序所必需的所有信息与访问权提交给第 43 条规定的认证机构,在适用的情形下,还应当提交给有权监管机构。

7. 颁发给控制者或处理者的认证的有效期最长是 3 年,如果相关条件满足,同样的情形下有效期可以延长。当认证的条件不满足或不再满足时,在适用的情形下,第 43 条规定的认证实体或有权监管机构可以撤回认证。

8. 欧盟数据保护委员会应当核查所有已登记的验证机制、数据保护印章和标记,而且应当以恰当的方式使公众能够获取。

第 43 条　认 证 机 构

1. 在不影响第 57 条和第 58 条规定的有权监管机构的任务与权利的前提下,具有相应专业性的认证机构可以在告知监管机构后——以便监管机构可以行使第 58(2)条(h)点所规定的权利——颁发和更新认证。成员国应当确保这些认证机构是如下一个机构认可或两个机构同时认可的:

(a)第 55 条或第 56 条所规定的有权监管机构;

(b)按照欧洲议会和理事会的(EC)No. 765/2008 条例、EN-ISO/IEC 17065/2012 设定的,以及满足第 55 条或第 56 条的有权监管机构所规定的额外要求的全国性认证机构。

2. 只有存在如下情形时,第 1 段所规定的认证机构才能根据第 1 段的规定被认证:

(a)已经证明在准则所规定事项方面具有独立性与专业性,满足有权监管机构的要求;

(b)采取措施遵从第 42(5)条所规定的标准,并且已经为第 55 条所规定的有权监管机构或第 63 条规定的欧盟数据保护委员会所批准；

(c)建立了发行、定期审查和撤回数据保护认证、印章和标记的程序；

(d)已经设立了解决关于违反准则，或关于控制者或处理者已经实施、或正在实施准则的方式的申诉程序和体系，并且已使此类程序与体系对数据主体和公众透明化；且

(e)已经表明其符合有权监管机构的要求，其任务和职责不存在利益冲突的情形。

3. 第 1 段和第 2 段所规定的委任认证机构应当建立在第 55 条或第 66 条所规定的有权监管机构所批准的基础性标准之上，或者第 63 条所规定的欧盟数据保护委员会所批准的基础性标准之上。对于本条第 1 段(b)点所规定的授权，此类要求应当补充(EC) No. 765/2008 指令所设想的要求，以及描述认证机构方法与程序的技术性规则。

4. 在不影响控制者或处理者对本条例的遵守的前提下，第 1 段所规定的认证机构应当负责颁发认证或撤销此类认证的有效评估。颁发给控制者或处理者的认证的有效期最长是 5 年，如果相关条件满足，同样的情形下有效期可以延长。

5. 第 1 段所规定的验证机构应当向有权监管机构报告颁发或撤销所要求认证的理由。

6. 监管机构应当以容易获取的方式公开本条第 3 段所规定的要求，以及第 42(5)条所规定的标准。监管机构还应当将那些要求和标准传输给欧盟数据保护委员会。欧盟数据保护委员会应当核查所有登记的认证机制与数据保护印章，而且应当通过某种恰当的方式将它们公开。

7. 在不影响第八章的前提下，当认证的条件不符合或不再符合，或者当认证机构所采取的行为侵犯了本条例，有权监管机构或全国性的认证机构应当取消根据本条第 1 段对认证机构的认证。

8. 为了细化第 42(1)条所规定的数据保护验证机制所需要考虑的条件，欧盟委员会有权制定符合第 92 条的授权法案。

9. 欧盟委员会可以制定实施法案，为验证机制与数据保护印章、

标记与机制设定技术标准，以便促进和认可那些验证机制、印章与标记。此类实施法条的制定应当符合第94(2)条所规定的验证程序。

第五章　将个人数据转移到第三国或国际组织

第44条　转移的一般性原则

对于正在处理或计划进行处理的个人数据，将其转移到第三国或国际组织，包括将个人数据从第三国或国际组织转移到另一第三国或另一国际组织，控制者和处理者只有满足本条例的其他条款，以及满足本章规定的条件才能进行转移。为了保证本条例对于自然人的保护程度不会被削弱，本章的所有条款都应当被遵守。

第45条　基于认定具有充足保护的转移

1. 当欧盟委员会作出认定，认为相关的第三国、第三国中的某区域或一个或多个特定部门、或国际组织具有充足保护，可以将个人数据转移到第三国或国际组织。此类转移不需要特定的授权。

2. 当评估保护程度的充足性时，欧盟委员会应当特别考虑如下因素：

(a)法治、对人权与基本自由的尊重、包括关于公共安全、国防、国家安全、刑法和公共机构访问个人数据的一般性与部门性立法，以及此类立法的实施、数据保护规则、职业规则和安全措施，包括将个人数据转移到另一第三国或国际组织所必须遵循的第三国或国际组织的规则、判例法以及有效可执行的数据主体权利、对其个人数据正在转移的数据主体的司法救济；

(b)在国际组织是主体的情形中，第三国内存在一个或多个有效运作的独立监管机构，保证数据保护规则的实施，包括具有充分的执行权力，在数据主体行使其权利时和与成员国的监管机构合作时提供帮助和建议；

(c)第三国或国际组织已经许下的国际性承诺，或者承诺愿意承担有法律约束力的条约或法律文件所引起的其他责任，以及参加多边或地区性的体系，特别是和数据保护相关的体系所引起的其他责任。

3. 在评估了保护程度的充足性之后,欧盟委员会可以通过制定实施性法案,确定本条第2段含义内的第三国、第三国内的领地或一个或多个特定部门或一个国际组织是否具有充足的保护。实施性法案应当提供一种周期性审查,至少每4年对第三国或国际组织的所有相关发展进行审查。实施性法案应当细化其领域性与部门性的实施,以及在适用的情况下确定本条第2段(b)点所规定的一个或多个监管机构。实施性法案的制定应当遵循第93(2)条所规定的验证程序。

4. 欧盟委员会应当持续性地监控第三国或国际组织的某些可能会影响根据本条第3款而作出的决定和建立在95/46/EC指令第25(6)条基础之上的决定发挥作用的某些发展。

5. 当已有信息显示,第三国或第三国内的一个或多个特殊部门或国际组织不再提供本条第2段所规定的充足的保护,欧盟委员会应当——尤其是在经过第3段所规定的核查后——通过制定不具有溯及力的实施性法案,在必要限度内废止、修正或中止本条第3段所规定的决定。此类实施性法案的制定应当遵循第93(2)条所规定的验证程序。

在具有高度正当性的紧急状态情形中,欧盟委员会应当立即根据第93(3)条规定的程序而制定实施性法案。

6. 为了补救导致第5条决定的情形,欧盟委员会应当与第三国或国际组织磋商。

7. 符合本条第5段的决定不会影响到将个人数据转移到第三国、第三国内的领地或一个或多个部门,或者第46条至第49条所规定的相关国际组织。

8. 欧盟委员会应当在欧盟的官方杂志及其网站上发表名单,列明其确定已经具备充足保护或不再具有充足保护的第三国、第三国内的特定部门和国际组织。

9. 欧盟委员会在95/46/EC指令第25(6)条基础上而作出的决定,在被欧盟委员会根据本条第3段或第5段而修改、替代或废止前应具有效力。

第 46 条　转移所需要的适当安全保障

1. 如果没有根据第 45(3) 条而做出的决定，控制者或处理者只有提供适当的保障措施，以及为数据主体提供可执行的权利与有效的法律救济措施，才能将个人数据转移到第三国或一个国际组织。

2. 在不要求监管机构提供任何具体授权的情形下，第 1 段所规定的适当保障措施可以为如下方式提供：

(a) 公共机构或实体之间签订的具有法律约束力和可执行性的文件；

(b) 符合第 47 条的有约束力的公司规则；

(c) 欧盟委员会根据第 93(2) 条规定的核查程序而制定的数据保护标准条款；

(d) 监管机构根据第 93(2) 条规定的核查程序制定并且为欧盟委员会批准的数据保护标准条款；

(e) 根据第 40 条制定的行为准则，以及第三国的控制者或处理者为了采取合适的安全保障而做出的具有约束力和执行力的承诺，包括数据主体的权利；或者

(f) 根据第 42 条而被批准的验证机制，以及第三国的控制者或处理者为了采取合适的安全保障而做出的具有约束力和执行力的承诺，包括数据主体的权利。

3. 在需要有权监管机构授权的情形下，第 1 段所规定的合适安全措施尤其可以通过如下方式进行规定：

(a) 控制者或处理者与控制者、处理者或第三国或国际组织的个人数据接收者之间的合同条款；或者

(b) 公共机构或公共实体之间在行政性安排中所插入的条款，包括可执行的与有效的数据主体权利。

4. 在本条第 3 段所规定的情形中，监管机构应当适用第 3 段所规定的一致性机制。

5. 成员国或监管机构根据 95/46/EC 指令的第 26(2) 条而做出的授权，在被监管机构修改、替代或废止之前应当一直有效。欧盟委员会根据 95/46/EC 指令第 26 条而做出的决定，在欧盟委员会按照

本条第 2 段做出必要性的修改、替换或废止决定前应当一直有效。

第 47 条　有约束力的公司规则

1. 在满足如下条件时，对于符合第 63 条所规定的一致性机制的有约束力的公司规则，有权监管机关应当批准：

(a)具有法律约束力，适用于进行联合经济活动的企业集团或一系列经济主体的所有相关成员——包括其雇员，并且为他们所执行。

(b)在处理个人数据方面明确赋予数据主体以可执行的权利；以及

(c)满足第 2 段所规定的要求。

2. 第 1 段所规定的有约束力的规则应当至少明确：

(a)进行联合经济活动的企业集团或一系列经济主体，及其每一个成员的架构和详细联系方式。

(b)数据转移或一系列的数据转移，包括个人数据的类型；处理类型及其目的，受影响的数据主体的类型；以及涉及的对第三国或多个第三国的确定。

(c)规则的法律约束效力，既包括内部的约束力，也包括外部的约束力。

(d)对一般数据保护原则的适用，特别是目的限定、数据最小化、有限的储存期限、数据质量、通过设计的数据保护与默认的数据保护、处理的法律基础、对特定类型个人数据的处理；保障数据安全的措施；以及将数据转移到不受约束性公司规则所约束的实体所做的要求。

(e)和处理相关的数据主体的权利以及行使这些权利的方式，包括有权反对完全受制于自动化处理——包括符合第 22 条的用户画像——而对数据主体做出决定，有权按照第 79 条向有权监管机构和成员国的有权管辖的法庭申诉，以及有权在违反有约束力的公司规则的情形下获取救济和——如果适用的话——赔偿。

(f)对于任何不在欧盟设立的控制者或处理者的相关成员违反约束性公司规则，在成员国的领域内设立的控制者或处理者愿意承担责任；只有当控制者或处理者证明，该成员对于导致损害的事件没有责任，控制者或处理者的此种责任才能被免除。

(g)关于约束性公司规则的信息如何提供给数据主体，特别是第13条和第14条之外关于本段所规定的(d)(e)(f)点的信息如何提供给数据主体。

(h)根据第37条所委任的所有数据保护官的任务，或者企业集团、或进行联合经济活动的一系列经济主体内部负责监控遵守约束性公司规则、监控培训和处置申诉的所有人或实体的任务。

(i)申诉程序。

(j)企业集团或进行联合经济活动的一系列经济主体，为了核实对约束性公司规则的遵守而在内部设立机制。此类机制应当包括数据保护核查以及能够确保采取矫正性活动保护数据主体权利的方法。此类核实结果应当告知(h)点所规定的个人或实体，企业集团或进行联合经济活动的一系列经济主体，而且在有权监管机构的要求下应当能够提供其核实结果。

(k)报告和记录规则变化的机制，以及将此类变化报告给监管机构的机制。

(l)为了保证企业集团或进行联合经济活动的一系列经济主体的合规性而和监管机构一起设立的合作机制，特别是向监管机构提供(j)点所规定的方法的核查结果。

(m)企业集团或进行联合经济活动的一系列经济主体的成员是第三国的主体，可能会对约束性企业规则所提供的保障产生实质性的负面影响，向有权监管机构报告对此类主体是否有法律要求的机制。以及

(n)对于可永久性或经常性访问个人数据的员工进行的适当数据保护培训。

3. 欧盟委员会可以明确控制者、处理者和监管机构之间为了本条含义内的约束性公司规则而进行信息交换的形式和程序。此类实施性法案的制定应当遵循第93(2)条所规定的验证程序。

第48条　未经欧盟法授权的转移或披露

任何要求控制者或处理者将个人数据转移或披露的法庭或司法

性判决、第三国行政机构的决定，只有其建立在请求第三国和欧盟或成员国所缔结的有效国际条约——例如法律互助协议——的基础之上，并且不会影响本章所规定的以其他理由进行转移，才可以被认可或执行。

第 49 条　特殊情形下的克减

1. 如果不存在根据第 45(3)条而做出的充足保护认定或根据第 46 条而制定的适当安全措施——包括约束性公司规则，将个人数据转移到第三国或国际机构，这只有满足如下情形之一才能进行：

(a)数据主体被明确告知，不存在充足保护或适当的安全措施，预期的数据转移存在风险，但之后数据主体仍然明确表示同意预期的数据转移。

(b)转移对于履行数据主体与控制者之间的合同，或者履行数据主体在签订契约前所提出要求是必要的。

(c)控制者和另一自然人或法人之间签订或履行合同时，转移对于实现数据主体的利益是必要的。

(d)转移对于实现公共利益是必要的。

(e)转移对于确立、行使或辩护法律性主张是必要的。

(f)当数据主体基于身体性或法律性原因无法表达同意，为了保护数据主体或其他人的关键利益是必要的。

(g)转移是根据登记册而进行的——这种登记册是欧盟法或成员国法律为了向具有正当利益的一般性公众或个人提供咨询。但是，只有满足欧盟法或成员国法对咨询所规定的必要条件，此类个案中的转移才能进行克减。

当转移无法基于第 45 条或第 46 条，包括基于约束性公司规则的条款的规定而进行，且从(a)到(g)点的克减条件都不符合，将数据转移到第三国或国际组织，这只有在转移满足如下条件时才可以：转移是非重复性的；关乎很小一部分数据主体的权利时；对于实现控制者压倒性的正当利益是必要的，并且不会违反数据主体的有限性的利益或权利与自由；控制者已经对围绕数据传输的情形进行评估，而且基于这种评估对个人数据保护采取了合适的安全保障。控制者除了提供第 13 条和第 14 条所规定的信息之外,应当将转移和追求的压倒性正当利益告知数据主体。

2. 符合第 1 段(g)点的转移不应当包括登记册里的全部个人数据或所有类型的个人数据。当登记册是为了给具有正当利益的人提供咨询的,只有那些人提出要求,或者那些人是接收者的情形下才能进行转移。

3. 对于公共机构在行使其公共权力时的活动,第 1 段的(a)(b)(c)点以及第 1 段的第二分段不适用。

4. 第 1 段(d)点规定的公共利益应当为欧盟或成员国为控制者所制定的法律所确认。

5. 如果不存在充足保护的认定,欧盟或成员国的法律可以基于公共利益而明确做出限制,限制将个人数据转移到第三国或国际组织的特定类型。成员国应当将此类条款告知欧盟委员会。

6. 控制者或处理者应当在第 30 条规定的档案中记录本条第 1 段第二分段所规定的评估以及合适的安全措施。

第 50 条　为保护个人数据的国际合作

在涉及第三国或国际组织的情形中,欧盟委员会和监管机构应当采取合适的措施:

(a)发展国际合作机制,以便促进对个人数据保护立法的有效实施;

(b)在采取合适安全措施保障个人数据保护和其他基本权利与自由的前提下,通过告知、申诉转介、调查帮助和信息互换为个人数据保护立法的实施提供国际性互助;

(c)在实施个人数据保护立法中,使相关利益方密切参与为了进一步国际合作而进行的讨论和活动;

(d)促进个人数据立法与实践——包括与第三国管辖权冲突——的交换与记录。

第六章　独立监管机构

第一部分　独立性地位

第 51 条　监 管 机 构

1. 为了保护自然人在处理相关数据中的基本权利与自由,以及促进欧盟内部的个人数据的自由流通,每个成员国应当建立一个或多个独立公共机构,负责监控本条例的实施。

2. 每个监管机构都应当帮助本条例在欧盟的一致性适用。基于这种目的,监管机构应当按照第七章的规定彼此合作以及和欧盟委员会合作。

3. 当一个成员国确立了不止一个监管机构,该成员国应当在欧盟数据保护委员会委任一个监管机构代表其他机构,而且应当建立一套机制,保证其他机构遵守第 63 条规定的一致性机制相关的规则。

4. 每个成员国都应当将其根据本章所制定的法律条款告知欧盟委员会(最迟应当在本条例生效的 2 年内),而且应当及时将影响条款的修订告知欧盟委员会。

第52条 独 立 性

1. 每个监管机构在行使其任务和行使符合本条例的权力时,应当保持完全的独立性。

2. 每个监管机构的一个或多个成员在行使其任务和行使符合本条例的权力时,应当不受外部影响,无论是直接性的还是间接性的,而且不应接收任何人的指示。

3. 每个监管机构的成员都应当避免和其责任不一致的活动,而且在其任职期间,都不应当参与任何具有冲突的职位,无论这种职位是否给予报酬。

4. 每个成员国都必须确保,每个监管机构都具有为了有效履行其任务和行使其权利——包括在欧盟数据保护委员会中互助、合作和参与的履行任务和行使权利——而必需的人力性、技术性与资金资源,前提性与基础性要素。

5. 每个成员国都应当确保,每个监管机构都具有选择和雇佣其成员的权力,这只受相关监管机构的一个或多个成员的专门指令的约束。

6. 每个成员国都必须确保,在不影响其独立性以及其具有单独性和公共性的年度预算的前提下,每个监管机构都受资金控制——

此类资金控制可能是州预算或国家预算的一部分——的约束。

第 53 条　监管机构成员的一般性要求

1. 成员国应当通过如下机构以透明化的方式委任其监管机构的每个成员：

——它们的议会；

——它们的政府；

——它们的国家元首；或者

——成员国法律指派的独立性实体。

2. 每个成员都应当具有履行其职责和行使其权力所应当具有的资质、经验与技巧，特别是在个人数据保护领域的资质、经验与技巧。

3. 成员根据成员国的相关法律结束其任期、辞职或强制性退休时，其职责也相应结束。

4. 只有存在严重的不当行为，或者不再符合履行其职责的条件时，成员才可以被解职。

第 54 条　设立监管机构的规则

1. 每个成员国都应当通过法律规定如下事项：

(a)每个监管机构的设立；

(b)被任命为每个监管机构的成员所需要的资质与合适的条件；

(c)任命每个监管机构的一个或多个成员的规则和程序；

(d)每个监管机构的一个或多个成员的不少于 4 年的任期，(在此条例生效之后的第一次任命例外)，如果有必要通过间断性的任命程序来保护监管机构的独立性，一部分成员的任期可以更短；

(e)每个监管机构的一个或多个成员是否可以连任，如果可以的话，可以连任多少个任期；

(f)每个监管机构的成员和员工需要负责的情形，对于其任期内或任期结束后的具有冲突性的行为、任职和收益的禁止条款，以及中止雇佣的规则。

2. 每个监管机构的成员和员工都应当遵循欧盟或成员国的法律，对于其履行任务或行使其权力期间所获取的秘密信息，在任职期间或任期结束后都具有保守职业秘密的职责。尤其在自然人报告具有违反本条例的情形下,成员或员工应当履行其保守职业秘密的职责。

第二部分　职权、任务与权力

第55条　职　　权

1. 每个监管机构都有权在其所属的成员国境内根据本条例履行分配给其的任务,行使授予其的权力。

2. 当公共机构或私人实体基于第6(1)条的(c)或(e)点而进行处理,成员国的相关监管机构应当拥有职权。在此类情形中,第56条不适用。

3. 对于法庭在其司法活动中进行处理操作,监管机构不具有监管职权。

第56条　领导性监管机构的职权

1. 在不影响第55条的前提下,控制者或处理者的主要营业机构或唯一营业机构所在地的监管机构应可以充当领导性监管机构,监管控制者或处理者根据第60条程序而进行的跨境处理。

2. 第1段的规定可以进行减免,如果主要事项只和成员国内的一个机构相关,或者只在一个成员国内对数据主体产生实质性影响,每个监管机构应当都有权对向其进行的申诉或违反本条例的行为进行处置。

3. 对于第2段所规定的情形,监管机构应当将此事项及时告知领导性监管机构。在被告知的3个星期以内,领导性的监管机构应当——结合控制者或处理者是否在通知其的监管机构所在的成员国内拥有机构——决定,其是否要根据第60条规定的程序而处置该案例。

4. 当领导性监管机构决定处理案件,第60条所规定的程序应当适用。那个告知领导性监管机构的监管机构可以向领导性监管机构提交一份决定草案。当领导性监管机构起草第60(3)条所规定的决定时,其应当尽最大限度地考虑提交的决定草案。

5. 当领导性监管机构决定不处置案子，通知领导性监管机构的监管机构应当根据第 61 条和第 62 条进行处置。

6. 对于控制者或处理者所进行的跨境处理，领导性监管机构应当是该控制者或处理者的唯一面谈者。

第 57 条　任　　务

1. 在不影响本条例规定的其他任务的前提下，在其管辖范围内，每个监管机构应当：

(a) 监控和执行对本条例的实施；

(b) 提高公众意识，对和处理相关的风险、规则、安全保障和权利的理解，对针对儿童的活动保持特别注意；

(c) 根据成员国的法律、全国性议会、政府以及其他制度和实体对与处理相关的自然人的权利与自由提供建议；

(d) 提高控制者与处理者对本条例所规定责任的意识；

(e) 基于要求为所有数据主体提供行使本条例所规定的权利，以及——如果适用的话——和其他成员国的监管机构为了实现这一目的而进行合作；

(f) 处置数据主体或实体、组织或协会根据第 80 条的申诉，采用合适的手段调查申诉的主要事项，在合理期限内向申诉者告知进展和调查结论——特别是如果需要进一步的调查和监管机构协调；

(g) 为保证对本条例适用与执行的一致性和其他监管机构合作，包括分享信息和提供相互协助；

(h) 为本条例的适用进行调查，包括基于另一监管机构或其他公共机构提供的信息而进行的调查；

(i) 在相关发展——特别是信息和通信技术、商业实践发展——对个人数据保护产生影响的情况下，对相关发展进行监控；

(j) 采用第 28(8) 条和第 46(2) 条(d) 点规定的标准格式合同；

(k) 建立并维持和第 35(4) 条规定的个人数据保护影响评估相关的条目；

(l) 对第 36(2) 条规定的处理操作给出建议；

(m) 鼓励起草符合第 40 条的行为准则，对符合第 40(5) 条提供充分安全保障的此类行为准则提供意见并进行批准；

(n)鼓励设立数据保护认证机制以及符合第42(1)条的数据保护印章与标记，并批准符合第42(5)条的认证标准；

(o)在适用的情形下，对根据第42(7)条而颁发的认证进行阶段性审查；

(p)对符合第41条规定的监控行为准则的委派实体，以及符合第43条规定的认证实体，对其标准进行起草并发布；

(q)委任符合第41条规定的监控行为准则的实体，以及符合第43条规定的认证实体；

(r)授权合同条款与第46(3)条规定的条款；

(s)批准符合第47条的约束性合同规则；

(t)欧盟数据保护委员会的活动提供帮助；

(u)对违反本条例的情形以及根据第58(2)条而采取的措施保持内部纪录；并且

(v)完成和个人数据保护相关的其他任务。

2. 每个监管机构都应当为第1段(f)点规定的提交申诉提供便利，如在不排除其他通信方式的前提下，提供可以通过电子方式填写和提交的申诉方式。

3. 每个监管机构的任务履行对于数据主体都应当是免费的，如果适用的话，对于数据保护官也应当是免费的。

4. 当请求是明显毫无根据的或过分的，特别是当请求是重复性的，监管可以基于行政花费而收取一定的合理费用，或拒绝对请求作出行动。监管机构有责任证明，请求是明显毫无根据的或过分的。

第58条　权　　力

1. 每个监管机构都具有所有如下调查权力：

(a)要求控制者和处理者，以及——在适合的情形下——控制者或处理者的代表提供履行其任务所需要的所有信息；

(b)以数据保护核查的方式进行调查；

(c)对根据第42(7)条所颁布的认证进行审查；

(d)将可能侵犯本条例的情况告知控制者或处理者；

(e)从控制者或处理者那里获取访问个人数据的权力,以及为了行使其任务而所需的所有信息;

(f)按照欧盟与成员国法律的程序法,获取对控制者和处理者的所有房屋建筑及场地,包括数据处理设施和方法的访问权。

2. 每个监管机构都有所有如下矫正性权力:

(a)对控制者或处理者颁发警告,警告预期的处理操作可能会侵犯本条例的条款;

(b)当处理操作侵犯本条例条款的时候,对控制者或处理者进行申诫;

(c)命令控制者或处理者尊重数据主体行使符合本条例的权利;

(d)命令控制者或处理者的处理操作符合本条例条款,如果适合的话,应当在特定的期限内以特定的方式完成;

(e)命令控制者将个人数据泄露的情况告知数据主体;

(f)对处理施加暂时性或具有明确期限的禁令;

(g)要求对个人数据进行纠正或擦除,或根据第 16 条、第 17 条和第 18 条而对处理进行限制,以及将此类行动告知第 17(2)条和第 19 条规定的个人数据披露给接收者;

(h)撤回认证,或命令认证机构撤回根据第 42 条和第 43 条而颁发的认证,或者当认证的要求不满足或不再满足时,命令认证机构不要颁发认证;

(i)视每个案例的情形不同,在本段所规定的措施之外,或者替代本段所规定的措施而采取第 83 条规定的行政处罚;

(j)要求中止将数据传输到第三国或国际组织。

3. 每个监管机构都有所有如下授权和建议的权力:

(a)根据第 36 条规定的提前咨询条款向控制者提出建议;

(b)主动或根据要求为全国性议会、成员国政府提供意见,或者根据成员国法为其他机构、实体与公众提供和个人数据保护相关的保护;

(c)如果成员国的法律要求此类提前咨询,根据第 36(5)条而授权处理;

(d)根据第 40(5)条而发布意见以及行为准则;

(e)根据第43条而委任认证机构;

(f)根据第42(5)条颁发认证和批准认证的标准;

(g)制定第28(8)条以及第46(2)条(d)点规定的数据保护标准条款;

(h)授权第46(3)条(a)点规定的合同条款;

(i)授权第46(3)条(b)点规定的行政性安排;

(j)批准符合第47条的约束性公司规则。

4. 根据本条而行使赋予监管机构的权力应当满足合适的安全保障,包括根据欧盟宪章而在欧盟和成员国法律中规定的有效司法救济和正当程序。

5. 每个成员国应当通过法律规定,其监管机构为了执行本条例的条款,有权将违反本条例的情形诉诸司法机构,在合适的情形下可以提起或参与法律诉讼。

6. 每个成员国都应当通过法律规定,其监管机构具有第1、2和3段规定的附加权力。对那些权利的行使不应当削弱第七章规定的有效运行。

第59条　活动报告

每个监管机构都应当起草一份关于其活动的年度报告,这可以包括其被告知的违法类型以及根据第58(2)条而采取的措施类型。此类报告应当传输给全国性议会、政府以及成员国法律所委任的其他机构。公众、欧盟委员会和欧盟数据保护委员会应当能够获取这些报告。

第七章　合作与一致性

第一部分　合　　作

第60条　领导性监管机构和其他相关监管机构的合作

1. 领导性监管机构应当根据本条和其他相关监管机构进行合作,努力达成共识。领导性监管机构和相关监管机构应当彼此分享相关信息。

2. 领导性监管机构可以随时要求其他相关监管机构提供第61

条规定的互助合作,而且可以根据第 62 条而进行联合行动,这尤其适用于如下情形:为了进行调查,或者为了实施涉及设立在另一成员国的控制者或处理者的措施。

3. 领导性监管机构应当及时将事项相关信息告知给其他相关监管机构。对于其他相关监管机构的意见,其应当充分考虑,并及时向其他相关监管机构提交一份决定草案。

4. 当其他任何相关监管机构收到第 3 段中所规定的咨询,并在四周内表达了对决定草案的相关与合理的反对,领导性监管机构如果不同意此相关与合理的反对,或者认为其意见是不相关或不合理的,应当将此事项提交给第 63 条规定的一致性机制。

5. 如果领导性的监管机构同意相关与合理的反对意见,对于此反对意见,其应当将一份修订后的草案决定提交给其他监管机构。修订后的草案决定应当遵守第 4 段所规定的程序,并且应当在 2 个星期内做出。

6. 如果在第 4 段和第 5 段所规定的期间内,其他相关监管机构都没有反对领导性监管机构所提交的决定草案,应当推定领导性的监管机构和相关监管机构对于决定草案具有一致意见,而且应当受其约束。

7. 领导性监管机构应当做出决定,将决定的情况——包括相关事实和理由的总结——通知给控制者或处理者的主要营业机构或唯一营业机构,并视情况通过其他相关监管机构以及做出该决定的欧盟数据保护委员会。收到申诉的监管机构应当将决定的情况告知给申诉者。

8. 在申诉被撤销或驳回的情形中,第 7 段的规定可以进行克减,收到申诉的监管机构应当采用决定并将其告知申诉者,由此也告知了控制者。

9. 当领导性监管机构和相关监管机构同意撤销或驳回申诉的一部分,对申诉的其他部分采取行动,对于此类其他部分的事项,应当采取单独的决定。领导性监管机构应当采用和控制者行动相关的那部分决定,将其通告给控制者或处理者在成员国境内的主要营业机构或唯一营业机构,由此也告知了申诉者。另外,申诉者的监管机构应当采用和撤销或驳回申诉相关的那部分决定，将其告知申诉者，由此也告知了控制者或处理者。

10. 当收到领导性监管机构根据第 7 段和第 9 段而进行的告知后，控制者或处理者应当采取必要措施，保证其在欧盟所有机构的处理活动都符合决定。控制者或处理者应当向领导性监管机构告知为遵守决定而采取的措施，并通知其他相关监管机构。

11. 在极端情形下，当某相关监管机构认为，有充分理由证明需要采取紧急行动以保护数据主体的利益，第 66 条所规定的紧急程序应当适用。

12. 领导性监管机构和其他相关监管机构应当通过电子方式，以标准化的格式为彼此提供本条所要求提供的信息。

第 61 条　互 相 协 助

1. 监管机构应当为彼此提供信息和互相协助，以便以一种一致性的方式执行和适用本条例，而且应当拥有有效信息以进行有效的相互合作。互相协助尤其应当包括信息请求和监管措施，如在授权与咨询、检验与调查之前请求信息和采取监管措施。

2. 对于另一监管机构的请求，每个监管机构都应当采取恰当的合适措施及时回应，而且至迟应当在收到请求的 1 个月内进行。此类措施尤其可以包括传输和调查相关的信息。

3. 请求协助应当包括所有必要信息，包括请求的目的与原因。被交换的信息只能被用于实现请求协助的目的。

4. 除非存在如下情形，被请求的监管机构不应当拒绝请求：

(a)被请求的监管机构对被请求的主体事项或被请求执行的措施没有职权；或者

(b)被请求的监管机构对请求进行照办，这会侵犯本条例或欧盟或成员国的为被请求的监管机构所制定的法律。

5. 被请求的监管机构应将结果告知发出请求的监管机构，而且应当视情况告知为了实现请求而采取的措施。被请求的监管机构如果拒绝按第 4 段而提出的请求，应当提供说明。

6. 基于其他监管机构的请求，被请求的监管机构应当以电子形式,使用标准化的格式提供信息,这应当成为一项规则。

7. 所有被请求的监管机构根据请求而进行的互相协作,都不应当收取费用。对于特定情形下因为提供互相协作而产生的特定花费,监管机构之间可以签订补偿规则。

8. 当某监管机构在收到另一监管的请求后 1 个月内仍然不提供第 5 段所规定的信息,做出请求的监管机构可以根据第 55(1)条在其成员国境内采取临时性措施。在这种情形中,可以推定为符合第 66(1)条的紧急情况,欧盟数据保护委员会应根据第 66(1)条而作出紧急约束性决定。

9. 欧盟数据保护委员会可以通过制定实施性法案而细化本条规定的互相协助的形式与程序,在监管机构之间、监管机构和欧盟委员会之间以电子方式进行的信息交换,特别是本条第 6 段所规定的标准化格式。此类实施性法案的制定应当遵循第 93(2)条规定的验证程序。

第 62 条　监管机构的联合行动

1. 在适用的情形下,监管机构应当进行联合行动,包括在涉及其他成员国监管机构的成员或员工的情形下进行联合调查和采取联合执行措施。

2. 当控制者或处理者在多个成员国设立机构,或者当多余一国的相当数量的数据主体可能会受处理操作的实质性影响,这些成员国的每个国家的每个监管机构都有权参与联合行动。按照第 56(1)条或第 56(4)条规定而拥有职权的监管机构可以邀请这些成员国中的每个国家的监管机构参与联合行动,而且应当及时回应某监管机构的参与请求。

3. 一个监管机构可以按照成员国的法律,以及临时调派的监管机构的授权,将权力,包括调查权授权给临时调查的监管机构的成员或员工。或者,如果监管机构的成员国的法律允许,应当允许临时调派的监管机构的成员或员工行使其符合成员国法律对其做出规定的调查权。只有在东道主监管机构的成员或员工的指导和见证之下,此类权力才能被行使。临时调派的监管机构的成员或员工应当遵守东道主监管机构所在的成员国国家的法律。

4. 当临时调派的监管机构在另一成员国内活动,东道主监管机构所在的成员国应当对其行动承担责任,包括对活动期间所引起的损害,应当按照其活动地所属的成员国法律承担责任。

5. 对于成员国境内所造成的损害,如果其可以适用其成员国的损害赔偿,成员国应当进行赔偿。临时调派的监管机构的某成员国的员工对另一成员国境内的人造成伤害,在另一成员国对个人进行补偿后,某成员国应当对另一成员国进行补偿。

6. 除了第 5 段所规定的情形,以及在不影响行使相对于第三人权利的前提下,每个成员国应当在第 1 段所规定的情形下对另一成员国放弃第 4 段所提到损害相关的赔偿。

7. 当存在联合行动的计划,而且当监管机构拒绝遵守本条第 2 段第二句所设定的责任,其他监管机构可以根据第 55 条在其境内采取临时性措施。在这种情形中,可以推定为符合第 66(1)条的紧急情况,欧盟数据保护委员会应根据第 66(2)条而作出紧急约束性决定。

第二部分 一 致 性

第 63 条 一致性机制

为了帮助本条例在欧盟的一致性适用,监管机构应当相互合作,以及在相关的情形下通过本部分规定的一致性机制而和欧盟委员会进行合作。

第 64 条 欧盟数据保护委员会的意见

1. 当某个有权监管机构计划采取如下任何一项措施,欧盟数据保护委员会应当发布意见。为此,有权监管机构应当将决定草案告知欧盟数据保护委员会,如果:

(a)决定草案的目标是采取一系列符合第 35(4)条所规定的数据保护影响评估要求的处理操作;

(b)决定草案涉及第 40(7)条规定的行为准则草案,或行为准则草案的修订案或延期是否符合本条例;

(c)决定草案的目标是批准符合第41(3)条规定的委派实体,以及符合第43(3)条规定的认证实体的标准;

(d)决定草案的目标是确定第46(2)条(d)点和第28(8)条规定的标准数据保护条款;

(e)决定草案的目标是批准第46(3)条(a)点规定的合同条款;或者

(f)决定草案的目标是批准第47条所指的有效性公司规则。

2. 任何监管机构、欧盟数据保护委员会或欧盟委员会的主席都可以提出要求,为了给出意见——特别是当有权监管机构不遵守第61条规定的相互协助的责任或第62条规定的联合行动时——可以对任何关乎一般性使用的事项,或对不止一个成员国产生影响的事项进行核查。

3. 对于第1段和第2段提到的情形,欧盟数据保护委员会如果此前没有对类似事项发表过意见,应当对提交给他的事项发布一份意见。这份意见应当在八周内根据欧盟数据保护委员会成员的简单多数来决定。考虑到主要事项的复杂性,八周的期限可以再延长六周。关于第1段规定的按照第5段而在欧盟数据保护委员会中流通的决议草案,如果某成员在欧盟数据保护委员会主席所表明的合理期限内不提出异议,就应当视为同意决议草案。

4. 监管机构和欧盟数据保护委员会应当及时以电子化手段,使用标准化的格式对任何相关信息进行沟通。此类信息可以是事实的总结、决议草案、采取此类必要措施的理由,以及其他相关机构的观点。

5. 欧盟数据保护委员会的主席应当及时通过电子手段:

(a)通过标准化格式将任何已经获知的相关信息告知欧盟数据保护委员会和欧盟委员会的成员。如有需要,欧盟数据保护委员会的秘书应当提供相关信息的翻译。并且

(b)将意见告知第1段和第2段规定的监管机构和欧盟委员会,并公开意见。

6. 在第3段规定的期间内,有权监管机构不应当采用第1段所规定的决议草案。

7. 第 1 段中所规定的监管机构应当最大限度地考虑欧盟数据保护委员会的意见，而且应在收到意见的两周内以电子方式告知欧盟数据保护委员会的主席，其是否会维持或修改其决议草案，以及修改后的决议草案——如果有的话。

8. 当相关监管机构在本条第 7 段规定的期限内通知委员会主席，其并无意遵守委员会的所有意见或意见的一部分，并且提供了相关理由，此种情形下第 65(1)条应当适用。

第 65 条　欧盟数据保护委员会的纠纷解决

1. 为了确保在个案中对本条例的正确与融贯适用，欧盟数据保护委员会应当在如下情形中做出有约束力的决定：

(a)在第 60(4)条规定的情形中，相关监管机构对领导性机构的草案决定提出了相关与合理的反对，或者领导性机构驳回了反对，认为其不相关或不合理。约束性决定应当涉及相关与合理反对所涉及的所有事项，特别是当其存在违反本条例的情形。

(b)对于哪个监管机构有权管辖主要营业机构存在不同意见。

(c)在第 64(1)条规定的情形中，有权监管机构并不请求获得欧盟数据保护委员会的意见，或者并不遵守欧盟数据保护委员会按照第 64 条发布的意见。在这种情形下，任何相关监管机构或欧盟数据保护委员会都可以将此事项告知欧盟数据保护委员会。

2. 三分之二多数的欧盟数据保护委员会成员在将主体事项转交后，应当在 1 个月以内做出第 1 段所规定的决定。考虑到主体事项的复杂性，这个期间可以再延长一个月。第 1 段所规定的决定应当是合理的，应当告知领导性监管机构和所有相关监管机构，并且对它们具有约束力。

3. 当欧盟数据保护委员会无法在第 2 段所规定的期限内做出决定，其应当以欧盟数据保护委员会成员简单多数的方式在第 2 段所规定的第二个月的期限结束后的两星期内做出决定。如果欧盟数据保护委员会成员的投票刚好完全分裂，那么决定将根据主席的投票而做出。

4. 在第 2 段和第 3 段所规定的期限内，相关监管机构不应当对根据第 1 段而提交给欧盟数据保护委员会的主体事项做出决定。

5. 欧盟数据保护委员会的主席应当及时将第 1 段所规定的决定告知相关监管机构。这也就告知了欧盟委员会。在监管机构告知第 6 段规定的最终决定后,决定应当在欧盟数据保护委员会的网站上及时发表。

6. 领导性监管机构或者收到申诉的监管机构应当根据本条第 1 段所规定的决定性基础及时做出最终决定,至迟应当在欧盟数据保护委员会告知其决定后的一个月以内做出。领导性的监管机构或收到申诉的监管机构应当向欧盟数据保护委员会报告其最终决定是什么时候分别向控制者或处理者、数据主体告知的。相关监管机构的最终决定应当根据第 60(7)(8)(9)条的条款而做出。最终决定应当涉及本条第 1 段所规定的决定,而且应当具体说明,本条第 1 段所规定的决定将会根据本条第 5 段而在欧盟数据保护委员会的网站上发表。最终决定应当附上本条第 1 段所规定的决定。

第 66 条　紧 急 程 序

1. 在例外情形中,当相关监管机构认为有必要对保护数据主体的权利与自由采取紧急行动,其可以通过第 63 条、第 64 条和第 65 条规定的一致性机制或第 60 条规定的程序来进行克减,立即采取在其境内一段时间内——不超过 3 个月——具有法律效力的临时性措施。监管机构应当及时将采取这些措施的手段与原因告知其他相关监管机构、欧盟数据保护委员会与欧盟委员会。

2. 当监管机构采取符合第 1 段的措施,以及考虑亟须采用的最终措施,其可以请求欧盟数据保护委员会出具一份紧急意见或紧急约束性决定,并说明提出此请求的原因。

3. 如果有必要对保护数据主体的权利与自由采取紧急行动,而有权监管机构却没有采取合适措施,任何监管机构都可以向欧盟数据保护委员会请求一份紧急意见或紧急约束性决定,说明提出此请求的原因,包括需要采取紧急行动的原因。

4. 对于第 64(3)条和第 65(2)条规定的克减,欧盟数据保护委员会成员的简单多数应当在两个星期内做出本条第 2 段和第 3 段规定的紧急意见或紧急约束性决定。

第67条　信息交换

欧盟委员会可以制定实施性法案，对以电子方式，特别是以第64条规定的标准化格式在监管机构之间、监管机构和欧盟数据保护委员会之间进行信息交换的机制进行细化。

这些实施性法案应当根据第93(2)条规定的验证程序制定。

第三部分　欧盟数据保护委员会

第68条　欧盟数据保护委员会

1. 欧盟数据保护委员会特此被设立为欧盟的一个机构，而且将具有法人身份。

2. 欧盟数据保护委员会的代表是其主席。

3. 欧盟数据保护委员会应当包括每个成员国的每个监管机构的首长、欧盟数据保护监管者的首长，或者他们的代表。

4. 当一个成员国内不止一个监管机构负责监控对本条例条款的适用，应当按照成员国的法律任命一个联合代表。

5. 欧盟委员会应当有权参与欧盟数据保护委员会的活动与会议，但没有投票权。欧盟委员会应当委任一名代表。欧盟数据保护委员会的主席应当将其活动告知欧盟委员会。

6. 对于第65条规定的情形，只有当决议涉及适用于和本条例规定有实质性对应的欧盟机构、实体、办公室、规制机构的原则和规则时，欧盟数据保护监管者才具有投票权。

第69条　独立性

1. 当根据第70条和第71条履行其任务或行使其权力时，欧盟数据保护委员会应当保持其独立性。

2. 在不影响第70(1)条(b)点和第70(2)条所规定的欧盟委员会的请求的前提下，欧盟数据保护委员会在履行其任务或行使其权力时，应当避免从任何人那里获取指示。

第70条 欧盟数据保护委员会的任务

1. 欧盟数据保护委员会应当确保对本条例的一致性适用。为了实现这一目的,在相关情形中,欧盟数据保护委员应当主动或根据欧盟委员会的请求而采取如下行动:

(a)在不影响全国性监管机构的任务的前提下,确保在第64条和第65条所规定的情形中正确适用本条例;

(b)对欧盟数据保护相关的所有事项,包括对本条例的修改动议,向欧盟委员会提供建议;

(c)对为制定约束性公司规则而在控制者、处理者和监管机构之间进行的信息交换的格式与程序向欧盟委员会提供建议;

(d)从第17(2)条规定的公众可以获取的通信服务中擦除个人信息的链接、备份或复制品,对这种活动的程序发布指导方针、建议和最佳操作;

(e)主动或根据其成员的请求,或根据欧盟委员会的请求核查涉及本条例适用的任何问题,为了鼓励对本条例的适用,发布指导方针、建议和最佳操作;

(f)为了进一步细化第22(2)条规定的基于用户画像的决策的标准和条件,发布符合本段(e)点的指导方针、建议和最佳操作;

(g)为了认定个人数据泄露,确定是否存在第33(1)(2)条所规定的无理拖延,以及控制者或处理者是否需要告知个人数据泄露,发布符合本段(e)点的指导方针、建议和最佳操作;

(h)对于个人数据违法可能会对第34(1)条规定的自然人的权利与自由带来高风险的情形发布符合本段(e)点的纲领、建议和最佳操作;

(i)对于符合控制者所遵守的约束性公司规则、处理者所遵守的约束性公司规则的数据转移,以及符合为了保证第47条规定的对数据主体的个人数据保障而采取的必要措施的个人数据转移,为了细化此类转移的标准和要求,发布符合本段(e)点的指导方针、建议和最佳操作;

(j)为了进一步细化第49(1)条规定的个人数据转移所需要的

标准和要求，发布符合本段(e)点的指导方针、建议和最佳操作；

(k)对于涉及第58(1)(2)(3)条规定的适用措施和确定第83条规定的行政处罚，为监管机构起草指导方针；

(l)对本段(e)点和(f)点规定的指导方针、建议和最佳操作的实际运用进行审查；

(m)对自然人报告侵犯本条例的行为，为其设立符合第54(2)条的一般程序，发布符合本段(e)点的指导方针、建议和最佳操作；

(n)鼓励起草行为准则，设立符合第40条和第42条的数据保护认证机制、数据保护印章和标记；

(o)对认证机构进行委任，根据第43条而进行阶段性审查，对符合第43(6)条的委任机构、符合第42(7)条而在第三国设立的被认证的控制者或处理者进行持续性的公共登记；

(p)为了委任第42条规定的认证机构而细化第43(3)条规定的要求；

(q)向欧盟委员会提供关于第43(8)条规定的验证要求的意见；

(r)向欧盟委员会提供关于第12(7)条规定的图标的意见；

(s)评估第三国或国际组织的保护程度，包括评估第三国、某个地区，或该第三国的一个或多个特定部门，或国际组织是否仍然提供足够程度的保护。为了实现这一目的，欧盟委员会应当向欧盟数据保护委员会提供所有必要的记录，包括和该第三国政府进行的涉及第三国、某个地区，或该第三国的一个或多个特定部门，或国际组织的通信。

(t)发布按照第64(1)条规定的一致性机制而做出的关于监管机构的决议草案，按第64(2)条提交的事项，以及发布根据第65条，包括第66条规定的约束性决定。

(u)促进监管机构之间的合作，有效的双边或多边信息交换，以及最好的实践；

(v)促进共同培训项目，协助监管机构之间以及——如果适用的话——监管机构与第三国监管机构或国际组织之间的人员交换；

(w)促进与全球数据保护监管机构的知识交流、数据保护立法的记录与实践。

(x)发布关于根据第40(9)条在欧盟层面起草的行为准则的意见；以及

(y)对于监管机构和法庭做出的决定以及根据一致性机制所处置的事项，保持一份公众可以访问的电子登记。

2. 当欧盟委员会请求欧盟数据保护委员会提供意见，欧盟委员会可以在考虑事项的紧急程度后表明期限要求。

3. 欧盟数据保护委员会应当将其意见、指导纲领、推荐以及最佳操作告知欧盟委员会和第93条规定的理事会，而且应当将它们公开。

4. 如果适用的话，欧盟数据保护委员会应当咨询当事人，给予他们在一段合理期限内进行评论的机会。在不影响第76条的前提下，欧盟数据保护委员会应当将咨询程序的结果公之于众。

第71条　报　　告

1. 对于在欧盟内部，以及在相关情形下第三国和国际组织的数据处理中对自然人进行保护的事项，欧盟数据保护委员会应当起草年度报告。报告应当公开，而且应当传输给欧洲议会、欧盟理事会和欧盟委员会。

2. 年度报告应当包括第70(1)条(1)点规定的对指导方针、建议和最佳操作的实际运用进行审查，以及第65条规定的约束性决议。

第72条　程　　序

1. 欧盟数据保护委员会应当通过其成员的简单多数做出决定，除非本条例有相反规定。

2. 欧盟数据保护委员会应当以其成员的三分之二多数制定程序规则，组建其自身的操作机制。

第73条　主　　席

1. 欧盟数据保护委员会应当通过简单多数的方式从其成员中选举一位主席、两位副主席。

2. 主席以及副主席职位的任期应当是5年，可以连任一届。

第74条　主席的任务

1. 主席具有如下任务：

(a)召集欧盟数据保护委员会的会议，准备会议议程；

(b)将委员会根据第65条而做出的决定告知第65条规定的领导性监管机构和相关监管机构；

(c)保证欧盟数据保护委员会任务的及时履行，特别是和第63规定的一致性机制相关的任务。

2. 欧盟数据保护委员会应当在其程序规则中对主席与副主席的任务分工进行分配。

第75条　秘　　书

1. 欧盟数据保护委员会应当有一名秘书，其应当由欧盟数据保护监督者来任命。

2. 秘书应当严格在欧盟数据保护委员会主席的指示下进行工作。

3. 欧盟数据保护监管者的员工，如果涉及履行到本条例赋予欧盟数据保护委员会的任务，应当与涉及履行赋予欧盟数据保护监管者的任务的员工遵守不同的报告程序。

4. 在适用的情况下，欧盟数据保护委员会和欧盟数据保护监管者应当撰写与发布一份实施本条的谅解备忘录，确定它们之间合作的条款，在涉及履行本条例赋予欧盟数据保护委员会的任务时，谅解备忘录适用于欧盟数据保护监管者的员工。

5. 秘书应当向欧盟数据保护委员会提供分析、管理与后期支持。

6. 秘书应当对如下事项负责：

(a)欧盟数据保护委员会的日常事务；

(b)欧盟数据保护委员会、欧盟数据保护委员会主席与欧盟委员会之间的交流；

(c)与其他机构及公众的交流；

(d)为了内部与外部交流而使用的电子手段；

(e)对相关信息的翻译；

(f)对欧盟数据保护委员会会议的准备与跟踪;

(g)准备、起草与发布欧盟数据保护委员会对监管机构之间分歧的意见与决定,以及其他文本。

第76条 机 密 性

1. 如果欧盟数据保护委员会认为,根据程序规则有必要保持机密,那么讨论就应当是机密的。

2. 访问提交给欧盟数据保护委员会的成员、专家与第三方代表的文件,应当遵守欧洲议会和欧盟理事会的(EC)No. 1049/2001条例。[1]

第八章 救济、责任与惩罚

第77条 向监管机构提起申诉的权利

1. 在不影响任何其他行政或司法救济的前提下,每个数据主体都有向监管机构进行申诉的权利,这尤其适用于以下地点的监管机构:数据主体所属的成员国或经常居住地、工作地、数据主体认为处理其个人数据违反本条例的发生地。

2. 收到申诉的监管机构应当告知申诉者申诉的进展和结果,包括符合第78条的司法救济的可能性。

第78条 针对监管机构的有效司法救济的权利

1. 在不影响其他任何行政或司法救济的前提下,任何自然人或法人都有权对关乎他们的监管机构的有法律约束力的决定获得有效的司法救济。

2. 在不影响其他任何行政或司法救济的前提下,如果根据第55条和第56条的有权监管机构不处置申诉,或者在3个月内没有向数据主体告知第77条规定的申诉的进展或结果,任何自然人或法人都有权获得有效的司法救济。

---

〔1〕 欧洲议会和欧盟理事会关于公众访问欧洲议会、欧盟理事会与欧盟委员会文件(OJ L 145, 31.5.2001, p.43)的(EC)No.1049/2001条例。

3. 针对监管机构的法律诉讼应当在监管机构所在的成员国的法庭提起。

4. 如果针对监管机构决定的法律诉讼发生在欧盟数据保护委员会根据一致性机制而做出意见或决定之前,监管机构应当将其意见或决定告知法院。

第79条 针对控制者或处理者的有效司法救济权

1. 在不影响其他任何行政或司法救济的前提下,包括在不影响第77条规定的向监管机构提交申诉的前提下,任何数据主体认为,由于违反本条例而处理其个人数据,导致其被本条例所赋予的权利被侵犯,在这些情形下都有获取司法救济的权利。

2. 针对控制者或处理者的法律诉讼应当在它们拥有机构的成员国的法庭提起。在其他情形下,此类法律诉讼可以在数据主体的经常居住地的法庭提起,除非控制者或处理者是成员国行使其公共权力的公共机构。

第80条 对数据主体的代表

1. 数据主体有权委托非营利机构、实体或协会代表其行使第77~79条规定的权利,以及在成员国法律规定的情形下,代表其行使第82条规定的获得赔偿的权利。非营利机构、实体或协会应具备如下条件:按照成员国法律设立,其章程目标是实现公共利益,在为了保护数据主体的权利与自由而代表个人提起申诉方面表现积极。

2. 无论数据主体是否委托,成员国都可以规定,本条第1段所规定的任何机构、组织或协会如果认为本条例所规定的数据主体的权利已经因为处理而受到侵犯,都有权在成员国向第77条规定的有权监管机构提起申诉,行使第78条和第79条规定的权利。

第81条 法律诉讼的中止

1. 当一个成员国的有权审理的法院获知,另一成员国的法院准备对涉及同一个控制者或处理者处理的同一主要事项进行判决,该法院应当通知另一成员国的法院已经存在此类法律程序。

2. 当另一成员国法院准备对涉及同一个控制者或处理者处理的同一主要事项进行判决,除了首先接收案件的法院,所有有权审理的法院都可以停止其法律程序。

3. 在那些诉讼等待初审的情形中,如果首先接收案件的法院对涉及的活动具有管辖权而且其法律允许合并审理,所有除了首先接收案件的法院都可以基于相关一方的申请而拒绝管辖。

第 82 条　获取赔偿的权利与责任

1. 任何因为违反本条例而受到物质或非物质性伤害的人都有权从控制者或数据者那里获得对损害的赔偿。

2. 任何涉及处理的控制者都应当对因为违反本条例的处理而受到的损害承担责任。对于处理者,当其没有遵守本条例明确规定的对处理者的要求,或者当其违反控制者的合法指示时,其应当对处理所造成的损失负责。

3. 控制者或处理者如果证明自己对引起损失的事件没有任何责任,那么其第 2 段所规定的责任可以免除。

4. 当不止一个控制者或处理者,或控制者与处理者同时涉及同一处理,而且它们对第 2 段和第 3 段规定的处理所引起的所有损失承担责任,每个控制者或处理者都应当对损失负有连带责任,以便保证对数据主体的有效赔偿。

5. 当控制者或处理者已经根据第 4 段的规定对所受损失进行全额赔偿,该控制者或处理者可以按照第 2 段所规定的条件,要求另一控制者或处理者返还其造成的那部分损失。

6. 为了行使其获得赔偿的权利,在法院进行诉讼应当在第 79(2)条规定的成员国法律认可的有权法院进行。

第 83 条　行政罚款的一般条件

1. 每个监管机构都应当保证,其根据本条而对第 4 条、第 5 条、第 6 条所规定的违反本条例的行为进行罚款,在每个案件中都应当是有效的、成比例的和劝诫性的。

2. 根据每个案件的具体情形,行政处罚应当在第 58(2)条的(a)

至(h)点以及(j)点规定的措施基础上进行追加,或者应当代替这些措施。当在每个具体案件中决定是否应当进行行政处罚,以及决定行政处罚的金额,应当充分考虑如下因素:

(a)结合相关处理的性质、范围或目的,被影响的数据主体的数量以及损害程度而确定的违法的性质、严重性与持续时间;

(b)违法的性质是基于故意还是过失;

(c)控制者或处理者为了减轻数据主体损失而采取的所有行动;

(d)结合控制者或处理者采取的符合第25条和第32条的技术性与组织性措施而认定的控制者或处理者的责任程度;

(e)控制者或处理者之前的所有相关违法行为;

(f)为了纠正违法行为和减轻违法所造成的可能是负面影响而和监管机构进行合作的程度;

(g)为违法行为所影响的个人数据类型;

(h)监管机构得知违法行为的方式,特别是控制者或处理者是否对违法行为做了报告,以及在何种程度上做了报告;

(i)如果对同一主题事项已经对控制者或处理者发布第58(2)条规定的措施,对这些措施是否遵守;

(j)遵守符合第40条的已生效的行为准则或符合第42条的已生效的认证机制;以及

(k)对于案件情形可以适用的所有加重或减轻因素,如因为违法而直接或间接导致的经济收益、避免的损失。

3. 如果控制者或处理者故意或过失性地因为同一或相关的处理操作而违反本条例的条款,行政罚款的总额不应当超过最严重违法所确定的额度。

4. 违反如下条款,应当按第2段的规定施加最高10,000,000欧元的行政罚款,如果是企业的话,可以施加最高前一年全球总营业额2%的罚款,两者取其高的一项进行罚款:

(a)第8条、第11条、第25条~第39条、第42条~第43条规定的控制者和处理者的责任;

(b)第42条和第43条规定的认证机构的责任;

(c)第41(4)条规定的监管机构的责任。

5. 违反如下条款，应当按第 2 段的规定施加最高 20,000,000 欧元的行政罚款，如果是企业的话，可以施加最高前一年全球总营业额 4% 的罚款，两者取其高的一项进行罚款：

(a) 处理的基本原则，包括第 5～7 条和第 9 条规定的同意的条件；

(b) 第 12 条至第 22 条规定的数据主体的权利；

(c) 第 44 条至第 49 条规定的将个人数据转移到第三国或一个国际组织的接收者；

(d) 所有第九章规定的符合成员国法律的责任；

(e) 违反监管机构根据第 58(2) 条对处理所发布的命令、暂时性或确定性的限制，或对数据流动的中止，或违反第 58(1) 条拒绝提供访问。

6. 违反第 58(2) 条规定的监管机构发布的命令，应当按第 2 段的规定施加最高 20,000,000 欧元的行政罚款，如果是集团的话，可以施加最高前一年全球总营业额 4% 的罚款，两者取其高的一项进行罚款。

7. 在不影响符合第 58(2) 条的监管机构的矫正权力的前提下，每个成员国都可以制定规则，确定在什么情况下对在其境内设立的公共机构和实体进行行政处罚。

8. 监管机构行使本条所规定的权力，应当采取符合欧盟和成员国法律所规定的合适的程序性保障，包括有效的司法救济和正当程序。

9. 当成员国的法律体系并不提供行政处罚，本条可以以如下方式适用：可以通过有权监管机构提出行政处罚，然后有职权的全国性法院进行适用，同时，应保证这些法律救济是有效的，而且这些法律救济与监管机构所施加的行政处罚具有同等效力。无论在何种情形中，所施加的处罚必须是有效的、成比例的和劝诫性的。那些成员国应当（在本条例生效两年内）将根据本段所制定的法律条款、所有后续的修正性法律或影响它们的法律修订及时告知欧盟委员会。

第 84 条　惩　　罚

1. 成员国应当制定可适用于违反本条例的其他惩罚的规则，特别是对于那些不受第 83 条规定的行政处罚约束的违法行为，成员国应当制定必要措施保证这些惩罚规则得到执行。此类惩罚应当是有效的、成比例的和劝诫性的。

2. 对于符合第 1 段所制定的法律，每个成员国应当（在本条例生效的两年内）将其法律条款告知欧盟委员会，而且应当及时告知影响条款的后续修订。

第九章　和特定处理情形相关的条款

第 85 条　处理、表达自由与信息

1. 成员国应当通过制定法律调和符合本条例制定的个人数据保护权与表达自由权与信息权，包括调和为了新闻目的和学术、艺术或文学表达目的而进行的处理。

2. 对于为了新闻目的和学术、艺术或文学表达目的而进行的处理，如果对于调和符合本条例制定的个人数据保护权与表达自由权与信息权有必要，成员国应当对第二章（原则）、第三章（数据主体的权利）、第四章（控制者和处理者）、第五章（将个人数据转移到第三国或国际组织）、第六章（独立监管机构）、第七章（合作与一致性）和第九章（和特定处理情形相关的条款）的规定进行豁免或克减。

3. 每个成员国都应当将其按照第 2 段所制定的法律条款告知欧盟委员会，而且应当将所有后续的修正性法律或影响它们的法律修订及时告知欧盟委员会。

第 86 条　处理与公众对官方文件的访问

为了调和公众对官方文件的访问与本条例规定的个人数据保护权，对于公共机构或公共实体或为了实现公共利益而履行任务的私人实体所拥有的官方文件中的个人数据，机构或实体可以根据成员国为机构或实体而制定的法律而公开。

第 87 条　对全国性身份识别号码的处理

成员国可以对处理全国性身份识别号码或其他一般性识别标识的特定情形做出规定。在这种情形下，只有对本条例规定的数据主

体的权利与自由采取适当安全保障,才能使用全国性身份识别号码或其他一般性识别标识。

第 88 条　雇佣语境下的处理

1. 多个成员国可以通过法律或通过协定制定特定规则,以保证在雇佣语境下处理雇员个人数据保证其权利与自由。这在如下情形中尤其适用:为了招聘、履行雇佣合同,包括法律或集体合同规定的免除合同;对工作的管理、计划与组织;工作场所的合理性与多样性;工作中的健康与安全,对员工与顾客财产的保护;为了行使和享受雇佣相关的权利与收益;以及为了终止雇佣关系。

2. 此类规则应当包括为保障数据主体人身尊严、正当利益与基本权利的合适与特定的措施。这在涉及如下事项时尤其适用:处理的透明性;在一群企业中转移个人数据;或进行联合经济活动的一群企业和工作场所的监管系统。

3. 每个成员国应当(在本条例生效的两年内)将其按照第 1 段所制定的那些法律条款告知欧盟委员会,而且应当及时告知影响条款的后续修订。

第 89 条　为了实现公共利益、科学或历史研究或统计目的处理中的安全保障与克减

1. 为了实现公共利益、科学或历史研究或统计目的处理,应当采取符合本条例的恰当防护措施,保障数据主体的权利与自由。这些防护措施应当确保,为了保证数据最小化原则,已经采取技术与组织性的措施。如果匿名化也能实现上诉目的则这些措施可以包括匿名化。如果在进一步处理中实现对数据主体无法识别也可以实现上诉目的,那就应当采取这种方式处理。

2. 对于为了实现公共利益、科学或历史研究或统计目的处理,成员国的法律可以按照本条第 1 段所规定的情形与防护措施对第 15 条、第 16 条、第 18 条、第 21 条所规定的权利进行克减——如果此类权利可能彻底阻碍或严重阻碍实现上述目的,而此类克减对于实现上诉目的是必要的。

3. 当个人数据处理是为了实现公共利益，欧盟或成员国的法律可以按照本条第1段所规定的情形与防护措施对第15～16条、18～20条和21条规定的权利进行克减——如果此类权利可能彻底阻碍或严重阻碍实现上述目的，而此类克减对于实现上诉目的是必要的。

4. 如果第2段和第3段所规定的处理还有其他目的，克减将只适用于为了实现第2段和第3段中所规定的目的的处理。

第90条　保密责任

1. 成员国可以制定特定的规则，对第58(1)条第(e)和(f)点所规定的、和作为主体的控制者或处理者相关的、全国性有权机构所设立的监管机构的权力进行规定，如果有必要对个人数据保护与保守秘密进行调和与比例性保护，此特定规则可以施加职业性秘密保守责任或其他同等责任。只有在那些保守秘密责任所涉及的活动中或因为此类活动而接收个人数据，此类规则才适用于控制者或处理者。

2. 每个成员国应当(在本条例生效的两年内)将其按照第1段所制定的那些法律条款告知欧盟委员会，而且应当及时告知影响条款的后续修订。

第91条　现有的对教会和宗教协会的数据保护规则

1. 在本条例生效后，对于适用于某成员国境内教会、宗教协会或团体的保护自然人在处理相关中的综合性规则，如果它们和本条例保持一致，仍然应当适用。

2. 对于那些适用符合第1段的综合性规则的教会和宗教协会，其应当接受一个独立监管机构的监管，如果其满足本条例第六章规定的条件，这种独立监管机构可以是特别指定的。

第十章　授权法案与实施性法案

第92条　对授权的行使

1. 制定授权法案的权力被授权给欧盟委员会，此权力受本条所规定的条件所约束。

2. 第12(8)条和第43(8)条所规定的授权应当(在本条例生效

后)的一段不确定的时间内赋予欧盟委员会。

3. 第12(8)条和第43(8)条所规定的授权可以随时被欧洲议会或欧盟理事会撤销。撤销决定应当终止决定所特别指明的授予性权力。撤销决定生效日是欧盟官方杂志发布后的第二天或决定所特别标明的日期。撤销决定不应影响任何已经生效的授权性法案。

4. 欧盟委员会一旦制定授权性法案,其应当立刻同时告知欧洲议会和欧盟理事会。

5. 根据第12(8)条和第43(8)条而指定的授权性法案,只有欧洲议会或欧盟理事会在其收到通知后3个月内都没有表达反对,或者在3个月内欧洲议会或欧盟理事会已经告知欧洲委员会它们不会反对,其才能生效。如果欧洲议会或欧盟理事会提出延期,此期间可以再延长3个月。

第93条　委员会程序

1. 欧盟委员会应当有一个小组对其进行协助。该小组应当是(EU)No. 182/2011条例所规定的小组。

2. 涉及此段时,(EU)No. 182/2011指令第5条应当适用。

3. 涉及此段时,与(EU)No. 182/2011指令第5条配合的(EU)No. 182/2011指令第8条应当适用。

第十一章　最后条款

第94条　95/46/EC指令的废止

1. 在本条例生效后的两年后95/46/EC指令将被废止。

2. 当参照废止指令时,应当通过参照本条例来进行解释。对于参照工作小组在95/46/EC指令第29条所规定的处理个人数据中个人保护,这应当以参照本条例所规定的欧盟数据保护委员会来进行解释。

第95条　与2002/58/EC的关系

在欧盟的公共通信网络中提供公众可获取的电子通信服务的情形中,对于2002/58/EC指令已经施加特殊责任的事项,本条例不应再对同一事项向自然人或法人施加额外责任。

第96条　和之前已经达成的协议的关系

对于(在此条例生效)之前的,符合(在此条例生效)之前所制定的法律的,涉及将个人数据传输到第三国或国际组织的成员国之间已经达成的国际性协议,在其被修改、替代或撤销之前,应当一直具有效力。

第97条　委员会报告

1. 在本条例生效后的4年后,以及在这之后的每四年,欧盟委员会应当向欧洲议会和欧盟理事会提交一份对本条例的评价与审查。该报告应当公之于众。

2. 在第1段所规定的评价与审查情形中,欧盟委员会应当尤其检查如下事项的适用与运作:

(a)第五章规定的将个人数据转移到第三国或国际组织,特别是按照本条例第45(3)条而作出的决定,以及根据95/46/EC第25(6)条而作出的决定;

(b)第七章规定的合作与一致性。

3. 为了实现第1段的目的,欧盟委员会可以向成员国和监管机构请求信息。

4. 为了进行第1段和第2段规定的评价与审查,欧盟理事会应当考虑欧洲议会、欧盟理事会以及其他相关实体与生产商的立场与调查。

5. 在必要的情形下,欧盟委员会应当提交修改本条例的合适动议,特别是如果考虑了信息科技的发展以及信息社会中的发展状态。

第98条　对欧盟其他数据保护法案的审查

如果合适的话,欧盟委员会应当提交立法性动议,以便对欧盟的其他个人数据保护法案进行保护,以便保证在处理中对自然人进行统一与一致性的保护。这尤其应当涉及欧盟机构、实体、办公室和规制机构处理中和自然人保护相关的规则,以及此类数据的自由流动。

第 99 条　生效与适用

1. 本条例的生效时间是 2016 年 5 月 25 日。
2. 其适用时间是本条例生效后的两年后。

本条例的所有条款都具有约束力,而且应当直接适用于成员国。

附录2　美国加州消费者隐私法案及条例*

丁晓东　译

加州消费者隐私法案

第1798.100节

(a)对于收集消费者个人信息的企业,消费者有权要求该企业披露收集的其个人信息的类别和具体部分。

(b)收集消费者个人信息的企业应在收集时或收集之前告知消费者将要收集的个人信息类别和使用目的。如果企业未按照本节规定向消费者进行告知,企业不得收集其他类别的个人信息,或将收集的个人信息用于其他目的。

(c)企业只有在收到可核实的消费者请求时,才能向消费者提供(a)小节中规定的信息。

(d)企业在收到可核实的消费者要求查阅个人信息的请求时,须迅速免费向消费者披露及交付本节所规定的个人信息。个人信息可以通过邮件或电子方式提供,如果以电子方式提供,个人信息的格式应为可携带的、在技术可行的范围内易于使用的、且允许消费者无障碍地将该信息传递给另一实体的。企业可以随时向消费者提供个人信息,但不得

* 本译稿包括两部分:《加州消费者隐私法案》(California Consumer Privacy Act)和《加州消费者隐私法案条例》(California Consumer Privacy Act Regulations)。其中《加州消费者隐私法案》的译文版本为综合若干修正案整理的版本,译文中的节即为《加州民法典》中的节。这一译文版本为截至2020年10月31日的版本,未来这一法案还可能会因为修正案的通过而变化。《加州消费者隐私法案条例》是为了贯彻《加州消费者隐私法案》而制定的,译文中的节即为《加州规制法典》中的节。除非存在法律冲突,违反《加州消费者隐私法案条例》,即构成对《加州消费者隐私法案》的违反。——译者注

应消费者请求12个月内向其提供两次以上的个人信息。

(e)如果个人信息是为了一次性交易,而且此类信息不是由企业出售或维护的,也不是为了重新标识,或以其他方式关联到未被以个人信息的方式保存的信息,则本节规定并不要求该企业对其进行保留。

第1798.105节

(a)对于从消费者处收集的有关消费者的任何个人信息,消费者有权要求企业删除。

(b)收集消费者个人信息的企业,应根据第1798.130节规定,告知消费者其具有要求删除消费者个人信息的权利。

(c)根据本节第(a)小节的规定,收到消费者可核实的删除其个人信息请求的企业,应删除其记录中的消费者个人信息,并指示所有服务提供商从其记录中删除消费者的个人信息。

(d)企业或服务提供者如出于以下目的而有必要保存消费者的个人信息,则无须应消费者请求删除其个人信息:

(1)为了完成交易而收集个人信息,履行根据联邦法律进行的书面保证或产品召回条款,提供消费者要求的或在企业与消费者的持续业务关系范围内合理预期的商品或服务,或者履行企业与消费者之间的合同。

(2)发现安全事件,为了防止恶意、欺骗、欺诈或非法活动;或为了起诉对这些活动有责任的人。

(3)为了识别和修复损害已有预期功能的错误而进行的除错调试。

(4)为了行使言论自由权,保障其他消费者行使消费者言论自由的权利,或者行使法律规定的其他权利。

(5)根据《刑法》第2部分第12编第3.6章(从第1546节开始)的要求,为了遵守《加利福尼亚电子通信隐私法》。

(6)从事符合所有其他适用道德和隐私法的公共或同行评审的科学、历史或统计研究,如果企业删除个人信息可能导致无法继续进行或严重损害此类研究,且消费者已经在充分知情的情形下作出了同意。

(7)为了企业内部使用,且根据消费者与企业的关系,该使用完全符合消费者的期望。

(8)为了履行法定义务。

(9)以其他方式在企业内部合法使用消费者的个人信息,使用方式与消费者提供个人信息的语境相一致。

第1798.110节

(a)对于收集消费者个人信息的企业,消费者有权要求其向消费者披露以下信息:

(1)收集的消费者个人信息类别。

(2)收集的消费者个人信息的来源类别。

(3)收集、出售消费者个人信息的企业或者商业目的。

(4)与企业共享消费者个人信息的第三方类别。

(5)收集的有关该消费者个人信息的具体部分。

(b)根据第1798.130节第(a)小节第(3)段,收集消费者个人信息的企业应在收到消费者可核实的请求后,向消费者披露第(a)小节中规定的信息。

(c)收集消费者个人信息的企业应根据第1798.130节(a)小节第(5)段(B)款披露以下信息:

(1)收集的消费者个人信息类别。

(2)收集的消费者个人信息的来源类别。

(3)收集、出售消费者个人信息的企业或者商业目的。

(4)与企业共享消费者个人信息的第三方类别。

(5)收集的有关该消费者个人信息的具体部分。

(d)本节并不要求任何企业做出以下事项:

(1)正常经营过程中未保留消费者的个人信息,保留的消费者的个人信息仅为一次性交易中所收集的消费者的个人信息。

(2)重新识别或以其他方式关联到正常经营过程中未被以个人信息的方式保存的任何数据。

第1798.115节

(a)对于出售消费者个人信息或为商业目的披露消费者个人信息的企业,消费者有权要求其向消费者披露以下信息:

(1)收集的个人信息类别。

(2)出售的个人信息类别,以及根据个人信息类别区分的出售个人信息的第三方类别。

(3)企业出于商业目的披露的消费者个人信息类别。

(b)根据第1798.130节第(a)小节第(4)段的规定，出售消费者个人信息或出于商业目的披露消费者个人信息的企业，应在收到消费者可核实的请求后，向消费者披露第(a)小节中规定的消费者个人信息。

(c)根据第1798.130节第(a)小节第(5)段(C)款的规定，出售消费者个人信息或出于商业目的披露消费者个人信息的企业应披露：

(1)出售的消费者个人信息的种类，如果企业未出售消费者个人信息，应当披露这一事实。

(2)出于商业目的而披露的消费者个人信息的种类，如果企业没有出于商业目的披露消费者个人信息，应当披露这一事实。

(d)第三方不得出售企业已经出售给第三方的消费者个人信息，除非消费者已收到明确通知，并有机会根据第1798.120节行使退出权。

第1798.120节

(a)对于向第三方出售其个人信息的企业，消费者有权随时要求其不得出售其个人信息。这项权利可以称为“选择退出的权利”。

(b)向第三方出售消费者个人信息的企业，应根据第1798.135节第(a)小节的规定，向消费者发出通知，说明该信息可能被出售，而且消费者有权“选择退出”出售其个人信息的行为。

(c)尽管有第(a)小节的规定，但如果企业实际知悉消费者未满16岁，则企业不得出售消费者的个人信息，除非消费者已满13岁且未满16岁或未满13岁的父母或监护人已经明确授权销售其个人信息。故意无视消费者年龄的企业，视为实际知悉消费者年龄。这项权利可以称为“选择加入的权利”。

(d)若企业已收到消费者拒绝出售消费者个人信息的要求，或未收到出售未成年人个人信息的同意，应根据第1798.135节第(a)小节第(4)段的规定，在收到消费者的要求后应当禁止出售消费者个人信息，除非消费者随后明确授权出售消费者个人信息。

第1798.125节

(a)(1)企业不得因消费者行使本编所规定的权利而使用包括但不限于如下的方式歧视消费者：

(A)拒绝向消费者提供商品或服务。

(B)对货物或服务收取不同的价格或费率,包括通过使用折扣或其他好处或施加惩罚。

(C)向消费者提供不同水平或质量的商品或服务。

(D)暗示消费者将获得不同的商品或服务价格或费率,或获得不同水平或质量的商品或服务。

(2)企业向消费者收取不同的价格或费率,或向消费者提供不同水平或质量的商品或服务时,如果该差值与消费者数据向企业提供的价值合理相关,本小节的任何规定均不禁止企业的此类行为。

(b)(1)企业可为收集个人信息、出售个人信息或删除个人信息提供经济激励,包括向消费者支付补偿金。如果商品或服务的价格或差异与消费者数据提供给企业的价值直接相关,企业也可以向消费者提供不同的价格、费率、水平或质量。

(2)企业根据本小节提供任何经济激励,应根据第1798.130节的规定,将经济激励通知消费者。

(3)只有企业根据第1798.130节在清楚地描述了经济激励计划的实质性条款,消费者作出了选择加入的同意,而且消费者可以随时撤销的情况下,企业才可以让消费者加入经济激励计划。

(4)企业不得使用不公正、不合理、胁迫性或具有高利贷性质的经济激励措施。

第1798.130节

(a)为符合第1798.100、1798.105、1798.110、1798.115及1798.125节的规定,企业须以消费者可访问的形式进行如下行为:

(1)(A)根据第1798.110及1798.115节规定按消费者请求提供个人信息时,应向消费者提供两种或两种以上指定的提出请求的方式,其中须包括通过免费电话提出请求的方式;根据第1798.110及1798.115节规定按消费者请求提供个人信息时,如该企业仅在网上经营且与收集个人信息的消费者有直接关系,只需提供一个电子邮件地址。

(B)根据第1798.110及1798.115节规定按消费者请求提供个人信息时，如该企业设有互联网网站，须向消费者提供互联网网站网址。

(2)企业在收到消费者可以核实的请求后45日内，应免费向消费者披露并提供其所需信息。企业应立即采取措施确定该请求是否为可核实的消费者请求，但这不应延长企业在收到消费者请求后45天内披露和提供信息的期限。提供所需信息的期限可在合理必要时延长45天，但前提是消费者在前45天内收到延期通知。披露的信息范围应涵盖企业收到可核实的消费者请求之前的12个月，如果消费者在企业中开设账户，则应以书面形式作出并通过消费者在企业中的账户提供；如果消费者没有在企业中开设账户，可以选择通过邮件或电子方式提供，个人信息的格式应为易于使用的、且允许消费者无障碍地将该信息传递给另一实体的。企业可要求消费者根据所要求的个人信息的性质进行合理的认证，但不得要求消费者在企业中创建账户以核实消费者的请求。如果消费者在企业中开设账户，企业可以要求消费者通过该账户提交核实请求。

(3)就第1798.110节第(b)小节而言：

(A)为了识别消费者，将消费者在可核实的消费者请求中提供的信息，与企业先前收集的关于消费者的任何个人信息相关联。

(B)参照第(c)小节中列举的一个或多个最能准确描述收集的个人信息的类别，识别在过去12个月内收集的有关消费者个人信息。

(4)就第1798.115节第(b)小节而言：

(A)为了识别消费者，将消费者在可核实的消费者请求中提供的信息，与企业先前收集的关于消费者的任何个人信息相关联。

(B)参照第(c)小节中列出的一个或多个最能准确描述出售的个人信息的类别，识别在过去12个月内企业出售的消费者个人信息，并提供在过去12个月内，参照第

(c)小节中列举的一个或多个最能准确描述出售的个人信息的类别。企业应在一份与为(C)款而编制的清单分开的清单中披露信息。

(C)参照第(c)小节中列出的一个或多个最能准确描述为商业目的而披露的个人信息的类别,识别在过去12个月内企业为商业目的而披露的个人信息,并提供在过去12个月内,参照第(c)小节中列举的一个或多个最能准确描述所披露个人信息的类别。企业应在一份与为(B)款而编制的清单分开的清单中披露信息。

(5)如果企业有在线隐私政策,企业应当在其隐私政策中披露以下信息;在任何对加州消费者隐私权的具体描述中,或者如果企业不遵守这些政策,企业应当在其网站上披露以下信息,并至少每12个月更新一次:

(A)根据第1798.100、1798.105、1798.110、1798.115和1798.125节对消费者权利的描述,以及一种或多种提交请求的指定方法。

(B)就第1798.110节第(c)小节而言,参照第(c)小节中列举的一个或多个最能准确描述过去12个月内收集的个人信息的类别清单。

(C)就第1798.115节(C)小节第(1)段和第(2)段而言,两份单独的清单:

(i)参照(c)小节中列举的一个或多个最能准确描述过去12个月内收集的个人信息的类别清单。如果该企业在过去12个月内没有出售消费者的个人信息,企业应披露这一事实。

(ii)参照第(c)小节中列举的一个或多个最能准确描述过去12个月内企业出于商业目的而披露的个人信息的类别清单。如果该企业在过去12个月内没有披露消费者的个人信息,企业应披露这一事实。

(D)根据第1798.146节第(a)小节第(4)段第(A)小段第(i)款,对于出售或披露超出此编管辖范围的未识别患者信息的企业,需要考虑该企业是否出售或披露基于患者信息衍生的已识别患者信息；如果是，该信息是否根据以下一种或多种方式进行去识别化处理：

(i)联邦法典第45编第164.514(b)(1)节所述的去识别化处理方法，即通常所说的HIPAA专家确定法。

(ii)联邦法典第45编第164.514(b)(2)节所述的去识别化处理方法，即通常所说的HIPAA避风港法。

(6)所有负责处理消费者咨询企业隐私实践或企业对本法的合规情况的个人，需保证其熟悉第1798.100、1798.105、1798.110、1798.115和1798.125节以及本节中的要求，以及如何引导消费者行使其在这些条款下的权利。

(7)企业从消费者处收集的核实消费者要求的个人信息，只能用于核实目的。

(b)企业没有义务在12个月内向同一消费者提供两次以上第1798.110节和第1798.115节规定的信息。

(c)根据第1798.110及1798.115节须予披露的个人信息类别，须遵从第1798.140节对个人信息的定义。

第1798.135节

(a)企业须按照第1798.120节，以消费者可合理访问的形式：

(1)在企业的互联网主页上，提供标题为“请勿出售我的个人信息”的清晰、显眼的网站链接，使消费者或消费者授权的人能够选择不出售消费者的个人信息。企业不得以不出售消费者的个人信息为条件要求消费者开立账户。

(2)包括根据第1798.120节对消费者权利的描述，以及“请勿出售我的个人信息”互联网网页的单独链接：

(A)其在线隐私政策，如果企业有在线隐私政策。

(B)加州对消费者隐私权的所有具体描述。

(3)所有负责处理消费者咨询企业隐私实践或企业遵守本法规定的个人，需保证其熟悉第1798.120节以及本节中的要求，以及如何引导消费者行使其在这些条款下的权利。

(4)对于行使选择退出权，选择不出售消费者个人信息的消费者，企业不得销售其收集的消费者个人信息。

(5)对于选择不出售消费者个人信息的消费者，在请求消费者授权出售消费者个人信息之前，应理解为消费者选择了至少 12 个月不出售的决定。

(6) 使用从消费者处收集的与提交消费者选择退出请求有关的任何个人信息，应仅用于遵从选择退出请求的目的。

(b) 如果公司维护一个包括所需链接和文本的单独附加主页，专门针对加利福尼亚州消费者，并且采取合理步骤，确保加利福尼亚州消费者直接指向加利福尼亚州消费者的主页，而不是向一般公众提供的主页，那么遵守本条款中的内容，不得解释为要求企业通过在其向一般公众提供的主页上包含所需的链接和文本。

(c) 消费者可授权他人仅代表消费者选择不出售其个人信息，企业应根据总检察长所通过的规章，遵守消费者授权代表消费者行事的人提出的不出售请求。

第 1798.140 节

就本编而言：

(a) "汇总的消费者信息"是指与一组或一类消费者有关的信息，个人消费者身份已从这些信息中去标示，这些信息与任何消费者或家庭（包括通过设备）没有联系或合理联系。聚合消费者信息并不意味着一个或多个已去标示的个人消费者记录。

(b) "生物识别信息"是指包括个人的脱氧核糖核酸（DNA）在内的个人生理、生物或行为特征，可单独使用或与其他识别数据结合使用以确定个人身份的信息。生物识别信息包括但不限于虹膜、视网膜、指纹、面部、手部、手掌、静脉模式和语音记录的图像，从中可以提取识别模板，如脸纹、细节模板或声纹，以及击键模式或节奏、步态模式或节奏、睡眠、健康，或包含识别信息的练习数据。

(c) "企业"是指：

(1) 满足如下条件的个人独资企业、合伙企业、有限责任公司、公司、协会或其他法律实体：为其股东或收集消费者个人信息的其他所有者的利益或财务利益而组织或经营的，或代表其收集信息，并单独或与他人共同确定处理消费者个人信息的目的和方法的，在加利福尼亚州开展业务的，并满足以下一个或多个基本条件的公司：

(A) 根据第 1798.185 节第(a)小节第(5)段调整后，年总收入超过 2500 万美元。

(B)为商业目的,每年单独或合并购买、接收、出售或共享 50,000 条或更多消费者、家庭或设备的个人信息。

(C)年收入的 50% 或以上为销售消费者个人信息所得。

(2)任何控制或被第(1)段所界定的业务所控制并与该业务有共同品牌的实体。“控制”或“受控”是指对企业任何类别有表决权证券的已发行股票享有 50% 以上的所有权或表决权;以任何方式对企业过半数董事或行使类似职能的个人的选举享有控制权;或对企业管理层有控制性影响。“共同品牌”是指共享名称、服务标志或商标。

(d)“商业目的”是指将个人信息用于商业目的,或用于服务提供商的运营目的,或其他已经告知的目的,但为了实现收集或处理个人信息的运营目的,或者为了实现与收集个人信息的语境相适应的其他运营目的,个人信息的使用应是合理必要和符合比例的。商业目的是:

(1)当前与消费者的互动和并发交易相关的审计,包括但不限于向唯一访问者计数广告印象,验证广告印象的定位和质量,以及审计是否符合本规范和其他标准。

(2)发现安全事件,防止恶意、欺骗、欺诈或非法活动,并起诉活动负责人。

(3)调试以识别和修复损害现有预期功能的错误。

(4)短期、暂时性使用,前提是个人信息未披露给另一第三方,且不用于建立消费者的个人资料或在当前互动之外以其他方式改变个人消费者的体验,包括但不限于广告的上下文定制显示为同一交互的一部分。

(5)代表企业或者服务提供者提供服务,包括维护或者提供账户服务、提供客户服务、处理或者履行订单和交易、核实客户信息、处理付款、提供融资、提供广告或者营销服务、提供分析服务,或代表企业或服务提供商提供类似服务。

(6)为了技术开发和示范的内部研究。

(7)对本企业拥有、自己制造、为他人制造或控制的服务或设备进行质量或者安全验证或者维护,对本企业拥有、自己制造、为他人制造或控制的服务或设备进行改进、升级或者改进的活动。

(e)“收集”、“已收集”或“收集集合”是指以任何方式购买、出租、收集、获取、接收或访问与消费者有关的任何个人信息。这包括主动或被动地从消费者那里接收信息,或者通过观察消费者的行为来接收信息。

(f)“商业目的”是指增进一人的商业或经济利益,如劝说另一人购买、出租、租赁、加入、认购、提供或交换产品、货物、财产、信息或服务,或直接或间接促成或实施商业交易。“商业目的”不包括从事州或联邦法院认定为非商业目的的演讲,包括政治演讲和新闻报道。

(g)“消费者”是指无论以何种方式识别的作为加利福尼亚州居民的自然人,包括以任何唯一标示符识别的,“加利福尼亚州居民”的定义参照《加利福尼亚州法规法典》第 18 编第 17014 节(按 2017 年 9 月 1 日的规定)。

(h)“去标示的”是指不能合理地确定、关联、描述能够与某一特定消费者相联系,或直接或间接与该消费者相关联的信息,如果企业使用的是去标示的信息,那么该企业:

(1)已经实施了技术保障措施,禁止对可能与信息关联的消费者重新进行身份识别。

(2)已经实施了专门禁止重新识别信息的业务流程。

(3)已经实施了防止意外散布去标示信息的业务流程。

(4)不试图重新确认信息。

(i)“提交请求的指定方法”是指邮寄地址、电子邮件地址、互联网网页、互联网门户网站、免费电话号码或其他适用的联系信息,消费者可以根据本条款提交请求或指示,以及经总检察长根据第 1798. 185 节批准的任何新的、方便消费者的商业联系方式。

(j)“设备”是指所有能够直接或间接连接到因特网或另一设备的物理对象。

(k)“医疗保险信息”是指消费者的保险单号或订户识别号、医疗保险人用于识别消费者的任何唯一标识符,或消费者的申请和索赔历史记录中的任何信息,包括任何申诉记录,如果信息是由企业或服务提供商与消费者或家庭(包括通过设备)关联或合理关联的。

(l)“主页”是指因特网网站的介绍页和收集个人信息的任何因特

网网页。对于在线服务,如移动应用程序,主页是指应用程序的平台页面或下载页面、应用程序内的链接,如来自应用程序配置、“关于”“信息”或设置页面,以及允许消费者审查第1798.135节第(a)小节要求的告知的任何其他位置,这包括但不限于下载程序之前。

(m)“推断”或“推断结论”是指从事实、证据或其他信息或数据来源推导出信息、数据、假设或结论。

(n)“人”是指个人、独资企业、商号、合伙企业、合资企业、财团、商业信托、公司、集团公司、有限责任公司、协会、委员会和任何其他一致行动的组织或团体。

(o)(1)“个人信息”是指直接或间接地识别、关联、描述、能够合理地与某一特定消费者或家庭相关联或可以合理地与之相关联的信息。个人信息包括但不限于以下直接或间接地识别、关联、描述、能够合理地与某一特定消费者或家庭相关联或可以合理地与之相关联的信息:

(A)识别码,如实名、别名、邮政地址、唯一个人识别码、在线识别码、互联网协议地址、电子邮件地址、账户名称、社会保险号码、驾驶执照号码、护照号码或其他类似识别码。

(B)第1798.80节第(e)小节所描述的所有类别的个人信息。

(C)加州法律或联邦法律下受保护类别的特征。

(D)商业信息,包括购买、获取或考虑过的个人财产、产品或服务的记录,或其他购买或消费历史或趋势。

(E)生物识别信息。

(F)因特网或其他电子网络活动信息,包括但不限于浏览历史、搜索历史和关于消费者与因特网网站、应用程序或广告的互动的信息。

(G)地理位置数据。

(H)音频、电子、视觉、热量、嗅觉或类似信息。

(I)专业或就业相关信息。

(J)教育信息,也就是《家庭教育权利和隐私法》(20 U.S.C. Sec. 1232g; 34 C.F.R. Part 99)中定义的不能公开获取的个人可识别信息。

(K)从本小节确定的任何信息中得出的,以创建关于一位消费者的用户画像的推论,用户画像可能反映消费者的偏好、特征、心理趋势、倾向、行为、态度、智力、能力和才能。

(2)“个人信息”不包括可公开获取的信息。在本款中,“可公开获取”的信息是指从联邦、州或地方政府记录中合法获得的信息。“可公开获取”的信息不包括企业在消费者不知情的情况下收集的关于消费者的生物特征信息。

(3)“个人信息”不包括去标示化的或者汇总的消费者信息。

(p)“概率性识别符”是指对消费者或设备的识别,其确定程度高于不基于个人信息定义中所列或类似的任何类别的个人信息。

(q)“处理”是指对个人数据或对一组个人数据执行的任何操作或一组操作,无论是否通过自动化手段。

(r)“假名处理”或“假名化”是指以如下这种方式处理个人信息:在不使用附加信息的情况下,个人信息不能再被关联到特定消费者,但附加信息应单独保存,并应采取技术和组织措施确保个人信息不能再被关联到已识别或可识别的消费者。

(s)“研究”是指科学的、系统的研究和观察,包括符合公共利益并遵守所有其他可适用伦理和隐私法的基础研究或应用研究,或在公共卫生领域为公共利益进行的研究。在消费者因为其他目的与企业服务或设备进行互动的过程中,从消费者那里收集到的个人信息,对其的研究应:

(1)与收集个人信息的商业目的相符。

(2)其后假名化和去标示化,或者在汇总信息中去标示化,使该信息不能合理地识别、关联、描述、能够与某一特定消费者相联系,或直接或间接与该消费者相联系。

(3)遵守技术保障措施,禁止对可能与信息有关的消费者进行重新识别。

(4)遵守专门的业务流程,禁止重新识别信息。

(5)遵守业务流程,防止不小心泄露去标示化的信息。

(6)防止任何再次识别。

(7)仅用于与个人信息收集语境相适应的研究目的。

(8)不得用于任何商业目的。

(9)受进行研究的企业的额外安全控制,只有企业中执行研究目的所必需的个人可以访问这些研究数据。

(t)(1)“出售”、“出售中”、“销售”或“已出售”是指企业以金钱或其他有价值的对价,通过口头、书面、电子或其他方式,向一家企业或第三方出售、出租、发布、披露、传播、提供、转让消费者的个人信息。

(2)就本编而言,在下列情况下,企业并非出售个人信息:

(A)在第三方也不出售个人信息的前提下,消费者使用或指示企业有意披露个人信息,或借助企业有意与第三方互动,除非该披露符合本编的规定。当消费者试图通过一次或多次有意与第三方交互时,就会发生有意互动。若消费者搁置、减少、暂停或停止提供给定内容,不构成消费者与第三方互动的意图。

(B)对于已选择不出售其个人信息的消费者,企业使用或共享其标识符以提醒第三方,消费者已选择不出售其个人信息。

(C)企业使用或与服务提供商共享消费者的个人信息,如果满足以下两个条件,则这些信息是实现商业目的所必需的:

(i)该企业已提供符合第1798.135节的条款和条件中所规定的使用或共享该信息的告知。

(ii)服务供应商不进一步收集、出售或使用消费者的个人信息,除非为实现商业目的所必需的。

(D)企业将消费者的个人信息作为资产转让给第三方,作为合并、收购、破产或第三方接管全部或部分业务的其他交易的一部分,前提是信息的使用或共享符合第1798.110和1798.115节的规定。第三方对消费者个人信息的使用、共享方式发生重大改变,与收集时的承诺具有实质性不同时,应当事先将新的或者变更的实践通知消费者。通知应充分突出和实用,以确保现有消费者可以方便地行使第1798.120节所规定的选择权。本款并不授权企业以一种可能违反《不公平与欺骗实践法案》[《商业和职业法》第7分编第2部分第5章(从第17200节开始)]的方式对其隐私政策进行实质性、追溯性的更改或其他更改。

(u)“服务”或“多项服务”是指工作、劳动和服务,包括与销售或维修商品有关的服务。

(v)“服务提供商”是指为股东或其他所有者的利益或财务利益而组织或经营的、代表企业处理信息并根据书面合同出于商业目的向其披露消费者个人信息的独资企业、合伙企业、有限责任公司、公司、协会或其他法律实体,但前提是合同禁止接收信息的实体出于任何目的保留、使用或披露个人信息,除了业务履行合同中规定的服务的特定目的或本编允许的其他目的,包括出于商业目的而保留、使用或披露个人信息,但不包括提供与企业签订的合同中规定的服务。

(w)“第三方”是指下列主体以外的其他主体:

(1)根据本编向消费者收集个人信息的企业。

(2)(A)根据书面合同,企业出于商业目的向其披露消费者个人信息的人,但该合同:

(i)禁止接收个人信息的人:

(Ⅰ)出售个人信息。

(Ⅱ)为履行本合同规定的服务以外的任何目的保留、使用或披露个人信息,包括为提供本合同规定的服务以外的商业目的保留、使用或披露个人信息。

(Ⅲ)保留、使用或披露该人与业务之间直接业务关系以外的信息。

(ii)包含一份由接收该个人信息的人作出的证明,证明该人明白(A)款的限制,并会遵从该等限制。

(B)本段所涵盖的任何人违反本编规定的任何限制,均应承担违约责任。在以下情形中,依照本编规定向本段所涵盖的人披露个人信息的业务,如果接收个人信息的人违反本编规定的限制使用该信息,不承担本编规定的责任；披露个人信息时，该企业不知道或没有理由相信该人打算实施此类违法行为。

（x）“唯一标识符”或“唯一个人标识符”是指可用于识别消费者、家庭或与消费者，或随着时间推移和提供多种服务后可以关联到消费者或家庭的设备，包括但不限于设备标识符；互联网协议地址；cookie、信标、像素标签、移动广告标识符或类似技术；客户号码、唯一假名或用户别名；可用于识别特定消费者或设备的电话号码或其他形式的持久或概率标识符。在本小节中，“家庭”是指监护父母或监护人，以及父母或监护人监护的任何未成年子女。

（y）“可核实的消费者请求”是指消费者、代表其未成年子女的消费者、自然人或在州务卿登记的人提出的请求，经消费者授权代表消费者行事，且企业能够依据总检察长根据第1798.185节第（a）小节第（7）段通过的法规合理核实提出请求的消费者是企业收集其个人信息的消费者。如果企业不能依据总检察长根据第1798.185节第（a）小节第（7）段通过的法规合理核实提出请求的消费者是企业收集其个人信息的消费者，或者是消费者授权代表消费者行事的人，则企业没有义务根据第1798.100、1798.105、1798.110和1798.115节向消费者提供信息。

第1798.145节

（a）本编赋予企业的义务不应限制企业的如下能力：

（1）遵守联邦、州或地方法律。

（2）遵守联邦、州或地方当局的民事、刑事或监管调查、调查、传票或传唤。

（3）就企业、服务提供商或第三方合理且善意地认为可能违反联邦、州或地方法律的行为或活动，与执法机构进行的合作。

（4）行使或者辩护法律主张。

（5）收集、使用、保留、出售或者披露去标示化的或者汇总的消费者的个人信息。

（6）收集或出售消费者的个人信息，如果该商业行为的所有要素都完全发生在加利福尼亚州以外。就本编而言，如果该公司在消费者不在加州的时候收集了这些信息，所有消费者个人信息的销售都不在加州，而且在消费者不在加利福尼亚州的情况下收集的个人信息没有被出售,那么商业行为完全发生在加利福尼亚州以外。当消费者在加利福尼亚州境内时,本款不允许企业存储(包括在设备上存储)关于该消费者的个人信息;当消费者及存储的个人信息在加利福尼亚州境外时,不允许收集该个人信息。

(b)第1798.110节至第1798.135节(含)对企业规定的义务,不适用于企业遵守所有权会违反加州法律规定的证据特权的情况,对于根据加利福尼亚州法律享有作为特权通信一部分的证据特权的人,也不得阻止企业向其提供消费者的个人信息。

(c)(1)本编不适用于下列情况:

(A)受《医疗信息保密法》[第1部分第2.6部分(从第56节开始)]管辖的医疗信息,或受隐私、安全和违反通知规则管辖的受保护实体或商业伙伴收集的受保护的医疗信息,这些规则由美国卫生和公众服务部根据1996年《健康保险可携带性和责任法案》(第104-191号公法)和《健康信息技术促进经济和临床健康法案》(第111-5号公法)制定的《联邦法规》第45编第160部分和164部分发布。

(B)受《医疗信息保密法》[第1部分第2.6部分(从第56节开始)]管辖的医疗服务提供商,或受美国卫生和公众服务部发布的隐私、安全和违反通知规则、联邦法典第45编第160和164部分管辖的受管辖实体,这些规则由美国卫生和公众服务部根据1996年《健康保险可携带性和责任法案》(第104-191号公法)制定的《联邦法规》第45编第160和164部分发布。如果提供者或受管辖实体以与本节(A)项所述医疗信息或受保护健康信息相同的方式维护患者信息。

(C)作为临床试验的一部分,根据《为了保护人类主体的联邦政策》(也被称为《共同规则》)所收集的信息,符合国际协调理事会发布的良好临床实践指南,或美国食品和药物管理局的人体受试者保护的信息。

(2)就本小节而言,"医疗信息"和"医疗保健提供者"应适用第

56.05 节中的定义，“商业伙伴”、“适用实体”和“受保护健康信息”应适用《联邦法规》第 45 编第 160.103 节中的定义。

(d)(1)本编不适用于涉及消费者报告机构、消费者报告以及消费者报告使用者所收集、维护、披露、销售、交流或使用任何与消费者的信誉、信用状况、信用能力、性格、一般声誉、个人特征或生活方式有关的个人信息的活动；消费者报告机构由《美国法典》第 15 编第 1681a 节第(f)小节规定，消费者报告的信息由《美国法典》第 15 编第1681s－2 节所述的信息提供者提供、《美国法典》第 15 编第 1681a 节第(d)小节规定，消费者报告的使用者由《美国法典》第 15 编第 1681b 节规定。

(2)第(1)段的规定，只有涉及该机构、供应商或用户收集、维护、披露、销售、通信或使用此类信息的活动受《美国法典》第 15 编《公平信用报告法》第 1681 节及以下规定的约束，才能够适用，而且此类信息除《公平信用报告法》授权外，不得使用、传达、披露或出售信息。

(3)本小节不适用于第 1798.150 节。

(e)本编不适用于根据《联邦格莱姆－里奇－布莱利法案》(公法 106－102)和实施条例，或《加州金融信息隐私法》[《金融法典》第 1.4 节(从第 4050 节开始)]收集、处理、出售或披露的个人信息。本小节不适用于第 1798.150 节。

(f)本编不适用根据 1994 年《驾驶员隐私保护法》(《美国法典》第 18 编第 2721 节及以下)收集、处理、出售或披露的个人信息。本小节不适用于第 1798.150 节。

(g)(1)第 1798.120 节不适用于《车辆法规》第 426 节中定义的新机动车经销商和《车辆法规》第 672 节中定义的车辆制造商之间保留或共享的车辆信息或所有权信息，如果共享的车辆或所有权信息是为了实现或预期实现根据《美国法典》第 49 编第 30118 节至第 30120 节(含)进行的车辆保修或召回所涵盖的车辆维修，但与该车辆信息或所有权信息共享的新机动车经销商或车辆制造商不得将该信息出售、共享或用于任何其他目的。

(2)就本小节而言：

(A)“车辆信息”指车辆信息编号、品牌、型号、年份和里程表读数。

(B)“所有权信息”指登记所有人的姓名以及所有人的联系信息。

(h)(1)本编不适用于下列情况：

(A)企业在自然人作为该企业的求职者、雇员、所有者、董事、高级职员、医务人员或承包商的过程中收集到的有关该自然人的个人信息,但前提是,该自然人的个人信息仅在该自然人作为或曾作为该企业的求职者、雇员、业主、董事、高级职员、医务人员或承包商的作用的范围内收集和使用。

(B)企业在自然人作为该企业的求职者、雇员、所有者、董事、高级职员、医务人员或承包商的过程中收集到的有关该自然人的紧急联系信息,但该个人信息的收集和使用仅限于有紧急联系记录。

(C)企业在自然人作为该企业的求职者、雇员、所有者、董事、高级职员、医务人员或承包商的过程中为了另一自然人的利益而收集的有关该自然人的个人信息,且该个人信息仅在为了自然人的利益时使用。

(2)就本小节而言：

(A)“承包商”是指根据书面合同向企业提供任何服务的自然人。

(B)“董事”是指在公司章程中被指定为董事的自然人,或由公司创办人选举的自然人,以及被指定、选举或以任何其他名称或头衔任命为董事的自然人及其继任者。

(C)“医务人员”是指根据《商业和职业法典》第2节(从第500节开始)获得执照的执业医师和外科医生、牙医或足病医师,以及《健康和安全法典》第1316.5节定义的临床心理学家。

(D)“高级管理人员”是指董事会选举或任命的管理公司日

常运营的自然人,如首席执行官、总裁、秘书或财务官。

(E)“所有者”是指符合下列条件之一的自然人:

(i)对企业任何类别有表决权证券的已发行股票享有50%以上的所有权或表决权。

(ii)以任何方式对企业过半数董事或行使类似职能的个人的选举享有控制权。

(iii)对企业管理层有控制性影响。

(3)本小节不适用于第1798.100节第(b)小节或第1798.150节。

(4)本小节将于2022年1月1日失效。

(i)企业有义务根据本编回应和履行消费者权利请求,但是:

(1)考虑到请求的复杂性和数量,企业回应任何已核实的消费者请求的时间在必要时最多可以延长90天。企业应在收到请求后45天内将任何此类延期通知消费者,并说明延期原因。

(2)如果企业没有根据消费者的请求采取行动,则该企业应立即,并最迟在本节准许的答复期限内,将不采取行动的理由及消费者可能对该企业的决定提出上诉的任何权利通知消费者。

(3)如果消费者的请求明显没有根据、非常过分或高度重复,企业可以收取合理的费用。考虑到提供信息或通信或采取消费者所请求的行动的管理费用,企业也可以拒绝按照消费者的请求采取行动,并通知消费者拒绝请求的原因。企业应承担举证责任,证明任何经核实的消费者请求明显没有根据或过分。

(j)根据本编,如果企业向服务提供商披露个人信息时确实不知情或无理由相信服务提供商有意实施此类违规行为,该企业对接收个人信息的服务提供商违反本编中规定使用该个人信息的行为不承担责任。同理,服务提供商对企业提供的服务同样不用承担本编所规定的责任。

(k)本编不得解释为要求企业收集其在正常业务过程中不会收集的个人信息,保留个人信息的时间不得长于其在正常业务过程中保留此类信息的时间,或重新识别,或以其他方式关联未被视为个人信息的信息。

(l)本编赋予消费者的权利和对企业规定的义务,不得对其他消费者的权利和自由产生不利影响。

(m)本编赋予消费者的权利和向企业施加的义务,不适用于《加利福尼亚州宪法》第 1 条第 2 节第(b)小节所述的个人或实体的非商业活动的情况。

(n)(1)第 1798.100、1798.105、1798.110、1798.115、1798.130 及 1798.135 节向企业施加的义务,不适用于反映企业与消费者之间的书面或口头沟通或交易的个人信息,如果消费者是作为公司、合伙企业、独资企业、非营利组织或政府机构的雇员、所有人、董事、高级职员或承包商的自然人,而且其与企业的交流或交易仅发生在对该公司、合伙企业、独资企业、非营利组织或政府机构进行尽职调查的业务范围内,或向它们提供或接收产品或服务的业务范围内。

(2)就本小节而言:

(A)"承包商"是指根据书面合同向企业提供任何服务的自然人。

(B)"董事"是指在公司章程中被指定为董事的自然人,或由公司创办人选举的自然人,以及被指定、选举或以任何其他名称或头衔任命为董事的自然人及其继任者。

(C)"高级管理人员"是指董事会选举或任命的管理公司日常运营的自然人,如首席执行官、总裁、秘书或财务官。

(D)"所有人"是指符合下列条件之一的自然人:

(i)对企业任何类别有表决权证券的已发行股票享有 50% 以上的所有权或表决权。

(ii)以任何方式对企业过半数董事或行使类似职能的个人的选举享有控制权。

(iii)对企业管理层有控制性影响。

(3)本小节于 2022 年 1 月 1 日失效。

第 1798.146 节

(a)本编不适用于下列情况:

(1)受《医疗信息保密法》(第 1 部第 2.6 部分(从第 56 节开始)管辖的医疗信息,或受隐私、安全和违反通知规则管辖的受管辖实体或商业伙伴收集的受保护的医疗信息，这些规则由美国卫生和公众服务部根据1996年《健康保险可携带性和责任法案》（第104－191号公法）和《健康信息技术促进经济和临床健康法案》以及2009年《联邦美国复苏与再投资法案》第八编（第111－5号公法）制定的《联邦法规》第45编第160和164部分发布。

(2) 受《医疗信息保密法》（第1部第2.6部分（从第56节开始）管辖的医疗服务提供商，或受美国卫生和公众服务部发布的隐私、安全和违反通知规则管辖的受管辖实体，这些规则由美国卫生和公众服务部根据1996年《健康保险可携带性和责任法案》（第104－191号公法）制定的《联邦法规》第45编第160和164部分发布。如果提供者或受管辖实体以与第(1)段所述医疗信息或受保护健康信息相同的方式维护患者信息。

(3) 受美国卫生和公众服务部发布的隐私、安全和违反通知规则、联邦法典第45编第160和164部分管辖的受管辖实体的商业伙伴，这些规则由美国卫生和公众服务部根据1996年《健康保险可携带性和责任法案》（第104－191号公法）和《健康信息技术促进经济和临床健康法案》以及2009年《联邦美国复苏与再投资法案》第八编（第111－5号公法）制定的《联邦法规》第45编第160和164部分发布。如果受管辖实体的商业伙伴以与第(1)段所述医疗信息或受保护健康信息相同的方式维护患者信息。

(4) (A) 信息须同时满足以下两项条件：

(i) 满足联邦法典第45编第164部分第164.514节规定的识别要求；

(ii) 属于从特定实体收集、创建、传输或维护的患者信息，该特定实体受《健康保险可携带性和责任法案》、《医疗信息保密法》或《联邦政府保护研究对象政策》（又称《共同规则》）管辖。

(B) 对于满足上述(A)分段的识别要求而后被再识别的信息，不符合本段的豁免要求，同时该信息受《健康保险可携带性和责任法案》、《医疗信息保密法》以及本编等联邦及州数据隐私法律及安全法律的管辖。

(5)联邦法典第45编第164.501节所定义的在研究中收集、使用或披露的信息,包括但不限于根据联邦法典第45编第164部分及《联邦政府保护研究对象政策》(又称《共同规则》)规定的道德、保密、隐私、安全规则、国际协调会发布的良好临床实践指南或美国食品药品监督管理局发布的研究对象保护规定进行的临床试验信息。

(b)就本节而言:

(1)"商业伙伴"的含义与联邦法典第45编第160.103节的定义相同。

(2)"受管辖实体"的含义与联邦法典第45编第160.103节的定义相同。

(3)"可识别个人信息"的含义与联邦法典第45编第46.102节的定义相同。

(4)"可识别个人的健康信息"的含义与联邦法典第45编第160.103节的定义相同。

(5)"医疗信息"的含义与第56.05节的定义相同。

(6)"患者信息"是指可识别个人信息、受保护的健康信息、可识别个人的健康信息或医疗信息。

(7)"受保护的健康信息"的含义与联邦法典第45编第160.103节的定义相同。

(8)"医疗服务提供商"的含义与第56.05节的定义相同。

第1798.148节

(a)企业或其他人不得再识别或试图再识别第1798.146节第(a)小节第(4)段规定的信息,但以下情形除外:

(1)受管辖实体或代表受管辖实体或获得受管辖实体书面许可而代为行事的商业伙伴开展的治疗、支付或医疗业务。就本段而言,"治疗"、"支付"、"医疗业务"、"受管辖实体"和"商业伙伴"的含义与联邦法典第45编第164.501节的定义相同。

(2)联邦法典第45编第164.512节规定的公共医疗活动或

目的。

(3)联邦法典第45编第164.501节规定的研究,该研究应根据联邦法典第45编第46部分,《联邦政府保护研究对象政策》进行。

(4)履行合同的行为,包括在合同禁止将再识别信息用于其他用途或进行其他披露且要求在合同履行完成时返还或销毁再识别信息的情形下,符合第1798.146节第(a)小节第(4)段要求的去识别化信息的合法持有人明确要求个人或实体对去识别化信息进行再识别,以测试、分析或验证去识别化信息或相关统计方法。

(5)法律另有规定。

(b)根据第1798.146节第(a)小节第(4)段,本节规定的再识别信息受《健康保险可携带性和责任法案》、《医疗信息保密法》以及本编等联邦及州数据隐私法律及安全法律的管辖。

(c)自2021年1月1日起,任何符合第1798.146节第(a)小节第(4)段规定的去识别化信息许可或销售合同,如一方当事人居住在本州或在本州开展业务,则合同内容须包括下列条款或与下列条款相似的条款:

(1)声明出售或许可的去识别化信息包括去识别化患者信息。

(2)声明根据本节的规定,禁止买方或被许可方再识别或试图再识别去识别化信息。

(3)声明除法律另有规定,禁止去识别化信息的买方或被许可方向任何第三方披露去识别化信息,第三方受到相同或更严格的合同限制及约束的情形除外。

(d)就本节而言,"再识别"是指与去识别化技术相对的技术,包括但不限于添加特定信息或数据元素,且这些信息或元素可单独或共同用于识别个人、统计方法、手段、计算机软件或其他能够将去识别化信息与特定可识别个人相关联的方法。

第1798.150节

(a)(1)第1798.81.5节第(d)小节第(1)段第(a)款所定义的未加密和未编校的个人信息,因企业违反执行和维护与信息性质相适应的合理安全程序和做法以保护个人信息义务,而致使消费者的个人信息受到未经授权的访问和泄露、盗窃，或披露的，消费者可以提起如下民事诉讼：

(A)主张100美元到750美元的损害赔偿金或实际损害赔偿金，以数额较大者为准。

(B)主张法院发布禁止令或确认赔偿请求。

(C)法院认为适当的任何其他救济。

(2)法院在评估法定损害赔偿额时，须考虑案件各方提出的任何一项或多项有关情况，包括但不限于不当行为的性质及严重程度、违法行为的数目、不当行为的持续性、不当行为发生所持续的时间长短、被告不当行为的有意性，以及被告的资产、负债和净值。

(b)如果消费者在以个人或集体为基础对企业提起任何法定损害赔偿诉讼之前，提前30天向企业发出书面通知，说明消费者声称已经或正在违反本编的具体规定，则消费者可根据本节提起诉讼。在可以补救的情形中，如果在30天内，企业实际补救了所发现的违规行为，并向消费者提供了一份明确的书面声明，说明违规行为已得到补救，不再发生违规行为，那就不得对企业提起个人或集体的法定损害赔偿诉讼。个人消费者仅就因企业涉嫌违反本编而遭受的实际金钱损失提起诉讼，无须在此之前发出任何通知。如果企业违反本条款规定的向消费者提供的明示书面声明，继续违反本编规定，消费者可以对该企业提起诉讼，强制执行该书面声明，并可以对每一次违反明示书面声明的行为，以及在书面声明后的任何其他违反本编的行为，追究法定赔偿金。

(c)本节确定的诉讼事由仅适用于第(a)小节中定义的违法行为，不得基于违反本编任何其他章节的行为。本编的任何内容均不得解释为任何其他法律规定的私人诉讼权的依据。这不应解释为免除任何一方根据其他法律或美国或加利福尼亚州宪法所施加的任何责任或义务。

第1798.155节

(a)任何企业或第三方都可征求总检察长的意见，就如何遵守本编的规定寻求指导。

(b)如果一家企业在接到被指控的不合规通知后30天内，未能纠正任何被指控的违反行为，则该企业违反本编规定。任何企业、服务提供商或其他违反本编的人应受到禁令的约束，并应承担每次违规不超过

2500 美元、每次故意违规不超过 7500 美元的民事罚款，由总检察长以加利福尼亚州人民的名义提起的民事诉讼中予以评估和追偿。本节规定的民事处罚应在总检察长以加利福尼亚州人民的名义提起的民事诉讼中单独评估和追缴。

(c)因违反本编而被评估的任何民事处罚，以及根据第(b)小节提起的诉讼的任何和解所得，应存入根据第 1798.160 节第(a)小节中的在普通基金内设立的消费者隐私基金，以支付州法院和总检察长所花费的与本编有关的所有费用。

第 1798.160 节

(a)即此在国库普通基金内设立一个称为"消费者隐私基金"的特别基金，在立法机关拨款后，可用于支付州法院因执行本编提起的诉讼而产生的所有费用，以及总检察长在履行本编规定的职责时所产生的所有费用。

(b)转移到消费者隐私基金的资金，应专门用于支付州法院和司法部部长与本编有关的任何费用。这些资金不得由立法机关为任何其他目的拨款或转移，除非财政部部长确定这些资金超过了充分支付州法院和总检察长与本编有关的费用所需的资金，在这种情况下，立法机关可以将多余的资金用于其他目的。

第 1798.175 节

本编旨在进一步加强宪法性隐私权，并补充有关消费者个人信息的现行法律，包括但不限于第 22 章(从第 22575 节开始)的《商业和行业法规》第 8 节 1.81 编(从第 1798.80 节开始)。本编的规定不限于以电子方式或通过互联网收集的信息，适用于所有企业从消费者处收集和出售的个人信息。只要有可能，与消费者个人信息有关的法律，都应解释为符合本编的规定，如果其他法律与本编的规定发生冲突，应以对消费者隐私权提供最大保护的法律规定为准。

第 1798.180 节

本编规定的问题关系整个加利福尼亚州，本编取代并优先于市、县、郡、自治区、或地方机构就企业收集和销售消费者个人信息所采用的所有规则、规章、法规、条例和城市所通过的其他法律。

第 1798.185 节

(a)在 2020 年 7 月 1 日或之前，总检察长应广泛征求公众的意见，

通过法规来深化本编的意义,这包括但不限于以下领域:

(1)根据需要,更新第1798.130节第(c)小节和第1798.140节第(o)小节中列举的其他类别的个人信息,以解决技术、数据收集实践、实施障碍和隐私问题方面的变化。

(2)根据需要,更新唯一标识符的定义,以解决技术变化、数据收集、实施障碍和隐私问题,以及根据第1798.130节,为方便消费者从企业获取信息而提交请求的指定方法定义的附加类别。

(3)根据需要,在本编通过后的一年内以及此后,确立遵守州或联邦法律所需的任何例外,包括但不限于与商业秘密和知识产权有关的例外。

(4)制定下列规则和程序:

(A)协助及管理消费者提出的,根据第1798.120节规定的要求其选择不出售个人资料的意见。

(B)管理企业是否遵守消费者的退出请求。

(C)促进企业开发和使用一个可识别和统一的选择退出标志或按钮,以提高消费者对选择退出出售个人信息机会的意识。

(5)在每个奇数年的1月,调整第1798.140节第(c)小节第(1)段(A)款中的最低金额,以反映消费物价指数的增长。

(6)制定规则、程序和所有必要的例外,以确保企业根据本编要求提供的告知和信息,以普通消费者容易理解、残障消费者容易获取并主要以与消费者互动的语言的方式提供;这包括在本编通过后的一年内以及之后,根据需要制定有关财务激励产品的规则和指南。

(7)制定规则和程序,以促进第1798.110和1798.115节的目的,并促进消费者或消费者的授权代理人根据第1798.130节获取信息的能力,以尽量减轻消费者的管理负担,同时考虑到现有技术、安全关注点和企业负担,在本编通过后一年内以及按此后的需要,将通过客户在企业中维护的受密码保护的账户提交的请求视为可验证的客户请求,同时提供一种机制,使不在企业中维护账户的消费者通过企业对消费者身份的认证来请求信息。

(b)总检察长可通过下列附加规章:

(1)制定规则和程序,说明如何处理和遵守可核实的消费者对与家庭有关的特定个人信息的要求,以解决实施障碍和隐私问题。

(2)为深化本编的意义所必须。

(c)根据本节发布的最终条例公布后 6 个月或 2020 年 7 月 1 日(以较早者为准)之前,总检察长不得根据本编提起强制执行诉讼。

第 1798.190 节

如果一系列步骤或交易是一项交易的组成部分,而该项交易从一开始就旨在规避本编的规定,包括企业向第三方披露信息以规避销售的定义范围,为了实现本编的目的,法院应忽略中间步骤或交易。

第 1798.192 节

任何类型的合同或协议的任何条款,如意图以任何方式放弃或限制消费者在本编下的权利,包括但不限于获得补救或强制执行手段的任何权利,应被视为违反公共政策,认定为无效和不可执行。本节不应妨碍消费者拒绝向企业索取信息,或拒绝和选择退出企业出售消费者个人信息,或授权企业在消费者先前选择退出后出售其个人信息。

第 1798.194 节

本编应宽泛地解释,以实现其目的。

第 1798.196 节

本编旨在在允许的范围内补充联邦法律和州法律,但如果联邦法律或美国或加利福尼亚州宪法已有规定或本编与之冲突,则本编不适用。

第 1798.198 节

(a)除了第(b)小节和第 1798.199 节规定的限制,本编应于 2020 年 1 月 1 日生效。

(b)本编将会生效,除非根据《选举法》第 9604 节从投票中撤回第 17-0039 号倡议措施(2018 年《消费者隐私权法案》)。

第 1798.199 节

尽管有第 1798.198 节的规定,但第 1798.180 节应在本法案添加该节的生效之日一并生效。

加州消费者隐私法案条例

第11编 法 律

第一部分 总 检 察 长

第二十章 加州消费者隐私法案条例

第1条 一 般 规 定

第999.300节 编和范围

(a)本章应称为《加州消费者隐私法案条例》。本章将称为“本条例”。本条例适用于《加州消费者隐私法案》合规,本条例不限制消费者可能拥有的任何其他权利。

(b)违反本条例,即构成违反《加州消费者隐私法案》,并应遵守其中规定的救济措施。

注:引用的权威:《民法典》第1798.185节。参见《民法典》第1798.100－1798.199节。

第999.301节 定义

除《民法典》第1798.140节规定的定义外,就本条例而言:

(a)“肯定授权”是指表明消费者有意作出的同意出售其个人信息的行为。在父母或监护人代表13岁以下儿童行事的情况下,这意味着父母或监护人已同意按照第999.330节规定的方法出售儿童的个人信息。对于13岁及13岁以上的消费者,应通过两步程序加以证明,消费者应首先明确选择加入,然后再对选择加入进行确认。

(b)“总检察长”是指加州总检察长或加州司法部在加州总检察长授权下行事的任何官员或雇员。

(c)“授权代理人”是指符合第999.326节规定,在州务卿处登记在加州经营业务的且已获得消费者授权的自然人或商业实体。

(d)“来源类别”是指企业从中收集消费者个人信息的个人或实体的类型或分组,这些类型或分组需要表述清楚,能够让消费者真正理解个人或实体收集的类型或分组,包括但不限于从消费者处直接收集,从广告网络、互联网服务提供商、数据分析提供商、政府实体、操作系统和平台、社交网络处获取公共记录,以及从数据经销商处获取。

(e)“第三方类别”是指企业共享消费者个人信息的第三方的类型或分组,这些类型或分组需要表述清楚,能够让消费者真正理解第三方的类型或分组,包括但不限于广告网络、互联网服务提供商、数据分析提供商、政府实体、操作系统和平台、社交网络和数据经销商。

(f)“加州消费者隐私法案”是指2018年《加州消费者隐私法案》,《民法典》第1798.100节以下。

(g)“儿童在线隐私保护法”是指《儿童在线隐私保护法》,美国法典第15编第6501节至第6508节以及联邦法典第16编第312.5部分。

(h)“就业福利”是指消费者及其家属或受益人从消费者的雇主处获得的退休、健康和其他福利项目、服务或产品。

(i)“与就业有关的信息”是指企业根据《民法典》第1798.145节(h)(1)小节收集的自然人个人信息。包括为管理员工利益等行为在内任何收集就业信息的行为都应视为具有商业目的。

(j)“经济激励”是指因披露、删除或出售个人信息而向消费者支付的作为补偿的计划、福利或其他优惠。

(k)“家庭”是指以下个人或群体:(1)居住在同一住宅中;(2)共同使用企业提供的同一设备或服务;(3)被企业识别为共同使用同一群组帐户或标识符。

(l)“收集告知”是指根据《民法典》第1798.100(b)节的要求和本条例的规定,企业在向消费者收集个人信息时或之前向消费者发出的告知。

(m)“选择退出权利的告知”是指根据《民法典》第1798.120节和第1798.135节的要求以及本条例的规定,由企业发出的通知,告知消费者具有选择退出出售其个人信息的权利。

(n)“经济激励告知”是指根据《民法典》第1798.125(b)节的要求和本条例的规定,由企业发出的解释每项经济激励或价格或服务差异的告知。

(o)“价格或服务差异”是指(1)任何商品或服务向任何消费者收取的有关披露、删除或出售个人信息的价格或费率的任何差异,包括通过使用折扣、付费或其他福利或处罚;或(2)向任何消费者提供的有关披露、删除或出售个人信息的任何商品或服务的水平或质量的任何差异,包括拒绝提供商品或者为消费者提供服务。

(p)“隐私政策”是指《民法典》第 1798.130(a)(5)节中提及的政策,是指企业应向消费者提供的声明,说明企业在网上和网下收集、使用、披露、出售个人信息的做法,以及消费者对其个人信息的权利。

(q)“知情请求”是指消费者请求企业根据《民法典》第 1798.100、1798.110 或 1798.115 节披露其收集的关于消费者的个人信息,包括对以下任何或所有内容:

(1)企业收集的有关消费者个人信息的特定部分。

(2)收集的消费者个人信息的种类。

(3)收集的消费者个人信息的来源类别。

(4)企业为经营目的出售或者披露的消费者个人信息的种类。

(5)为商业目的向其出售或者披露个人信息的第三方的类别。

(6)收集、出售个人信息的业务或者商业目的。

(r)“删除请求”是指消费者请求企业根据《民法典》第 1798.105 节删除企业从消费者处收集的有关消费者的个人信息。

(s)“选择退出请求”是指根据《民法典》第 1798.120(a)条,消费者请求企业不向第三方出售消费者的个人信息。

(t)“选择加入请求”是指《民法典》第 1798.120(c)条规定,企业可由不满 13 岁以及已满 13 岁不满 16 岁的消费者的父母或监护人,或先前选择不出售其个人信息的消费者,出售有关该消费者的个人信息的肯定授权。

(u)“已签署”是指根据《统一电子交易法》、《民法典》第 1633.7 条以电子方式签署或提供的书面证明、声明或许可。

(v)“第三方身份验证服务”是指由独立的第三方提供的安全程序,该第三方验证用于验证向企业提出请求的消费者的身份。第三方身份验证服务,须遵守第 4 条关于知情请求和删除请求的规定。

(w)“消费者数据价值”是指根据第 999.337 节计算的消费者数据为企业带来的价值。

(x)“验证”是指确定提出知情或删除请求的消费者与企业收集信息的消费者或小于 13 岁消费者的父母或法定监护人为同一消费者。

注:引用的权威:《民法典》第 1798.185 节。参见《民法典》第 1798.100 - 1798.199 节。

第 999.304 节　告知概述

(a)所有受《加州消费者隐私法案》和本条例管辖的企业,均应根据《加州消费者隐私法案》和本条例第 999.308 节向消费者提供隐私政策。

(b)所有收集消费者个人信息的企业,均应根据《加州消费者隐私法案》和本条例第 999.305 节在收集时进行告知。

(c)企业若出售个人信息,应根据《加州消费者隐私法案》和本条例第 999.306 节进行选择退出权告知。

(d)企业若提供差异化经济激励或价格或服务,应根据《加州消费者隐私法案》和本条例第 999.307 节进行经济激励告知。

注:引用的权威:《民法典》第 1798.185 节。参见《民法典》第 1798.100 节,第 1798.105 节,第 1798.115 节,第 1798.120 节,第 1798.125 节,第 1798.130 节,第 1798.135 节。

第 2 条　告知消费者

第 999.305 节　个人信息收集告知

(a)宗旨和一般原则

(1)收集时告知的目的是在收集消费者个人信息时或者收集前,及时告知消费者收集的个人信息的种类和使用目的。

(2)收集时告知应当以普通消费者易于阅读和理解的方式设计并向消费者出示。告知应:

a. 使用简单明了的语言,避免使用技术或法律术语。

b. 使用能吸引消费者注意的告知,并使用易读的格式,包括在可行的情形下在较小的屏幕上进行告知。

c. 使用正常业务过程中向加州消费者提供合同、免责声明、销售公告和其他信息的语言。

d. 使残障消费者可以访问。对于以线上形式提供的告知,企业应遵循行业通行标准,如万维网联盟(World Wide Web Consortium)于 2018 年 6 月 5 日公布的《网页内容可访问性指南 2.1》(Web Content Accessibility Guidelines, version 2.1)。在其他情况下,企业至少应提供信息,告诉残障消费者如何以其他格式访问告知。

(3)企业应在收集消费者个人信息之时或之前提供告知。例如：

a. 当企业在线上收集消费者的个人信息时,告知可以链接形式出现在企业网站的介绍页面以及所有收集个人信息的网页上的醒目位置。

b. 通过移动应用程序收集个人信息的,企业可以在应用程序的下载界面及应用程序内的设置菜单等其他位置提供告知链接。

c. 当企业在线下收集消费者的个人信息时,告知可以出现在企业收集个人信息的纸质版表格上,企业也可以提供醒目的标牌,将消费者引导到包含告知链接的网址。

d. 当企业通过电话或面对面收集消费者的个人信息时,可以进行口头告知。

(4)若企业从消费者的移动设备收集个人信息,并将信息用于消费者合理期待的用途,应及时告知消费者,告知内容应包含所收集的个人信息类别以及收集时告知的完整链接。例如,如果企业的产品是手电筒应用程序,而该应用程序收集地理位置信息,则企业应及时告知消费者。比如,在消费者打开应用程序时跳出弹窗,并且弹窗内容应包含本小节要求的信息。

(5)企业不得将消费者的个人信息用于收集时告知披露的用途以外的其他明显不同的用途。企业将消费者的个人信息用于收集告知中未披露的其他明显不同的用途,应当直接将新用途告知消费者,并征得消费者的明确同意。

(6)除收集时告知披露的个人信息外,企业不得收集其他类别的个人信息。如果企业打算收集其他类别的个人信息,企业应在收集时提供新的告知。

(7)企业未在收集消费者个人信息时或收集前向消费者发出收集告知的,不得向消费者收集个人信息。

(b)企业收集时的告知应包括以下内容：

(1)拟收集消费者个人信息的类别清单。每一类个人信息的命名方式,应使消费者清楚地理解所收集的信息。

(2)各类个人信息将用于的业务或商业目的。

(3)如果企业出售个人信息，则提供第999.315(a)节要求的标题为“请勿出售本人个人信息”或“请勿出售本人信息”的链接，或者如果是线下告知，则提供其链接到的网页的网址。

(4)指向企业隐私政策的链接，或在线下告知的情况下，则提供指向企业隐私政策的网址。

(c)如某企业在线上向消费者收集个人信息，则可提供链接至包含有(b)款所规定信息的该企业隐私政策的一节，向消费者发出收集告知。

(d)不直接向消费者收集信息的企业，如果不出售消费者的个人信息，无须在向消费者收集信息时提供告知。

(e)根据《民法典》第1798.99.80节等已在司法部部长处登记的数据经销商，如果在其登记提交的材料中包含其在线隐私政策的链接，包括关于消费者如何提交选择退出请求的说明，在收集时不需要向消费者提供告知。

(f)企业若收集与就业有关的信息，须遵守第999.305节的规定，但下列事项除外：

(1)收集与就业有关的信息时，告知不需要包含可跳转至“请勿出售本人个人信息”界面的链接或网址。

(2)收集与就业有关的信息时，告知不需要提供可跳转至企业隐私政策的链接。

(g)若《加州消费者隐私法案》无修改，第(f)小节于2021年1月1日失效。

注：引用的权威：《民法典》第1798.185节。参见《民法典》第1798.100、1798.115和1798.185节。

第999.306节　选择退出出售个人信息权利的告知

(a)宗旨和一般原则。

(1)选择退出出售个人信息权利的告知，其目的是告知消费者，他们有权指示出售其个人信息的企业停止出售其个人信息。

(2)选择退出权利的告知，其设计和呈现方式应便于普通消费者阅读和理解。告知应：

a. 使用简单明了的语言,避免使用技术或法律术语。

b. 使用能吸引消费者注意的告知,并使用易读的格式,包括在可行的情形下在较小的屏幕上进行告知。

c. 使用正常业务过程中向消费者提供合同、免责声明、销售公告和其他信息的语言。

d. 使残障消费者可以访问。对于以线上形式提供的告知,企业应遵循行业通行标准,如万维网联盟(World Wide Web Consortium)于2018年6月5日公布的《网页内容可访问性指南2.1》(Web Content Accessibility Guidelines, version 2.1)。在其他情况下,企业应提供信息,告诉残障消费者如何以其他格式访问告知。

(b)出售消费者个人信息的企业,应向消费者提供以下选择退出权利的告知:

(1)企业应当在网站主页或者移动应用下载、登录页面点击"请勿出售本人个人信息"或者"请勿出售本人信息"链接后,在消费者所浏览的互联网网页上发布选择退出权利的告知。通过移动应用程序收集个人信息的,可以在应用程序内的设置按钮等位置提供链接,方便消费者了解其选择退出的权利。告知应包括(c)小节列举的信息,或者链接到包含相同信息的企业隐私政策部分。

(2)不经营网站的企业应建立、记录并遵守另一种方法,即告知消费者其有权要求出售其个人信息的企业停止出售其个人信息。该方法应符合第(a)(2)款规定的要求。

(c)企业应在其选择退出权利的告知中包括以下内容:

(1)消费者选择退出出售其个人信息的权利说明。

(2)根据第999.315(a)节的要求,消费者可以线上提交选择退出请求的网络表单,或者如果企业不经营网站,消费者可以线下提交选择退出请求。

(3)消费者提出选择退出请求的其他方式的说明。

(d)在下列情况下,企业可免于提供选择退出权利的告知:

(1)不会出售个人信息;

(2)在其隐私政策中声明不会出售个人信息。

(e)企业不得出售其在未提供选择退出权利的告知期间收集的个人信息,除非获得消费者的肯定授权。

注:引用的权威:《民法典》第 1798.185 节。参见《民法典》第 1798.120、1798.135 和 1798.185 节。

第 999.307 节　经济激励告知

(a)宗旨和一般原则。

(1)经济激励告知的目的是向消费者解释企业为保留或出售消费者个人信息而提供的每一项经济激励或价格或服务差异的实质性条款,以便消费者在充分知情的情形下决定是否参与。不提供经济激励或价格或服务差异的企业,不需要提供经济激励通知。

(2)经济激励告知应当按照易读和易懂的方式设计和呈现给消费者。告知应:

a. 使用简单明了的语言,避免使用技术或法律术语。

b. 使用能吸引消费者注意的告知,并使用易读的格式,包括在可行的情形下在较小的屏幕上进行告知。

c. 使用正常业务过程中向加州消费者提供合同、免责声明、销售公告和其他信息的语言。

d. 使残障消费者可以访问。对于以线上形式提供的告知,企业应遵循行业通行标准,如万维网联盟(World Wide Web Consortium)于 2018 年 6 月 5 日公布的《网页内容可访问性指南 2.1》(Web Content Accessibility Guidelines, version 2.1)。在其他情况下,企业至少应提供信息,告诉残障消费者如何以其他格式访问告知。

e. 在消费者选择加入经济激励或价格或服务差异之前,可以在网上或其他物理位置访问。

(3)如果企业线上提供经济激励或价格或服务差异,可通过提供包含(b)小节所要求信息的企业隐私政策部分的链接来发出告知。

(b)企业应在其经济激励告知中包括以下内容:

(1)对所提供的经济激励或者价格或服务差异的简要说明。

(2)经济激励或价格或服务差异以及消费者数据价值的实质性

条款说明，包括经济激励或价格或服务差异涉及的个人信息类别。

(3) 消费者如何选择经济激励或价格或服务差异。

(4) 告知消费者随时有权退出经济激励，以及消费者如何行使该权利。

(5) 有关经济激励或价格或服务差异与消费者数据的价值合理相关的解释，包括：

a. 对消费者数据价值的善意估计，构成提供经济激励或价格或服务差异的基础；以及

b. 描述企业用来计算消费者数据价值的方法。

注：引用的权威：《民法典》第 1798.185 节。参见《民法典》第 1798.125 和 1798.130 节。

第 999.308 节　隐私政策

(a) 宗旨和一般原则。

(1) 隐私政策的目的是向消费者全面描述企业线上和线下收集、使用、披露和出售个人信息方面的方式，以及消费者对其个人信息的权利。隐私政策不应包含关于个人消费者的具体个人信息，也不需要针对每个消费者进行个性化定制。

(2) 隐私政策的设计和呈现方式，应便于普通消费者阅读和理解。告知应：

a. 使用简单明了的语言，避免使用技术或法律术语。

b. 使用易读的格式，包括在可行的情形下在较小的屏幕上进行告知。

c. 使用正常业务过程中向加州消费者提供合同、免责声明、销售公告和其他信息的语言。

d. 使残障消费者可以访问。对于以线上形式提供的告知，企业应遵循行业通行标准，如万维网联盟（World Wide Web Consortium）于 2018 年 6 月 5 日公布的《网页内容可访问性指南 2.1》（Web Content Accessibility Guidelines, version 2.1）。在其他情况下，企业至少应提供信息，告诉残障消费者如何以其他格式访问告知。

e. 提供附加格式，允许消费者将其作为单独的文档打印

出来。

(b)隐私政策应线上发布在企业网站主页或移动应用程序的下载或登录页上的醒目位置,隐私政策的链接须使用“隐私”一词。如果企业在其网站上有特定关于加利福尼亚州消费者隐私权利的描述,则隐私政策应包含在该描述中。不经营网站的企业,应当以醒目方式向消费者提供隐私政策。移动应用程序可以在应用程序的设置菜单中提供可跳转至隐私政策的链接。

(c)隐私政策应包括以下信息:

(1)对收集、披露、出售个人信息的知情权:

a. 说明消费者有权要求企业披露其收集、使用、披露和出售的个人信息。

b. 提供有关提交可验证的消费者知情请求的向导,如果企业提供线上请求表单或网站的话,则提供其链接,以便消费者提出请求。

c. 大致描述企业将用于验证消费者请求的程序,包括消费者必须提供的任何信息。

d. 列出企业在过去12个月内收集的消费者个人信息的类别。告知的撰写方式,应使消费者清楚地理解所收集的信息。

e. 提供收集的每一类个人信息的来源。

f. 提供收集或出售的个人信息的业务或商业目的。目的的描述方式,应使消费者清楚地理解其个人信息是如何被收集或出售的。

g. 个人信息的披露或出售:

1. 说明在过去12个月内,公司是否向第三方披露或出售任何个人信息用于业务或商业目的。

2. 列出其在过去12个月内,为业务或商业目的向第三方披露或出售的任何个人信息的类别。

3. 说明该企业是否未经批准出售16岁以下未成年人的个人信息。

(2)请求删除个人信息的权利:

a. 说明消费者有权要求企业删除其所收集或储存的个人

信息。

b. 提供有关提交可验证的消费者删除请求的向导，如果企业提供线上请求表单或网站，则提供其链接，以便消费者提出请求。

c. 大致描述企业将用于验证消费者请求的程序，包括消费者必须提供的任何信息。

(3) 选择退出出售个人信息的权利：

a. 说明消费者有权选择退出企业出售其个人信息。

b. 说明企业是否出售个人信息。如果企业出售个人信息，需要包括选择退出权的告知的内容，或者符合第 999.306 节的链接。

(4) 消费者隐私权不受歧视的权利：

a. 说明消费者在行使《加州消费者隐私权法案》授予的隐私权时不受企业歧视。

(5) 委托代理人：

a. 指示消费者如何指定授权代理人代表消费者在《加州消费者隐私权法案》下提出请求。

(6) 获取更多信息的联系方式：

a. 使用反映企业与消费者主要互动方式的方式，向消费者提供有关企业隐私政策和做法的问题或关切的联系方式。

(7) 上次更新隐私政策的日期。

(8) 如果符合第 999.317(g) 节规定的要求，在第 999.317(g)(1) 节中所汇编的信息或其链接。

(9) 如果企业对向其出售 16 岁以下消费者的个人信息明确知情，需要说明第 999.330 节和第 999.331 节规定的流程。

注：引用的权威：《民法典》第 1798.185 节。参见《民法典》第 1798.105、1798.115、1798.120、1798.125 和 1798.130 节。

第 3 条　处理消费者请求的企业实践

第 999.312 节　提交知情请求和删除请求的方法

(a) 企业若仅有线上业务且与收集个人信息的消费者直接相连，只需提供提交知情请求的邮箱地址。其他企业应向消费者提供两种或两种以上指定的提出请求的方式,其中须包括通过免费电话提出请求的方式。提交这些请求的其他可行方法包括但不限于指定的电子邮件地址、亲自提交的表格和通过邮件提交的表格。

(b)企业应提供两种或两种以上提交删除请求的指定方法。提交这些请求的可行方法包括但不限于免费电话、通过企业网站线上提供的链接或表格、指定的电子邮件地址、亲自提交的表格,以及通过邮件提交的表格。

(c)企业在确定提交知情请求和删除请求时,应考虑其与消费者互动的主要方法。如果企业与消费者是面对面互动,企业应考虑提供一种面对面的方式,如消费者可以直接提交,或通过邮件、平板电脑或计算机网站填写并提交线上表格,或者拨打企业的免费热线电话。

(d)企业可以采用两步程序处理线上提交的删除请求,消费者必须首先明确提交删除请求,然后确认该请求。

(e)如果消费者提交请求的方式不是指定的提交方式之一,或者在某些与验证程序无关的方式上有缺陷,则企业应:

(1)将请求视为按照企业指定的方式提交,或

(2)告知消费者如何提交请求或如何解决提交的请求的问题(如适用)。

注:引用的权威:《民法典》第 1798.185 条。参见《民法典》第 1798.100、1798.105、1798.110、1798.115、1798.130、1798.140 和 1798.185 节。

第 999.313 节　对知情请求和删除请求的回应

(a)在收到知情请求或删除请求后,企业应在 10 个工作日内确认收到该请求,并提供信息说明企业将如何处理该请求。所提供的信息应大致说明企业的验证过程,以及消费者应在何时得到答复,但企业已经批准或拒绝请求的情况除外。确认书的发出方式可以与请求的收到方式相同。例如,如果请求是通过电话发出的,则确认也可以通过电话进行。

(b)企业应在 45 个日历日内回应知情请求和删除请求。45 天的期限将从企业收到请求的当天开始计算,而不考虑验证请求所需的时间。如果企业无法在 45 天内验证消费者的身份,则企业可能会拒绝该请求。

若有必要,企业可以额外要求45个日历日来回应消费者的请求,即从收到请求的当天起总共最多90个日历日,但前提是,企业向消费者提供告知,并解释企业需要超过45天的时间来回应请求的原因。

(c)回应知情请求:

(1)对于要求披露消费者具体信息的请求,如果企业无法根据第4条规定验证请求人的身份,企业不得向请求人披露任何具体的个人信息,并应告知请求人无法核实其身份。如果请求全部或部分被拒绝,企业还应评估请求者的请求,就像正在请求根据第(c)(2)款披露有关消费者的各类个人信息一样。

(2)对于要求披露有关消费者的各类个人信息的请求,如果企业无法验证根据第4条规定请求人的身份,企业可拒绝披露所要求的类别和其他信息的请求,并应告知请求人无法验证其身份。如果请求全部或部分被拒绝,企业应向消费者提供或指引其在隐私政策中规定的有关收集、储存和销售个人信息的一般商业惯例。

(3)回应知情请求时,如果满足以下所有条件,则企业无须检索个人信息:

a.企业的个人信息以不可检索或不可合理访问的格式保存;

b.企业仅出于法律或合规目的保存个人信息;

c.企业不出售个人信息,也不将个人信息用于任何商业目的;

d.企业已向消费者表明,由于满足上述条件,各类记录可能包含无须检索的个人信息。

(4)在任何时候,企业都不得因回应知情请求而泄露消费者的社会保险号码、驾驶证号码或者其他政府核发的身份证号码、金融账号、健康保险或医疗身份证号码、账户密码、安全问答或通过测量或技术分析人类特征生成的独特生物特征数据等信息。但是,企业应采取特殊灵活的方式告知消费者其收集的信息类型。例如,企业应声明其收集"包括指纹在内的独特生物特征数据",而不披露实际指纹扫描数据。

(5)如果由于与联邦或州法律冲突,或者由于《加州消费者隐私法案》所规定的例外情况,企业拒绝了消费者对全部或部分个人信息的验证请求,则企业应告知请求人并解释拒绝的依据,法律禁止的除外。仅部分拒绝的,企业应当披露消费者要求的其他信息。

(6)企业向消费者传递个人信息,应当采取合理的安全措施。

(7)如果企业存储的消费者账户受密码保护,它可以通过如下方式遵守知情请求:使用安全的自助服务门户让消费者访问和查看,如果门户网站充分披露了消费者根据《加州消费者隐私法案》和本条例享有的个人信息权利,使用了合理的数据安全控制措施,并符合第 4 条规定的验证要求,则消费者可接收其个人信息的可携带副本。

(8)除非另有规定,《民法典》第 1798. 130(a)(2)节所指的可验证消费者的知情请求所涵盖的 12 个月,是指从业务部门收到请求之日起计算,不考虑验证请求所需的时间。

(9)对已验证的消费者提出的个人信息类别、来源类别和/或第三方类别的知情要求,企业应当按照《加州消费者隐私法案》的要求,向消费者提供个性化的答复。企业不得向消费者提供其隐私政策中概述的一般实践,除非企业针对该消费者请求的事项会给所有消费者提供相同的答复,并且隐私政策中已包含答复此类知情请求所需的所有信息。

(10)在回应已验证的个人信息类别的知情请求时,企业应就其收集到的关于消费者的每一种已确定的个人信息类别作出规定:

a. 过去 12 个月内收集的个人信息的类别清单;

b. 收集个人信息的来源类别;

c. 收集或出售个人信息的业务或商业目的;

d. 共享个人信息的第三方类别;

e. 过去 12 个月内出售的个人信息的类别清单,以及每个类别所对应的出售该特定类别个人信息的第三方类别;

f. 过去 12 个月内为业务目的披露的个人信息类别,以及每个类别所对应的披露该特定类别个人信息的第三方类别。

(11)企业应确定个人信息的类别、个人信息来源的类别以及企业向其出售或披露个人信息的第三方的类别,以使消费者能够清楚地理解所列举的类别。

(d)回应删除请求:

(1)对于删除请求,如果企业不能按照第4条的规定验证请求人的身份,企业可以拒绝删除请求。企业应告知请求人其身份无法验证。

(2)企业应通过以下方式,遵守消费者删除其个人信息的请求:

a. 永久和彻底擦除其现有系统上的个人信息,除了存档或备份系统之外;

b. 对个人信息进行去标示化;或

c. 汇总消费者信息。

(3)如果企业将任何个人信息存储在存档或备份系统上,它可以延迟遵守消费者关于删除存档或备份系统上存储的数据的请求,直到与该数据相关的存档或备份系统回到活动状态时、再次访问时或用于出售、披露或商业目的时。

(4)企业在回应删除请求时,应当告知消费者其是否确认了消费者的要求。

(5)如果企业确认了消费者的要求,企业应告知消费者其将根据《民法典》第1798.105(d)节保存该请求记录。企业可以保留请求记录,以确保消费者的个人信息从企业的记录中删除。

(6)企业拒绝消费者删除请求的,应当采取下列措施:

a. 告知消费者其不会遵守消费者的请求,并说明拒绝的依据,包括任何与联邦或州法律或《加州消费者隐私法案》例外规定的冲突,法律禁止的除外;

b. 删除不属于例外情况的消费者个人信息;以及

c. 不得将消费者的个人信息用于该例外规定以外的任何其他目的。

(7)在回应删除请求时,只有在同时提供删除所有个人信息的全局选项,并且比其他选项更醒目的情况下,企业才可以向消费者提供删除其选定部分个人信息的选项。

注：引用的权威：《民法典》第 1798.185 节。参见《民法典》第 1798.100、1798.105、1798.110、1798.115、1798.130 和 1798.185 节。

第 999.314 节　服务提供商

(a)如果某企业向非企业的个人或组织提供服务，并满足《加州消费者隐私法案》和本条例规定的“服务提供者”的其他要求和义务，则就《加州消费者隐私法案》和本条例而言，该个人或实体应被视为服务提供商。

(b)企业指示另一家企业代表企业直接从消费者处收集个人信息，并满足《加州消费者隐私法案》和本条例规定的“服务提供者”的所有其他要求和义务，就《加州消费者隐私法案》和本条例而言，另一家企业应被视为第一家企业的服务提供商。

(c)服务提供商不得保留、使用或披露在提供服务过程中获得的个人信息，但以下情况除外：

(1)与个人信息提供企业签订的合同中指定的服务；

(2)保留和雇用另一服务提供商作为分包商，该分包商符合《加州消费者隐私法案》和本条例对服务提供商的要求；

(3)供服务提供商内部使用，以生产服务或提高服务质量，但该使用不得创建或修改家庭或消费者画像，也不得清除数据或增加从其他来源处获取的数据；

(4)检测数据安全事件，防范欺诈、非法活动；

(5)出于《民法典》第 1798.145 节第(a)(1)小节至第(a)(4)小节列举的目的。

(d)若消费者选择不向企业出售其个人信息，服务提供商不得代表企业出售数据。

(e)如果服务提供商收到消费者的知情请求或删除请求，则服务提供商应代表企业回应请求，或通知消费者由于已将其请求发送给服务提供商，因此其无法执行该请求。

(f)作为企业的服务提供者，应遵守《加州消费者隐私法案》和本条例中关于其作为服务提供者之外收集、储存或出售任何个人信息的规定。

注：引用的权威：《民法典》第 1798.185 节。参见《民法典》第

1798.100、1798.105、1798.110、1798.115、1798.130、1798.140 和 1798.185 节。

第999.315节　选择退出请求

(a)企业应提供两种或两种以上提交退出请求的指定方法，至少包括通过企业网站或移动应用程序上的醒目位置放置标题为“请勿出售本人个人信息”或“请勿出售本人信息”的交互式网络表单。提交退出请求的其他可接受方法包括但不限于免费电话、指定电子邮件地址、亲自提交的表格、通过邮件提交的表格以及用户启用的全球隐私控制，如浏览器插件或隐私设置、设备设置或其他机制，传达或显示消费者选择退出出售个人信息。

(b)企业在确定消费者可以使用哪些方法提交选择退出请求时，应考虑其与消费者互动的途径、企业向第三方出售个人信息的方式、可行的技术以及普通消费者的使用方便。企业所提供的方法中，至少一种应反映企业与消费者互动的主要方式。

(c)如果企业线上从消费者处收集个人信息，企业应将用户启用的表明或暗示其选择不出售个人信息的隐私控制，如浏览器插件或隐私设置或其他机制，作为根据《民法典》第1798.120节就该浏览器或设备或消费者提交的有效请求。

(1)根据本条例制定的任何隐私控制都应能够表明或暗示用户享有退出请求权。

(2)如果某项全球通行的隐私控制与用户选择的企业隐私设置或经济激励措施发生冲突，企业应遵循全球通行的隐私控制，可同时将冲突告知用户并请用户自主决定是否沿用其隐私设置或经济激励措施。

(d)在回应选择退出请求时，只有在选择退出销售所有个人信息的全局选项比其他选项更醒目的情况下，企业才可以向消费者提供选择退出销售其选定部分个人信息的选项。

(e)企业在收到退出请求后，应在可行的情况下尽快采取行动，但不得迟于企业收到请求之日起的15个工作日。如果企业在消费者提交其请求后同意该请求前向任何第三方出售该消费者的个人信息，则企业应通知第三方消费者已行使选择退出权，并指示第三方不要出售该消费者的个人信息。

(f)消费者可以书面授权代理人,允许该授权代理人代为提交选择退出请求。如果代理人无法向企业提供消费者的签署版授权证明其获得了消费者授权,则企业可以拒绝授权代理人的请求。用户启用的表明或暗示其选择不出售个人信息的全球隐私控制,如浏览器插件或隐私设置、设备设置或其他机制,应被视为直接来自消费者的请求,而不是通过授权代理的请求。

(g)选择退出的请求,不必是可验证的消费者请求。但是,如果企业有善意、合理的理由相信且有文件证明,消费者选择退出请求具有欺骗性,则企业可以拒绝该请求。企业应告知请求方,其将拒绝请求,并应解释其认为请求具有欺骗性的原因。

注:引用权威:《民法典》第 1798.185 节。参见《民法典》第 1798.120、1798.135、1798.140 和 1798.185 节。

第 999.316 节　选择不出售个人信息后要求选择加入

(a)选择加入出售个人信息的请求应采用两步选择加入程序,即消费者应首先明确要求选择加入,然后分别确认其选择加入的要求。

(b)已选择退出出售个人信息的消费者,如果发起交易或试图使用需要出售其个人信息才能使用的产品或服务,企业可以告知消费者该交易、产品或服务需要出售其个人信息,并提供如何选择加入出售个人信息的解释说明。

注:引用的权威:《民法典》第 1798.185 节。参见《民法典》第 1798.120、1798.135 和 1798.185 节。

第 999.317 节　培训;记录

(a)负责处理消费者询问关于企业隐私实践或企业遵守《加州消费者隐私法案》的所有人,应充分知悉《加州消费者隐私法案》和本条例中的所有要求,以及如何指导消费者行使《加州消费者隐私法案》和本条例下的权利。

(b)根据《加州消费者隐私法案》提出的消费者请求,以及企业如何回应上述请求的记录,企业应至少保存 24 个月。企业应采取合理安全的程序措施保存记录。

(c)记录可采用记录单或日志格式保存,但记录单或日志应包括请求日期、请求性质、提出请求的方式、企业答复的日期、答复的性质,以及全部或部分拒绝请求时拒绝请求的依据。

(d)企业保存本节要求的信息,只要该信息不用于任何其他目的,就不会构成违反《加州消费者隐私法案》或本条例。

(e)为保存记录而保存的资料,不得做任何其他用途,除非企业为遵守《加州消费者隐私法案》和本条例,在合理且必要的限度内审查修改其操作流程。除非出于合规目的,企业不得与任何第三方共享基于保存纪录目的而保存的信息。

(f)除(b)小节的要求外,企业不需要仅为满足消费者根据《加州消费者隐私法案》提出的要求而保留个人信息。

(g)若企业一个日历年之内出于商业目的单次或共计购买、接收、出售或分享10,000,000次及以上消费者的个人信息,则该企业应:

(1)编制上一年的以下指标:

a. 该企业已收到、全部或部分遵守,以及拒绝的知情请求的数量。

b. 该企业已收到、全部或部分遵守,以及拒绝的删除请求的数量。

c. 该企业已收到、全部或部分遵守,以及拒绝的选择退出请求的数量。

d. 企业实质性回应知情请求、删除请求和选择退出请求的平均天数。

(2)每个日历年的7月1日前,在其隐私政策内披露第(g)(1)小节中汇编的信息,或在其网站上发布的信息,以及从其隐私政策中的链接访问信息。

a. 根据第(g)(2)小节进行披露时,企业可选择披露其因请求不可核实、消费者未提出、要求信息免于披露或以其他理由而完全拒绝或部分拒绝的请求的数量。

(3)建立、记录并遵守培训政策,以确保负责处理消费者请求或遵守《加州消费者隐私法案》的所有人,都了解《加州消费者隐私法案》和本条例的所有要求。

(h)企业可以根据第(g)(1)小节汇总及披露所有个人请求,而非所有消费者请求。企业应说明在披露时是否这样做了,并根据要求向司法部部长汇总提供根据第(g)(1)小节收集的所有消费者请求。

注:引用的权威:《民法典》第1798.185节。参见《民法典》第

1798.100、1798.105、1798.110、1798.115、1798.120、1798.130、1798.135和1798.185节。

第999.318节　访问或删除家庭信息的请求

(a)如果家庭在企业中没有受密码保护的帐户，企业不应回应了解有关家庭的特定个人信息的请求，或删除家庭个人信息的请求，除非满足以下所有条件：

(1)如果该家庭的所有消费者共同请求获得该家庭的特定信息或删除家庭个人信息；

(2)企业根据第999.325节规定的要求，分别核实所有家庭成员；

(3)企业经核实，证明提出请求的每个成员均为家庭成员。

(b)如果消费者在收集家庭个人信息的企业中拥有受密码保护的帐户，企业可以基于企业惯例及本条例，回应消费者的知情请求和删除请求。

(c)如果家庭成员是未满13岁的未成年人，企业必须事先征得可核实的父母的同意，才能依据第999.330节父母同意的规定，回应消费者的知情请求和删除请求。

注：引用的权威：《民法典》第1798.185节。参见《民法典》第1798.100、1798.105、1798.110、1798.115、1798.120、1798.130、1798.140和1798.185节。

第4条　请求验证

第999.323节　验证的一般规则

(a)企业应建立、记录并遵守合理的方法，以验证提出知情或删除请求的人是企业收集其信息的消费者。

(b)在确定企业验证消费者身份的方法时，企业应：

(1)在可行的情况下，将消费者提供的身份信息与企业已经保存的消费者个人信息进行比对，或者使用符合本节规定的第三方身份验证服务。

(2)避免收集《民法典》第1798.81.5(d)节中确定的个人信息类型，除非出于验证消费者的目的而有必要。

(3)考虑以下因素：

a. 收集和储存的有关消费者个人信息的类型、敏感性和价值。敏感或有价值的个人信息,应使用更严格的验证程序。《民法典》第 1798. 81. 5(d)节中确定的个人信息类型应视为推定敏感信息。

b. 未经授权的访问或删除对消费者造成损害的风险。未经授权的访问或删除会对消费者造成更大损害的风险,应使用更严格的验证程序。

c. 欺诈或恶意行为人收集个人信息的可能性。可能性越大,验证过程越严格。

d. 为了防止欺诈请求、欺骗或捏造,消费者为验证其身份而提供的个人信息是否足够可靠。

e. 企业与消费者互动的方式。以及

f. 可用于验证的技术。

(c)企业一般应避免为了验证而要求消费者提供额外信息。但是,如果企业根据其保存的信息难以验证消费者的身份,可以要求消费者提供额外信息。但这些信息只能用于验证寻求行使其在 CCPA 项下权利的消费者的身份,以及出于安全或防止欺诈的目的。企业应在处理消费者的请求后,尽快删除为验证目的而收集的任何新的个人信息,但符合第 999. 317 节要求的除外。

(d)企业不得要求消费者或者消费者的授权代理人支付费用,用于核实其知情请求或删除请求。例如,企业不得要求消费者提供公证的宣誓书来核实其身份,除非企业向消费者支付公证费用。

(e)企业应实施合理的安全措施,以发现欺诈性的身份验证活动,并防止未经授权访问或删除消费者个人信息。

(f)如果企业储存的消费者信息被去标识,则企业没有义务回应消费者提出的提供或删除该信息的请求,或重新标识个人数据以验证消费者请求。

注:引用的权威:《民法典》第 1798. 185 节。参见《民法典》第 1798. 100、1798. 105、1798. 110、1798. 115、1798. 130、1798. 140 和 1798. 185 节。

第 999. 324 节 验证受密码保护的账户

(a)如果一个企业保存的消费者账户受密码保护,企业在遵循第 999. 323 节要求的前提下,可以通过现有的认证实践来验证消费者的身份。企业还应当要求消费者在披露或者删除消费者数据前重新进行身份认证。

(b)如果企业怀疑受密码保护的账户在进行欺诈或恶意活动,则在进一步的验证程序确定消费者的请求是真实的,而且提出请求的消费者与企业收集信息的消费者是同一人之前,企业不应遵守消费者的知情请求或删除请求。企业可按照第999.325节规定的程序,进一步验证消费者的身份。

注:引用的权威:《民法典》第1798.185条。参见《民法典》第1798.100、1798.105、1798.110、1798.115、1798.130和1798.185条。

第999.325节　非账户持有人的验证

(a)如果消费者没有或无法访问企业的密码保护账户,企业应遵守本节第(b)小节至第(g)小节以及第999.323节的规定。

(b)企业满足个人信息类别的知情请求之前,应在合理的确定程度内验证提出请求的消费者身份。合理的确定程度,可以包括将消费者提供的至少两个数据点与企业保存的、已确定对于验证消费者是可靠的数据点相匹配。

(c)企业满足特定个人信息类别的知情请求之前,应在合理的高度确定程度内验证提出请求的消费者身份,这是一个较高的验证标准。合理的高度确定程度可以包括将消费者提供的至少三份个人信息与企业保存的、其已确定为可靠的个人信息进行匹配,以验证消费者,并附上一份伪证罪的签署声明,声明请求者是请求个人信息的消费者主体。如果企业选择此种验证方式,企业应保留所有已签署的声明,作为其记录保存义务的一部分。

(d)企业满足删除请求之前,要求企业根据个人信息的敏感性和未经授权删除对消费者造成损害的风险,对消费者身份进行合理的确定程度或合理的高度确定程度的验证。例如,删除家庭照片和文件可能需要相当高的确定程度,而删除浏览历史只需要合理高度的确定程度。企业应当按照第4条的规定,确定验证消费者适用的适当标准,并基于善意采取行动。

(e)说明性情景如下:

(1)例1:如企业以与指名的实际人士有关联的方式保存个人信息,则该企业可要求该消费者提供与该企业所保存的个人信息相符的证据,以验证该消费者的身份。例如,如果零售商保留消费者的消费记录,企业可以要求消费者辨别最近从商店购买的物品或最近的一次购买金额,以在合理程度的确定性范围内验证其身份。

(2)例2:如果企业以与指名的实际人员无关的方式保存个人信息,企业可以要求消费者证明其是与非指名的识别信息相关联的唯一消费者,以验证消费者的身份。例如,企业可能有收集消费者的个人信息的移动应用程序,但不需要消费者注册帐户。企业可以结合具体情况考虑第999.323节第(b)(3)小节中所述的因素,通过要求消费者提供只有使用移动应用程序的人才可能知道的信息或者要求消费者回复发送到其设备的通知等合理方式,来核实消费者的身份。

(f)企业如不能根据本条例核实请求人的身份,应拒绝知情请求。

(g)如没有合理的方法使企业能按本条所规定的确定程度验证消费者的身份,则企业须在回应消费者的请求时如实阐明,还应解释,为什么没有合理的方法来验证请求者的身份。企业没有合理方法可以验证消费者身份的,应说明其隐私政策中没有合理验证方法的原因。企业应至少每12个月评估并记录是否可以确立某种合理的方法,应根据《民法典》第1798.130节第(a)(5)小节中规定的隐私政策要求相应更新。

注:引用的权威:《民法典》第1798.185节。参见《民法典》第1798.100、1798.105、1798.110、1798.115、1798.130和1798.185节。

第999.326节　授权代理人

(a)当消费者通过授权代理人提交知情请求或删除请求时,企业可以要求授权代理人提供文件证明消费者已授权其代为提交请求。企业也可以要求消费者:

(1)向授权代理人提供签署版的授权证明;

(2)直接向企业验证本人身份;

(3)直接向企业确认其已授权代理人代为提交请求。

(b)(a)款不适用于消费者已依据《遗嘱认证法》第4121节至第4130节向授权代理人提供授权书的情况。

(c)授权代理人应采取合理安全的措施程序,保护消费者的个人信息。

(d)授权代理人不得将消费者的个人信息或从消费者处收集或有关消费者的任何信息用于履行消费者请求、验证或防止欺诈以外的任何其他目的。

注：引用的权威：《民法典》第 1798.185 节。参见《民法典》第 1798.100、1798.110、1798.115、1798.130 和 1798.185 节。

第 5 条　未成年人的特别规则

第 999.330 节　13 岁以下的未成年人

(a)选择加入出售个人信息的程序

(1)企业如实际知悉其出售 13 岁以下儿童的个人信息，则须设立、记录及遵从合理方法，以确定肯定授权出售有关该儿童个人信息的人是该儿童的父母或监护人。《儿童在线隐私保护法》(15 U.S.C.)第 6501 节以下要求可验证的父母同意，此肯定授权是对其的补充。

(2)为确保提供同意的人是子女的父母或监护人而合理计算的方法包括但不限于：

a. 企业提供一份由父母或监护人签署的造假可被处以伪证罪的同意书，并以邮递、传真或电子扫描方式寄回该企业；

b. 在与货币交易有关的情况下，要求父母或监护人使用信用卡、借记卡或其他在线支付系统向主要账户持有人提供每笔单笔交易的告知；

c. 让父母或监护人拨打由受过培训的人员接听的免费电话；

d. 让家长或监护人通过视频会议与受过培训的人员联系；

e. 让父母或监护人亲自与受过培训的人员沟通；以及

f. 验证父母或监护人的身份，方法是将政府签发的身份证明表格与此类信息的数据库进行核对，在验证完成后，企业立即从其记录中删除父母或监护人的身份证明。

(b)当一家企业依据本节第(a)小节获得肯定性授权时，该企业应告知父母或监护人在以后选择退出的权利，以及依据第 999.315 节第(a)-(f)小节为其子女选择退出的程序。

(c)企业应按照第(a)(2)小节中规定的方法,建立、记录、使用合理方式确定提出知情请求或删除未满13岁儿童的个人信息请求的人是该儿童的父母或监护人。

注:引用的权威:《民法典》第1798.185节。参见《民法典》第1798.120、1798.135和1798.185(a)(6)节。

第999.331节 13岁至16岁的未成年人

(a)企业如实际知悉其出售13岁至16岁的未成年人的个人信息,应根据第999.316条,建立、记录并遵守允许未成年人选择加入出售其个人信息的合理程序。

(b)当一家企业从一名年龄在13岁至16岁的未成年人处收到选择加入出售个人信息的请求时,该企业应告知该未成年人在以后选择退出的权利,以及根据第999.315条选择退出的程序。

注:引用的权威:《民法典》第1798.185节。参见《民法典》第1798.120、1798.135和1798.185节。

第999.332节 对16岁以下未成年人的告知

(a)受第999.330节和第999.331节管辖的企业,应在其隐私政策中包括对这些章节中规定的程序进行描述。

(b)专门针对直接向16岁以下消费者提供商品或服务的企业,未经这些未成年人的肯定授权,或其父母或监护人对13岁以下未成年人的肯定授权,不得出售这些未成年人的个人信息,无须提供选择退出权告知。

注:引用的权威:《民法典》第1798.185节。参见《民法典》第1798.120、1798.135和1798.185节。

第6条 不得歧视

第999.336节 歧视性做法

(a)如果企业因为消费者行使了《加州消费者隐私法》或本条例授予的权利而对消费者差别对待,则经济激励或价格或服务差异就是歧视性的,因此将被《民法典》第1798.125节禁止。

(b)如果经济激励或价格或服务差异与消费者数据价值合理相关,企业可以提供此类经济激励或价格或服务差异。如果企业无法正确估算消费者数据价值,或者无法证明经济激励或价格或服务差异与消费者数据价值合理相关，则该企业不得提供经济激励或价格或服务差异。

(c)企业若出于《加州消费者隐私法案》或本条例允许的原因，拒绝消费者的知情请求、删除要求或选择退出请求，不视为歧视性做法。

(d)举例如下：

(1)例1：音乐流媒体业务提供免费服务和每月5美元的优质服务。如果只赋予付费的消费者选择不出售其个人信息的权利，那么这种做法是歧视性的，除非每月5美元的付款与消费者数据对企业的价值合理相关。

(2)例2：一个服装企业有客户忠诚度计划，客户在消费100美元后，邮箱可收到5美元优惠券。消费者在提出要求删除企业收集的有关他们的所有个人信息的请求时，告诉企业他们希望继续参与该计划。企业可能拒绝删除与其邮箱地址和消费者消费金额有关信息的请求，因为此类信息对于企业向消费者提供客户忠诚度计划而言是必要的，而且根据《民法典》第1798.105节第(d)(1)小节，在与企业维持持续关系的情况下，消费者对此应该有合理预期。

(3)例3：一个杂货店有客户忠诚度计划，消费者在提供电话号码时可获得优惠券和折扣。消费者提交拒绝出售其个人信息的请求时，杂货店老板同意了他们的请求，但不再允许消费者参与该计划。这种做法是歧视性的，除非杂货店能够证明优惠券和折扣的价值与消费者数据对业务的价值之间有合理关系。

(4)例4：一家网上书店收集消费者的邮箱地址等信息。在消费者进入它的网站的时候，书店通过浏览器弹出窗口向消费者提供折扣。消费者提交了删除书店收集的他们所有个人信息的请求，包括邮箱地址和浏览购买记录。书店同意了请求，但停止向消费者提供定期优惠券。书店不提供优惠券的行为是歧视性的，除非优惠券的价值与消费者数据提供给业务的价值合理相关。书商不得拒绝消费者删除邮箱地址的请求，因为邮箱地址不是提供优惠券所必需的，而且在与企业维持持续关系的情况下，消费者对此也没有合理预期。

(e)根据《民法典》第1798.125节,企业应将其根据第999.307节提供的任何经济激励或价格或服务差异告知消费者。

(f)企业依据《民法典》第1798.145节第(i)(3)小节收取合理费用,不应视为本条例规定的经济激励。

(g)由于遵守联邦法律而产生的价格或服务差异,不属于歧视。

注:引用的权威:《民法典》第1798.185节。参见《民法典》第1798.125、1798.130和1798.185节。

第999.337节　计算消费者数据的价值

(a)根据《民法典》第1798.125节提供经济激励或价格或服务差异的企业应使用合理善意的方式估算消费者数据价值。企业应使用下列一种或多种方式:

(1)销售、收集、删除消费者数据对企业的边际价值;

(2)销售、收集、删除消费者数据对企业的平均价值;

(3)销售、收集、删除消费者数据的总值除以消费者数量;

(4)销售、收集、保存消费者个人信息获得的收入;

(5)销售、收集、保存消费者个人信息的有关费用;

(6)与提出、提供或者实施财务激励、差价或者服务有关的费用;

(7)销售、收集、保存消费者个人信息所产生的利润;以及

(8)善意使用的其他实用合理可靠的计算方法。

(b)计算消费者数据价值时,企业可以参考所有美国自然人数据的价值,而不仅仅是消费者数据的价值。

注:引用的权威:《民法典》第1798.185节。参见《民法典》第1798.125、1798.130和1798.185节。

第7条　可分割性

第999.341节

(a)本章本条例所载的任何条、节、小节、句、款或语句,如果因任何原因被认定为违反宪法、违反法规、超出总检察长的权限,或在某些方面无法实施,该认定不影响本条例其余部分的有效性。

注:引用的权威:《民法典》第1798.185节。参见《民法典》第1798.105、1798.145、1798.185和1798.196节。

图书在版编目(CIP)数据

个人信息保护：原理与实践/丁晓东著. -- 北京：法律出版社，2021(2022.10 重印)
(人大未来法治研究丛书)
ISBN 978-7-5197-5026-8

Ⅰ. ①个… Ⅱ. ①丁… Ⅲ. ①个人信息-法律保护-研究 Ⅳ. ①D913.04

中国版本图书馆 CIP 数据核字(2020)第195488号

个人信息保护:原理与实践
GEREN XINXI BAOHU: YUANLI YU SHIJIAN

丁晓东 著

策划编辑 田亚飞
责任编辑 田亚飞 彭 雨
装帧设计 汪奇峰

出版发行 法律出版社
编辑统筹 法律考试·职业教育出版分社
责任校对 王 丰 郭艳萍
责任印制 胡晓雅
经 销 新华书店

开本 710 毫米×1000 毫米 1/16
印张 20.5 **字数** 309 千
版本 2021 年 1 月第 1 版
印次 2022 年 10 月第 4 次印刷
印刷 三河市龙大印装有限公司

地址:北京市丰台区莲花池西里 7 号(100073)
网址:www.lawpress.com.cn
投稿邮箱:info@lawpress.com.cn
举报盗版邮箱:jbwq@lawpress.com.cn
销售电话:010-83938349
客服电话:010-83938350
咨询电话:010-63939796

书号:ISBN 978-7-5197-5026-8
定价:78.00 元
凡购买本社图书,如有印装错误,我社负责退换。电话:010-83938349